한국 도깨비의 전승과 변이

김종대 지음

보고사

1994년 『한국의 도깨비연구』를 발간한 이래 17번째의 책을 세상으로 내보낸다. 이 책은 2004년에 인디북에서 나왔던 『도깨비를 둘러싼 민간신앙과 설화』를 개정한 개정판이다. 당시에는 시간에 쫓겨 5편의 논문만으로 책을 서둘러 냈다. 그 이후에 도깨비에 대한 논의를 4편 정도 더 진행했다. 특히 주목하고 싶은 것은 〈혹부리영감〉에 대한 논의와 함께 도깨비신앙의 전승에 대한 변화양태에 대한 논의였다.

지금도 도깨비를 주인공으로 삼은 주제들은 대부분 이야기에 대한 것이다. 최근 어장과 관련한 개인 도깨비고사는 전승이 단절양태에 있지만, 이를 패조류 양식업을 하는 마을에서 활용하여 도깨비고사가 전승되는 지역에 대한 논의가 있기는 하나 매우 미약하다. 도깨비와 관련한 신앙형태의 전승력이 약화되는 현상은 도깨비의 속성을 온전하게 파악하기 어렵게 만드는 요인이 될 것으로 보인다.

1994년 박사학위논문을 작성한 이래 23년 이라는 세월이 지났다. 그럼에도 불구하고 이렇게 미약한 연구 성과를 내는 나의 마음은 무겁기만 하다. 도깨비에 대해 올바르게 이해시키고 있는지, 과연 도깨비의 정체를 나 자신이 알고나 있는 것인지 요즘 와서 더 의구심을 키우

고 있다. 그런 의미에서 이 책은 완성이 아니라, 새로운 각오를 다지는 의미를 갖고 있다고 하겠다. 앞으로 더욱 내 자신을 채찍질하고, 정진하기 위한 반성의 의미를 담은 책이라고 할 만하다.

세상이 어지러운 시절에 중앙대 한 켠에서
2017년 2월
김 종 대

|차례|

서해안과 남해안지방 도깨비신앙의 전승양상과 그 변화

동북아시아 鬼의 속성을 통해 본
도깨비의 정체성 考察

1. 도깨비에 대한 논의, 무엇이 문제인가

우리는 한국의 도깨비, 일본의 도깨비, 중국의 도깨비 등으로 말하는 경우를 흔히 볼 수 있다. 그러한 사정은 외국의 요괴들로 표상되는 존재들에 대해서 무엇으로 대체하여 말하는 것이 올바른지를 깨닫지 못하고 있기 때문이다. 예컨대 일본의 오니(おに)를 일본의 도깨비라고 말하고, 중국의 이매망량(魑魅魍魎)[1] 등을 도깨비라고 부르는 것이 좋은 예이다.

1999년도 도깨비 조각전이 개최되었을 때도 '한·중·일문화에 담긴 도깨비'라는 제목을 붙인 것을 보았다. 특히 그 기사에서 흥미로운 것은 '도깨비상은 도철문에서 기원한다. 고대엔 짐승 얼굴에 사람몸을 가진 신상으로, 중국의 남북조 시대에는 완벽한 도깨비 전신상이 등장해 일본에도 전파됐다.'라는 대목이다.[2] 이 문맥으로만 보았을 경우 도깨비의 발원지는 중국이며, 우리나라를 거쳐 일본으로 전파되었다는 식으로 서

---

1 『조선왕조실록』에 표기된 이매망량을 모두 도깨비로 번역한 사례들은 좋은 예이다.
2 김경자, 「한중일문화에 담긴 도깨비」(매일경제신문, 1999년 2월 1일)

술되어 엄청난 왜곡을 갖고 있음을 알 수 있다. 이것은 귀면와나 백제의 전돌 등에 조각된 귀면상(鬼面像)을 대상으로 한 것일 뿐, 도깨비가 아닌 것이다.

귀면문양의 존재는 원론적으로 말하자면 벽사기능에 주안을 둔다. 즉 인간을 괴롭히는 잡귀를 쫓아내려는 의도에서 만들어진 것이다. 하지만 도깨비는 벽사기능을 갖지 못하고 있을 뿐만 아니라 도깨비 자체가 잡귀적 속성을 보여주고 있다. 이것은 귀면문양의 기능이나 속성이 도깨비와는 본질적으로 다르다는 것을 알 수 있게 한다.

이런 이유들은 도깨비가 얼마나 왜곡된 삶을 살아 왔는지를 잘 보여주는 대목이다. 도깨비는 도깨비 나름의 존재이유를 갖고 우리 민족의 심성 속에서 자생하고 성장하여 왔던 독특한 존재이다. 그럼에도 불구하고 이런 현상이 야기된 이유는 무엇인가. 우리 민족은 귀신이나 도깨비에 대한 인식을 정확하게 구분하지 않았다는 사실이다. 예컨대 성현의 《용재총화》에서 안부윤이 경험한 도깨비불과 관련한 기록을 보면 귀화(鬼火)로 표현되어 있어 그것이 도깨비불인지를 명확히 하지 않고 있다. 또한 중국의 독각귀(獨脚鬼)를 도깨비로 한자표기 한 사례도 도깨비에 대한 오해를 불러일으킬 소지가 다분하다.

이러한 사정뿐만 아니라 도깨비연구도 극히 미진한 실정이라는 사실도 도깨비의 본질을 해명하는데 큰 걸림돌로 작용하고 있다. 도깨비와 관련한 논의는 설화를 대상으로 집중적인 논의가 이루어졌을 뿐 도깨비를 대상으로 한 신앙문제는 매우 미약하게 다루어지고 있을 뿐이다.[3]

---

3 현재까지 도깨비신앙에 대한 연구는 크게 육지와 제주도에서의 전승양상을 대상으로 하고 있다. 제주도에 대한 논의로는 문무병의 「제주도 당신앙연구」(제주대학교 대학원 박사학위논문, 1993)가 주목되며, 김종대의 「제주도의 도깨비신앙」(『한국의 도깨비연

신앙부분에 대한 논의가 집중적으로 이루어지지 못한 이유로는 현지조
사의 한계와 함께 점차 전승이 단절되고 있다는 사실과도 무관하지 않
다. 이것은 도깨비연구의 어려움을 극명하게 보여주는 예일 뿐만 아니
라, 도깨비의 본질규명작업이 불확실해질 우려도 내포하고 있는 것이
다. 도깨비는 그런 점에서 시급히 해명해야 될 대상분야임이 분명하다.

또다른 관점은 동북아시아에서 전승되고 있는 요괴민속학과의 관련
이다. 일본의 경우 요괴를 대상으로 민속학의 학문대상으로 삼고 있으
며,[4] 이에 대한 연구가 활발하게 진행되고 있다. 그러나 우리는 도깨비
의 본질도 완전하게 규명되지 못하고 있기 때문에 일본의 연구결과를
토대로 상호교류현상이나 유사한 속성을 토대로 한 일본 중심의 비교연
구가 행해지고 있을 따름이다. 이것도 역시 도깨비의 본질을 확실하게
규명하지 못한 결과에서 야기된 것이라는 점에서 도깨비에 대한 집중적
인 논의가 필요하다. 그런 점에서 이 글은 취하는 비교연구는 시론적인
성격이 강하다는 사실을 고려해야 할 것으로 생각된다.

2. 민간신앙적 측면에서 접근한 도깨비의 본질

도깨비는 우리가 일상적으로 말하는 것처럼 동화속의 주인공으로만
남아 있다. 사람들은 도깨비가 과연 있었는가, 혹은 도깨비가 현재도

구』, 국학자료원, 1994, 225-247쪽)과 「제주도 영감놀이에 대한 일고찰」(『민속놀이
와 민중의식』, 집문당, 1996, 267-292쪽) 등이 있다.
육지에 대한 논의는 김종대의 『한국의 도깨비연구』와 「도깨비신앙의 유형과 전승양
상」(『민속학연구』 4호, 국립민속박물관, 1997, 181-204쪽)이 있다.
4 宮田 登, 『妖怪の民俗學』(岩波書店, 1985)

있는가를 의문시하는 것도 이런 사정과 무관하지 않다. 그렇다면 도깨비는 우리 민족에게 어떤 존재였는가. 이에 대한 해명을 통해서 도깨비의 변별성을 확보하는 것이 바람직할 것이다.

도깨비란 명칭으로 문헌에 등장하는 것은 『월인석보』와 『석보상절』 등에 기록된 내용을 통해서 이다. 『석보상절』에 수록된 내용을 보면 다음과 같다.

> 돗가비 請ᄒ야 福을비러 목숨길오져 ᄒ다가 乃終내 得디 몯ᄒᄂ니

이 기록에 근거한다면 도깨비가 수명과 복을 가져다주는 신격으로 당시의 사람들에게 모셔졌다는 것을 밝혀 낼 수 있다. 이것은 현재에도 도깨비의 능력이 부를 가져다준다고 인식되고 있다는 관점에서 오랜 전통을 견지하여 왔음을 알게 한다. 위의 기록은 불교적인 관점에서 도깨비를 접근한 것이기 때문에 잡신의 범주로 취급하고 있지만,[5] 당시의 민중들에게 도깨비가 광범위하게 모셔졌음을 유추하는 자료로 매우 유용하다.

또한 돗가비의 용어표기를 토대로 볼 경우 '돗 + 아비'의 합성어임을 알 수 있으며, 도깨비라는 단어는 그런 점에서 성인남성을 지칭하는 단어로 해석해도 큰 무리가 없다. '돗'에 대한 해석은 서정범의 경우 '도섭'의 원형으로 능청맞고 수선스럽게 변덕을 부리는 뜻을 지니는 것으로 풀이한 바 있다. 하지만 도깨비가 부를 창조하는 능력을 갖추고 있다는 것이 우선적으로 고려되어야 하며, 행위표현은 후대에 형성된 것으로

---

5 김종대, 『한국의 도깨비연구』, 37쪽.

추정하는 것이 바람직하다. 또한 '돗'이 tot로 발음된다면 이것은 씨(種子)나 불(火)을 의미한다고 해석될 수 있다는 견해도 있다는 점에서 '돗'은 생산과 부의 의미를 지닌 어원으로 해석된다. 그런 점에서 도깨비는 부와 생산적 기능을 갖고 있는 남성신임을 알 수 있다.

현재 전승되고 있는 도깨비신앙은 크게 세 가지로 나누어진다. 첫째는 풍어기원의 대상신으로 좌정한 경우이며, 둘째는 진도와 순창 탑리에서 전승되고 있는 역신으로의 도깨비제, 그리고 임실을 중심으로 전승되고 있는 화재신으로 좌정한 신앙형태이다.[6]

첫째의 기능은 도깨비가 부를 가져다주는 신적 능력을 갖고 있다는 점에서 도깨비신앙의 가장 큰 특징이라고 할 수 있다. 주로 어촌지방에서 전승되고 있는 도깨비고사와 뱃고사의 끝부분에서 고시레로 표현되는 참봉에게 제물드림 등이 그러하다. 특히 도깨비불보기를 통해서 고기가 많이 잡힐 지역을 정하는 행위도 도깨비의 부신성을 확인하는 대목이다.

두 번째의 기능은 역신으로 출현하여 사람들을 괴롭히는 돌림병의 원인으로 제시된다. 따라서 이들 제의는 도깨비를 쫓아내는 방식을 취하고 있으며, 주로 여성들에 의해서 제의가 행해진다는 특징을 갖고 있다. 여성과 도깨비의 대립양상은 '도깨비 때문에 부자되기' 이야기에서도

6　이러한 도깨비의 속성을 통해서 볼 때 현재 귀면와(鬼面瓦)를 도깨비기와로 부르는 오류는 지양되어야 한다. 귀면와는 속신적으로 잡귀를 쫓아낼 수 있는 벽사능력의 상징을 갖고 있다. 그러나 도깨비는 그런 벽사기능보다는 병을 가져다주는 역신으로 나타나고 있다는 측면을 고려한다면 오히려 벽사대상의 일종으로까지도 볼 수 있다. 결국 도깨비의 본질을 이해하지 못한 이러한 오류들은 도깨비에 대한 총체적인 면모를 규명하는 작업이 미약했음을 드러내는 것에 다름 아니다. 이에 대한 논의는 김종대의 「도깨비신앙의 유형과 전승양상」을 참조할 것.

찾아볼 수 있는데, 전적으로 여성의 배반으로 야기된 것이다. 도깨비는 여성을 좋아하는 호색성이 강한데도 불구하고 여성과 대립적 존재로 놓이게 된다.

세 번째 기능인 화재신으로의 좌정은 위의 사례와 달리 도깨비불이라는 존재표현과 밀접한 관련이 있다. 과거에 민가구조는 불을 때고 초가지붕을 갖고 있었기 때문에 화재에 무방비상태였던 것은 사실이다. 특히 도깨비제가 전승되던 지역에서는 대형화재로 온 마을이 초토화된 사실이 있었기 때문에 이런 제의가 전승된 수 있는 바탕을 마련하고 있다. 흥미로운 것은 사람들의 부주의보다는 화재의 원인을 도깨비불에 둔다는 것이다. 실제로 도깨비불은 일상적인 불의 색깔과 차이가 있는 파란 계통의 불이다. 즉 열기를 지닌 불이기보다는 해명되기 어려운 불로 표현되며, 그런 특징이 도깨비에 의해 화재가 일어났다고 짐작했을 가능성이 높다. 임실군 관촌면 구암리에서 도깨비제가 겨울의 초입이라고 할 수 있는 음력 10월 1일에 행해지고 있고 있다는 점에서 제의의 타당성을 높이고 있다.

도깨비를 문제인물로 등장시키는 이야기들도 부신성을 지니고 있거나, 혹은 신이한 능력을 지닌 모습으로 나타난다는 점에서 신앙적인 속성과는 차이가 있다. 이러한 차이는 도깨비의 본질이 시대적으로 내려오면서 변화되었음을 확인하게 하는 대목이기도 하다. 역신이나 화재신으로 좌정한 예는 그런 면모를 잘 드러낸다. 따라서 이야기만을 중심으로 한 도깨비의 속성을 해명하려는 노력은 도깨비의 본질을 호도할 가능성이 높다.

도깨비의 속성 변화는 민중들이 도깨비에 대한 이해를 새롭게 해석했다는 사실과도 무관하지 않다. 도깨비를 역신으로 삼은 것이 좋은 예인

데, 왜 그러한 속성을 부여했는가는 아직까지 쉽게 해명되지 못하고 있다. 본인의 생각으로는 조선 후기에 창궐했던 콜레라 등의 돌림병에 대한 공포와도 무관하지 않은 것으로 본다.

사람에게 쉽게 침투하여 많은 생명을 빼앗은 것은 도깨비와 사람과의 친연성에 기인한다. 사람에게 접근하여 부를 가져다주지만, 그에 대한 대가는 이야기 속에서도 쉽게 찾아볼 수 있는 것처럼 사람들의 배반이다. 이런 배반을 응징하려는 행위로 이야기에서는 돈을 더 많이 가져다 준다든지, 아니면 논에 자갈을 깔아 놓거나, 땅을 떼어 간다고 낑낑거리는 등으로 표현되어 사람들의 희롱대상임을 극명히 한다. 그런 희롱에서 더 무서운 존재로 탈바꿈하는 것이 역신으로의 등장이라고 할 수 있다.

도깨비가 이야기 속에서 표현되는 방식은 대개 경험담이라는 것이다. 〈도깨비방망이얻기〉를 제외한 대부분의 이야기가 경험담이라는 사실은 도깨비와 인간이 가까운 관계에 있음을 극명하게 보여준다고 하겠다. 〈도깨비방망이얻기〉는 도깨비의 신성성이 약화된 것일 뿐 준신화적인 속성을 지닌 이야기로 평가되지만, 현재는 완전하게 민담으로 전락된 상태이다. 그러나 도깨비를 평가하는 작업에서 〈도깨비방망이얻기〉가 중요한 영향력을 행사하여 왔는데, 이것은 도깨비 전체의 위상을 올바르게 해명하는데 걸림돌 역할을 하였다. 즉 도깨비를 이야기 속의 주인공 정도로 알게 된 것이다.

그런 점에서 도깨비를 정점으로 한 민간신앙적인 유형을 온전하게 밝히는 것이 매우 중요하며, 동시에 이 작업은 도깨비의 본질을 이해하는데 가장 기층요소가 될 것이다. 도깨비는 단순한 이야기의 주인공이 아니다. 도깨비는 우리 민족에게 어떤 문화적 상징물이기도 하며, 현실의

부조화를 극복시켜 줄 수 있는 신앙적 매개물이기도 하다. 특히 하층민들에게 도깨비가 환영을 받았던 이유는 현실적인 궁핍함을 해방시켜 줄수 있는 희망대상이었기 때문이다.

도깨비에 바치는 제물 중에서 가장 중요한 것은 메밀이다. 메밀은 구황식품으로 가뭄 등에도 잘 버틸 수 있는 작물이라는 점에서 하층민들의 식생활과 밀접한 관계에 있다. 어떤 사람들은 메밀국수 등을 예로들면서 상층민들의 음식으로 내세우기도 하지만, 하층민들은 메밀로 국수를 만들어 먹을 만큼 시간적으로 여유롭지 못했음을 기억해야 한다. 하층민들이 가장 어려울 때 먹는 구황작물인 메밀이 제물로 오르는 것은 큰 부담이 없이 도깨비에게 제사를 드릴 수 있었다는 사정과도 무관하지 않다.

도깨비는 부를 충족시켜 주는 신적 대상물이었으며, 현재 전승되고있는 도깨비고사나 이야기 속에서 그런 흔적들을 쉽게 찾아볼 수 있다. 이런 관점에서 본다면 현재 알려진 도깨비의 성격은 이야기 속에서 표현되는 행위들에 불과하다는 점을 지적하지 않을 수 없다. 도깨비는 그런 점에서 현실과 밀접한 관계를 맺고 있는 신으로 우리 민족이 형상화시킨 것이다. 따라서 일본의 오니나 중국의 이매망량 등의 잡귀와는 차원이 다른 실질적인 신적 존재였음을 인식해야 할 필요가 있다.

3. 동북아시아의 요괴와 도깨비의 차이

동북아시아권인 중국과 일본은 문화적인 교류나 전파양상이 빈번하게 이루어져 유사한 문화적인 속성을 보여준다. 특히 이들 문화권을 하

나로 묶을 수 있는 중요한 틀 중의 하나로 한자(漢字)의 사용을 들 수 있다. 여기에서는 일본의 요괴와 중국의 귀(鬼)를 비교 검토함으로서 유사한 성격이 무엇이고, 그 변별성은 무엇인가를 논의하고자 한다.

1) 일본의 요괴

일본에서 사용되고 있는 명칭 중에서 도깨비의 속성을 지니고 있는 것으로는 오니(鬼 : おに)·오바게(お化け)·뎅구(てんぐ : 天狗)·갑파(かっぱ : 河童) 등이 있다. 유전국남(柳田國男)은 신이 영락한 상태를 요괴로 생각했다. 하지만 소송화언(小松和彦)은 신(神)의 시대에는 요괴나 신의 구분이 없이 존재하다가 도구와 언어를 사용하는 단계에 와서는 인간에게 자비를 베풀고 수호해 주는 神과 재앙을 가져오는 요괴(=魔)의 구분이 이루어지게 되었다고 본 바 있다.[7]

귀를 오니로 부르게 된 이유에 대해서는 아직까지 정설이 수립되지 못한 실정이다. 원래에는 귀와 신이 동일한 의미로 불려졌으나, 차츰 분화되어 일본식 발음으로 가미(かみ)와 오니(おに)로 나누어지게 되었다고 한다.[8] 그러나 오니의 정착은 평안시대 말기에 와서이며, 이전에는 주로 모노(もの)로 읽었고, 시고(しこ)가 그 다음이다.[9]

오니의 성격은『일본서기』를 통해 볼 때 정상적인 사람이 아닌 경우를 지칭하고 있지만, 그 이후에는 악령의 의미로서 많이 쓰이고 있다.[10]

---

7 宮田 登, 앞 책, 3-4쪽 재인용.

8 馬場あき子,『鬼の硏究』, 三一書房, 1971, 23-24쪽.

9 李活雄,「「記紀」成立期における「鬼」という表現及ひその變遷について」,『民族學硏究』 51卷4號, 日本民族學會, 1987, 417쪽.

10 윗글, 420쪽.

오니는 출발기부터 산에서 출현하는 귀를 뜻하고 있었는데, 이들은 점차 다양한 귀의 유형을 수용하여 포괄적인 의미를 갖게 되었다.

일본의 오니는 통상적으로 뿔이 두 개나 하나가 달려 있고 어금니가 튀어나온 얼굴형상을 하고 있는데, 보통 사람들의 2배 크기로 거구에 해당된다. 온 몸에는 털이 많이 나 있고, 상반신과 하반신은 원시인처럼 도롱이로 만든 옷을 입고 있다.[11] 때로는 손에 망치나 도끼를 들기도 하는데, 현재는 철퇴로 통일된 상태이다. 이러한 오니의 형상은 강호시대에 들어와 정착된 것으로 몸의 색깔도 빨강이나 파랑 등으로 그려진다.[12]

뎅구는 산의 귀이며, 갑파는 물의 귀이기 때문에 출현공간으로 보면 대립개념이다.[13] 뎅구는 산속에 출현하는 일본의 대표적인 요괴의 하나로서 코가 높고 얼굴이 붉은색을 띠며 부채를 하나 갖고 있다.[14] 뎅구의 특징은 하늘을 날 수 있다는 점이며, 이런 현상 때문에 유성(流星)의 의미로 해석하기도 한다. 또한 뎅구의 비행술에 모태가 되는 것은 신선사상(神仙思想)과 관련이 있기 때문에 수험도(修驗道)라는 도교적 수련과 깊은 연관이 있는 것으로 인식되고 있다.[15]

갑파는 하천의 수중에 서식한다고 믿어지는 요괴로 수신계(水神系)·

---

11 오니에 대한 상세한 형상 설명은 芳賀日出男의 『世界の祭り』(ポプラ社, 1971, 8쪽)를 참조할 것.

12 崔仁鶴, 『韓國民俗學硏究』, 仁荷大學校出版部, 1989, 89쪽.
특히 일본에는 오니의 형상을 그림으로 많이 남기고 있으며, 시대적으로 이른 시기로 소급될 수 있는 것으로는 699년 『新補倭年代記』에 나타난 '役의 行者'(수도승의 심부름꾼)이다.(藤澤衛彦, 『日本民俗學全集』 3卷, 高橋書店, 1971, 321쪽)

13 今野圓輔, 「妖怪」, 『日本民俗學大系·8』, 平凡社, 1959, 300-301쪽.

14 櫻井德太郎, 『民間信仰辭典』, 東京堂出版, 1980, 198쪽.

15 馬場あき子, 앞 책, 190-191쪽.

소동계(少童系)·동물계(動物系)로 나누어진다. 또한 부르는 명칭도 전국적으로 차이가 있다. 갑파의 모습은 원숭이 얼굴에 거북이 몸, 또는 새 머리에 짐승의 몸으로 이루어진 것으로 그려진다. 성질로는 씨름을 좋아해서 사람에게 도전을 하며, 사람의 고자옥(尻子玉 : 사람의 항문에 있다고 믿어지는 상상의 구슬)이나 간을 좋아한다고 하여 사람을 물 속으로 유인하기도 한다. 특히 고자옥을 빼앗긴 사람은 멍청이가 된다고 한다. 갑파는 수계(水系, 龍宮)와 관련이 있는 개념으로 추정되는데, 잘 대접하면 재보(財寶)를 얻지만 동시에 두려운 존재이기도 하다.[16] 특히 갑파가 잘 알려진 곳은 구주지방이다.

뎅구는 도깨비불과 유사함을 보이며, 갑파는 부를 가져주거나 씨름을 좋아한다는 점에서 〈도깨비 만나 부자되기〉나 〈도깨비와 씨름하기〉 등에 나타난 도깨비의 성격과 비슷한 면이 있다. 하지만 이러한 성격들이 도깨비와 유사하거나 도깨비의 본질에서 파생된 것으로 보기는 어렵다. 이외에도 오끼나와의 기지무나(キジムナー)가 도깨비와 유사한 속성을 지니고 있는데, 유전국남의 『민속학사전』을 보면 다음과 같이 설명되어 있다.

① 이 「기지무나아」라는 말 자체가 나무의 정령이라는 어원을 가진 오끼나와의 사투리라고 하니, 그 요괴관념의 근원에서부터 우리와 유사하다. ② 더펄머리의 동자형(童子形)이다. ③ 고목을 서식처로 한다. ④ 어운(漁運)을 주며, 바다 위를 걸어 다니는 능력이 있고, 친해지면 곧 어군을 몰아다 주어서 부자가 되게 하나, 틀리게 되면 금방 도로 가난뱅이가

---

16 石川純一郎, 『河童の世界』, 時事通信社, 1985, 7-16쪽 참조.

되게 한다. ⑤ 밤중에 잠자는 사람을 타고 앉는 장난을 좋아한다. ⑥ 부르
면 달려와서 밤길에 불을 밝혀준다. ⑦ 「부나가야」라는 기지무나아를 닮
은 요괴의 무리들은 씨름을 좋아하고 밤에 사람에게 잘 걸어온다.[17]

현재 한국에서는 기지무나가 고목의 정령이라는 특징에 주목하여 도
깨비의 정체를 해명하려는 논의가 강은해에 의해 제시된 바 있지만,[18]
이 기지무나의 성격이 도깨비의 근원과 일치한다고 볼 수 없다. 위에
제시된 내용 중에서 유사한 것은 ④⑤⑦ 항목 정도이다. 특히 바다에서
의 도깨비는 갯벌을 주 근거지로 삼고 있는 특징이 있다는 점에 차이를
보인다. 기지무나와 도깨비의 어원도 차이를 갖고 있는데, 이것은 양자
의 성격이 근본적으로 같지 않음을 보여주는 것이다.

또한 기지무나는 어로행위와 결부되어 자기존재를 보여주는데 비해
서, 도깨비는 한반도 전역에서 나타날 뿐만 아니라 부를 생산능력도 농
촌이나 어촌 등의 출현공간에 구분받지 않고 동일하다. 특히 어촌에서
는 근해에 덤장이나 살 등의 고정망을 설치하는 어민들에게 신앙대상으
로 자리잡았다는 점에서 민담적 속성이 강한 기지무나와는 판이한 차이
를 보인다.

특히 변별요소로 제시될 수 있는 형체적인 특징으로 기지무나는 동자
형이라는 사실을 들 수 있다. 동자형이라는 점은 기지무나가 갑파의 변
이형으로 추정할 수 있는 가능성을 제시해주는 것이며, 또한 이들 모두
가 수신계(水神系)라는 점도 이런 추정에 도움을 주는 중요한 요인이다.

---

17 張籌根, 『韓國의 鄕土信仰』, 乙酉文化社, 1975, 113쪽 재인용.
18 姜恩海, 「한국 도깨비담의 形成 變化와 構造에 關한 研究」, 西江大學校 大學院 博士學
   位論文, 1985, 20쪽.

도깨비와 유사한 성격을 갖고 있어 일본의 요괴들과 비교되는 대상들을 살펴 보았는데, 이들이 도깨비와 근원이 같다거나 또는 상호관련이 있다는 추정은 쉽지 않음을 알 수 있다. 속성 중에서 유사한 면이 있다고 양자의 관련을 유추해 내거나, 공통된 존재물로 평가하는 것은 논리적 비약이 될 가능성이 높다고 생각되는 것도 이런 이유에서이다. 최인학이 뎅구나 갑파가 도깨비만큼 전통성을 견지하지 못한다는 지적은[19] 그런 점에서 타당성을 확보한다.

또한 도깨비불과 유사한 속성을 보이는 것이 일본 각지에서 조사된 바 있다. 유전국남의 〈妖怪名彙〉에 따르면 지역별로 명칭에는 차이가 있으나, 도깨비불의 속성을 보이는 유형으로는 다음과 같은 것을 들 수 있을 것이다.

シノムシ : 보슬비가 내리는 밤에 불이 나타난다.

キツネタイマツ : 여우불인데 어떤 마을에서는 좋은 일이 있는 전조로 나타나는 경우도 있다.

テンビ : 천화(天火), 일반적으로 알려진 괴화(怪火)이다.

トビモノ : 번쩍이는 물건으로 중세에는 여러 가지 색의 괴화(怪火)를 말한다. 현재에도 자성현(茨城縣)에는 トビモノ가 있다.

ワタリビシャク : 단파(丹波)의 지정(地井) 산촌 등에 번쩍이는 물체가 3종이 있는데, 하얀 국자형태로 날아 다닌다.

トウビ : 폭풍우 속에 일어나는 괴광(怪光)

ゴツタイビ : 귀화(鬼火)

タクラウビ : 바다에 나타나는 귀화(鬼火)

---

19 최인학, 앞 책, 90쪽.

　　ジャンジャンビ : 나라현(奈良縣) 중부에 많으며, 괴화(怪火)의 이야기가
　　　전해진다.
　　バウズビ : 가하현(加賀縣)에는 火の玉(도깨비불)이 날아 다닌다.[20]

　　이러한 유형 중에서도 キツネタイマツ(호거화 狐炬火)는 한반도의 서해
안과 남해안에서 풍어를 암시하는 도깨비불과 유사한 성격을 갖고 있
다. 그러나 귀화의 형태는 도깨비불의 출현양상과 비슷한 면이 있으나
어떤 의미를 갖고 있지 못하다는 점에서 차별성을 지닌다. 이에 대한
논의는 아직까지도 충분한 논의가 이루어지지 못했기 때문에 한국과 일
본의 비교연구가 요구된다고 하겠다.
　　이외에 일본의 귀와 관련한 습속 중에서 주목되는 것은 섣달 그믐에
거행되는 冬祭り, 정월초에 거행되는 鬼火焚き, 花祭り 등이 있다.[21] 이
들 습속은 鬼가 마을에 질병 등 나쁜 일을 옮겨 준다는 속신에 따라 귀를
잘 대접해 보내거나 태워 버리는 주술적 의례행위다. 이때 방문하는 鬼
를 '도시노가미(トシノカミ)'라고도 부른다.[22] 이러한 귀의 추방의례는 진
도의 도깨비굿이나 제주도 영감놀이 등과 유사한 의례적 속성을 보여준
다는 점에서 앞으로 논의되어야 할 것으로 생각된다.

---

20 柳田國男, 『柳田國男全集』 4卷, 筑摩書房, 1968, 424-438쪽 참조.
21 芳賀日出男, 앞 책, 8-21쪽.
　　藤木典子, 「坂部の冬祭り試論」, 『神語り研究』 1號, 神語り研究會, 1986, 49-66쪽.
　　藤木典子, 「花祭り·冬祭りにみる鬼の形象」, 『神語り研究』 2號, 五月社, 1987, 63-64쪽.
　　永松 敦, 「正月七日の火焚行事と呪符」, 『福岡市博物館研究紀要』 1號, 福岡市博物館,
　　1991, 3-20쪽.
22 宮田 登 外編, 『民俗探訪事典』, 山川出版社, 1983, 143쪽.

2) 중국의 귀

중국의 귀(鬼)는 합성어로 형성된 것으로서, 지전말리(池田末利)는 귀두에 관심을 둘 경우 상고시대에는 죽은 사람의 귀두를 쓰거나 또는 죽은 사람을 흉내냄으로서 죽은이가 돌아왔음을 상징한다고 하였다. 따라서 귀는 귀신숭배의 원초형태로서 사자숭배(死者崇拜)의 기원을 담고 있다고 한다. 이것은 고대사회에서 죽은 이에 대한 의례가 부족집단의 행사라는 관점에서 수용될 수 있으며, 가족제도의 확립이 이루어진 후부터 조상숭배의 개념이 발생되었다고 보았다.[23]

중국의 귀는 각기 역할에 의한 특징과 성정 등이 제시되어 무수하게 다양한 유형이 형성되었다. 이러한 중국의 귀 중에서도 도깨비를 중국의 귀와 관련지어 논의를 시도한 학자는 일본의 의전천백자(依田千百子)이다. 그가 주목한 귀의 형태는 독각귀(獨脚鬼)로서 중국의 산소(山魈)와 관련지어 검토한 바 있다. 산소는 다리가 하나인 채로 산에 살고 있으며, 주로 중국의 강남지방에 분포하는 귀의 일종이다. 중국의 『鬼神學詞典』을 보면 산소에 대해서 다음과 같이 말하고 있다.[24]

산의 요괴로 산정(山精), 산조(山臊), 산문(山文), 산고(山姑)라고도 한다. 《남강기》에 "산속에 목객(木客)이 있는데, 모양이 사람과 같다. 그러나 새 발톱을 하고 있는 것이 다르며, 높은 나무 위에 집을 짓고 산다. 나무를 베면 반드시 사람에게 해를 입혔다. 산소(山魈)라고도 한다."《해록잡사》는 "영남에 한쪽 발꿈치가 거꾸로 되었으며, 손가락 발가락이 모두 3개이다. 수컷은 산문(山文)이라고 하고 암컷은 산고(山姑)

23 池田末利, 『中國古代宗敎史硏究』, 東海大學出版會, 1981, 182쪽.

24 將梓驊·范茂震·楊德玲 編, 『鬼神學詞典』, 陝西人民出版社, 1992, 8쪽.

라 한다. 밤에 사람들의 문을 두드려 먹을 것을 얻는다."《이원》에는 "손호(孫皓) 때 임해에서 모인을 발견했다.《산해경》에 '산정은 사람 같고 얼굴에 털이 있다'고 하였다. 포박자가 이르기를 '산정은 어린아이 같고 다리는 하나이며 뒤로 걷는다. 사람을 범하기를 좋아한다. 기(蚑)라고 부르면 알고 답하며 바로 가버린다."《사기집해》에 "월인(越人)은 산과(山㺢果)라고 한다. 혹은 외다리 망량(魍魎)이라고도 한다. 산정은 사람 소리를 흉내내어 사람을 유인하기도 한다."《형초세시기》에 "정월 1일은 삼원일(三元日)이다. 닭이 울면 일어나 먼저 앞마당에서 폭죽을 터트려 산조와 악귀를 피할 수 있다."

특히 산소가 산에 살고 있다는 점을 바탕으로 그는 강남지방이 산지라는 지형적 특징과 관련을 맺고 형성된 것으로 보았으며, Eberhard는 독각귀의 전승이 한족(漢族)보다는 한족이 아닌 다른 민족들에 의해서 만들어진 것이라는 가설을 제시한 바 있다.[25]

이런 독각귀는 역신(疫神)과 농경신의 기능을 갖고 있으며, 외다리라는 형태적 특징을 토대로 수목정령과 밀접한 관련이 있을 것으로 추정하였다. 특히 수목정령의 숭배사상을 한국의 산신신앙과 결부시켜 그 추론을 확대한 바 있다.[26]

그러나 도깨비가 단지 독각귀의 개념만으로 설정되어 있는 것은 아니며, 오히려 건장한 청년이나 머슴형태로 묘사되는 경우 많다. 즉 독각귀의 유형과 유사한 것은 〈도깨비와 씨름하기〉에서 부분적으로 찾아볼

---

25 依田千百子,「妖怪도깨비와 韓國의 民俗宇宙」,『한국민속학』19호, 민속학회, 1986, 447쪽.
26 윗글, 451쪽.

수 있을 뿐이다. 〈도깨비 때문에 부자되기〉에서의 도깨비는 불구자가 거의 없을 뿐만 아니라, 건장한 남성으로서 성적 욕구까지도 충족시켜 줄 수 있는 인물로 나타난다. 따라서 부분적인 유사성을 바탕으로 도깨비의 형성에 일정한 영향권에 있다는 관점에서 논의하는 것은 큰 오류를 빚어낼 가능성도 높다고 하겠다.

임동권선생도 한자로 표기된 각종 귀신의 유형을 제시한 바 있는데, 이것은 중국의 귀들이라고 해도 과언이 아니다. 이들 귀의 성격 자체도 도깨비와 적극적으로 대응할 수 있는 속성을 지니지 못하고 있으며, 그것들이 도깨비와 어떤 면에서 유사성을 갖는지도 불확실한 실정에 있다.

예컨대 조선시대의 문헌에 자주 나타나는 이매망량(魑魅魍魎)의 경우도 그런 측면에서 이해될 수 있다. 이매는 귀괴(鬼怪)의 한 종류로서, 일종한 요괴에 속하는 귀신이다. 이매는 산속에서 이상한 기운으로 생겨나 사람을 해치는데, 특히 이(魑)는 산신으로 동물의 형상을 하고 있다고 한다.[27] 망량도 역시 귀괴의 한 종류인데, 『사기』에 목석(木石)의 괴기(怪夔)라고 한다. 발이 하나인 요괴의 종류로『수신기』에 보면 옛날 전욱씨에게 아들이 세명 있었는데, 이들이 죽어 역귀(疫鬼)로 변했다. 이들 중 하나가 약수에 머물러 이를 망량이라고 하였다.[28]

따라서 이매와 망량은 성격이 다른 귀신의 일종인데, 이들을 도깨비의 한자어로 인식하여 왔다는 것은 속성의 유사한 면이 있기 때문으로 풀이된다. 즉 망량이 역귀적 성격을 띠고 있음을 보아 도깨비와 유사한 점을 찾을 수 있으며, 발이 하나라는 사실을 근거로 하여 독각귀의 한자

---

27 『鬼神學詞典』, 109쪽.
28 위의 책, 108쪽.

표기로 발전했음을 알게 한다. 이매의 경우는 완전히 다른 성격을 갖고 있는데, 어떻게 하나의 의미를 갖는 존재로 표현했는지 궁금하다. 사람들이 산 속에서 도깨비에게 홀린다는 현상을 바탕으로 산 속에 살고 있으면서 사람을 해친다는 성격과 연결된 것으로 보인다. 하지만 동물의 형상을 하고 있다는 점에서 도깨비의 본질이라고 하기에는 어렵다고 생각된다.

도깨비가 갖는 속성들을 광범위하지 검토하지 않고 부분적인 유사성에 초점을 맞춰서 유형의 동일성이나 같은 계열의 존재로 제시하려는 노력들은 무리한 작업이다. 특히 한자문화권이라는 영역을 바탕으로 문화적 세부항목까지 합치된 특징을 찾아내려는 추론은 부분적으로는 긍정적인 면도 없지 않으나, 오류를 생산해 낼 수 있는 가능성도 항상 잠재하고 있는 것이다. 따라서 도깨비는 우리 민족에 의해 한반도 안에서 도깨비 나름대로의 독자적인 속성을 지니고 형성된 것으로 보는 것이 정당하다.[29]

4. 도깨비를 올바르게 살리기 위하여

도깨비를 우리는 올바르게 알고 있었는가에 대해서 물어 볼 때 자신

---

29 이외에 송영규도 프랑스 Fée의 속성이 도깨비와 유사하다는 관점에서 비교 검토한 바 있다. 하지만 Fée가 선녀라는 점과 도깨비가 남자라는 사실을 보면 근본적으로 비교한다는 것 자체가 무리한 일인 것이다. 따라서 존재의 일치를 밝히는 의도보다는 유사한 속성들을 추출해 내서 비교한다는 의미에서 크게 벗어나기 어렵다는 것을 알게 한다.(「韓·佛 口傳童話의 比較研究」, 중앙대학교 대학원 박사학위논문, 1989, 105-110쪽 참조)

있게 대답하지 못하는 것은 도깨비에 대한 확실한 존재규명이 미흡했기 때문이다. 그런 사정은 중국의 도깨비나 일본의 도깨비라는 식으로 다른 나라의 요괴를 말할 때도 도깨비라는 용어를 마구 남발하는 경향과도 무관하지 않다.

도깨비는 한국에서 우리 민족에 의해 만들어진 신적 존재물이었다. 하지만 세월이 흐르면서 원래의 부신적인 속성에 역신적 의미나 잡귀 등의 성격이 혼재되는 과정을 겪어 왔다. 이것은 우리 민족이 잡다한 귀신의 존재를 만들어 내지 않은 특징도 하나의 이유로 들 수 있다. 따라서 도깨비는 귀신들의 행동까지도 수용하는 변화를 겪어 왔으며, 현재 정착된 모습은 그런 결과를 집합한 것이기도 하다. 최근에 행해지고 있는 진도도깨비굿의 내용에서 귀신제와 도깨비제가 습합되어 나타나는 것도 이런 사정과 맥락이 닿아 있다. 이제 도깨비라는 존재에 대해 올바르게 인식하고 우리의 도깨비는 일본의 오니 등과는 다른 독자성을 지닌 존재로 이해해야만 한다.

현재 도깨비는 많은 변화 속에 휩쓸려 동화 속의 주인공으로 정착되고 있다. 과거 우리 조상들이 행해 왔던 풍어기원이나 화재예방, 그리고 돌림병을 막기 위한 도깨비제의 전승은 단절되는 양상을 겪고 있는 중이다. 따라서 도깨비는 이야기 속에서나 찾아볼 수 있으며, 사라진 존재로 이해되고 있다. 그런 변모는 도깨비를 왜곡하는 많은 시행착오들을 만들어 낼 가능성이 높다.

전래동화로 포장된 옛날이야기

1. 서 - 전래동화는 과연 전래동화인가에 대한 물음

전래동화란 용어가 언제부터 사용되었는가 하는 문제는 현재에 와서 중요하지 않다. 너무나 널리 사용되기 때문에 이 단어가 일제침략기에 들어왔다고 해도 큰 흔들림이 없다. 하지만 우리가 사용하는 이 용어가 과연 우리에게 적절한 대접을 받을 수 있는가에 대해서는 반드시 논의가 필요하다.

傳來와 童話의 합성어인 이 용어는 우리나라에서는 사용하지 않았던 것으로 보인다. 예컨대 동화라는 단어 자체가 일제침략기에 유입되었기 때문이다.[1] 동화에 대한 논의, 특히 전래동화에 대한 논의는 일정한 진척이 있었던 것으로 보인다.[2] 최인학의 경우 동화는 민담의 한 유형으로

---

1 최인학에 의하면 동화가 아동을 위한 설화라는 개념으로 사용되기 시작한 동기는 그림 형제의 「兒童과 家庭의 童話」의 영향이라고 본 바 있다. 무엇보다도 동화라는 단어가 사용된 것은 이솝우화 등을 번역하거나 민담을 재구성하면서 시작된 것으로 보고 있는데, 1921년에 발간된 高敬相, 裵緯冲, 吳天錫의『童話集』등이 그 좋은 예이다.(崔仁鶴,『韓國說話論』, 螢雪出版社, 1988, 92쪽)

2 동화는 전래동화와 창작동화로 구분한다. 특히 전래동화는 '神話·傳說·寓話·民譚의 형태나 내용을 아동들에게 알맞게 개작 또는 재구성을 하거나 현대적 감각이나 기법으로 재현'했다는 보는 것이 보편적이다.(俞昌根,『現代兒童文學論』, 東文社, 1989, 140쪽)

보고 있지만3, 최근 발간되는 동화책의 내용을 보면 민담에 국한된 것은
아니다. 유창근의 견해처럼 신화와 전설까지도 전래동화라는 범주 속에
서 수용하고 있기 때문이다.4·5

　이와 달리 전래동화가 지닌 근대성, 예컨대 그 이전 시기에는 전래동
화라는 개념이 수립되지 못했기 때문에 전통적인 이야기와는 차별화된
다는 주장도 있다. 김환희가 좋은 경우인데, 전통적인 이야기인 민담은
피지배계급에 속한 익명의 이야기꾼에 의해 전승되었지만, 동화는 서구
문화의 세례를 받고 일본 유학을 한 방정환과 같은 지식인계급의 작가
에 의해 글로 전해져 왔다는 점을 차이로 들기도 한다.6 하지만 이것은
이야기의 속성, 특히 전승되어온 민담 등의 이야기적 속성을 무시한 결
과이다. 오히려 동화라는 용어를 일제침략기에 사용했을 뿐이지, 이들
이 전래동화로 생산한 기초자료는 바로 옛이야기라고 하는 설화에 속해
있기 때문이다.7 다만 하나의 이야기가 성인들을 대상으로 했을 때의

3　孫東仁은 전래동화를 민담의 分身으로 개념 정의를 내세워 '傳來童話는 民譚의 한 部位
　요 一心同體'라고 한다.(韓國傳來童話史研究」,『韓國兒童文學研究』 1호, 韓國兒童文
　學學會, 1990, 21쪽)
4　전래동화라는 명칭이 등장한 것은 1940년 박영만의『조선전래동화집』에서 찾아볼 수
　있다고 한다.(조성숙,「전래동화 장르론」,『교육이론과 실천』, 경남대학교 교육문제연
　구소, 2005, 227쪽)
5　최근에는 전래동화가 아니라, 고전동화라는 명칭을 사용한 예도 있다.(김용범,『우리
　나라 도깨비이야기』, 아동문예, 2003) 그런데 孫東仁에 의하면 古典童話를 '古代의
　詩歌나 記錄에 남은 童話的要素가 豊富한 童話'로 정의하고 있다.(앞 글, 23쪽) 김용범
　과 손동인의 고전동화에 대한 인식의 명확한 차이를 엿볼 수 있다.
6　김환희,「설화와 전래동화의 장르적 경계선」,『동화와 설화』, 건국대학교 동화와번역
　연구소, 2003, 49쪽.
7　전래동화에 대한 기존의 논의 검토는 조성숙의「전래동화 장르론」(『교육이론과 실천』
　15권, 경남대학교 교육문제연구소, 2005, 213-234쪽)을 살펴볼 필요가 있다. 특히
　흥미로운 것은 조성숙은 전래동화라는 용어를 아이라는 계층적 한계를 구분하지 않고

내용과 아이들을 대상으로 했을 경우 내용의 차이가 존재함은 부정하기 어렵다. 그런 점에서 이들 간의 관계는 부자관계로 설정될 만하다.

이처럼 동화의 문제는 어린이를 대상으로 한 이야기라는 한계를 벗어나지 못한다. 사실 현재의 창작동화가 그러하듯이 이들 동화에서 주도권을 지닌 창작자 계층이 성인이라는 점을 고려할 필요가 있다. 그럴 경우 과거 아이들에게 들려준 이야기의 생산주체도 성인이라는 사실을 간과하지 않으면 안된다. 이 점은 바로 동화를 통해서 아이들에게 어떤 목적의식, 예컨대 그것이 교훈적인 요소이거나 흥미본위이거나 간에 성인들의 생각을 전달하고 있음을 명료하게 보여주기 때문이다.[8]

이러한 전래동화는 초등학생을 대상으로 한 동화책으로 많이 생산되었으며, 특히 삽화가 들어있는 저학년을 대상으로 한 그림동화가 주종을 이룬 것으로 보인다. 이와 같은 전래동화 중에는 교과서에도 수록되는 경우도 있는데,[9] 그 좋은 예로 〈해와 달이 된 오누이〉를 들 수 있다.

이와 달리 교과서에 수록되어 널리 알려지면서 역으로 전래동화의 중심으로 자리잡은 사례가 있는데, 바로 도깨비와 관련한 〈혹부리영감〉이 그러하다. 무엇보다도 이 이야기는 교과서에 수록된 이후에 우리의 대표적인 민담의 한 유형으로 정착되었으며, 특히 도깨비의 형상화가 이

모든 계층이 읽을 수 있는 이야기, 그리고 현재의 전래동화는 설화를 근원으로 하지만 구비문학의 하위 장르가 아니라는 주장을 들 수 있다.

8 이 문제에 대해서는 최기숙의 『어린이 이야기, 그 거세된 꿈』(책세상, 153쪽) 참조할 것. 최기숙에 의하면 화자와 청자의 관계는 수직적 상하관계이며, 이야기하는 관계방식에 어린들의 관념, 특히 교육적 관념이 반영되어 나타날 수밖에 없음을 지적하고 있다.

9 〈해와 달이 된 오누이〉의 경우에는 전래동화에서 교과서에 수록되는 과정을 거쳤다. 이에 대한 논의는 정소영의 「〈해와 달이 된 오누이〉 전래동화의 설화수용의식과 교육적 의미」(『새국어교육』 73호, 한국국어교육학회, 2006, 187-206쪽)을 참고할 만하다.

글부터 비롯되었다고 해도 과언이 아니다.

〈혹부리영감〉은 1915년부터 교과서에 수록되기 시작한다. 문제는 이 이야기의 주제나, 혹은 스토리 전개의 흥미로움, 한국적인 이야기의 특징 등이 매우 약함에도 불구하고 수록되었다는 점이다. 특히 〈혹부리영감〉이 교과서에 수록될 수 있었던 요인은 식민지 통치와 관련한 의도적인 수록이라는 점을 간과해선 안된다. 하지만 이 이야기를 통해서 도깨비가 세상에 널리 알려지게 된 계기를 마련하였다는 점에서 주목을 요한다.

도깨비의 형상화에 영향을 끼친 〈혹부리영감〉과 그 이후 더 많은 동화로 채택된 〈도깨비방망이〉는 도깨비를 동화세계의 중심으로 끌고 왔다.[10] 그런데 문제는 이들 이야기들의 대부분이 전래동화집이라는 울타리에서 생산되고 출판되고 있는 것이 현재의 상황이다. 과연 전래동화라는 용어에 걸맞는 작품 구성을 갖추고 있는지를 살펴보는 것은 유의미하다. 그런 관점에서 전승되어온 민담으로서의 〈도깨비방망이〉[11]를 근거로 삼아 현재 출판된 동화책의 내용을 검토하고자 한다. 동시에 이를 통해서 과연 이들 이야기가 전래동화라는 용어에 부합되는 내용인가를 밝히고자 한다.

---

10 동화책 뿐만 아니라, 초등학교 국어교과서에는 1-1학기 만을 빼고는 전 학년에 걸쳐 도깨비의 모습이 수록될 정도로 인기가 높다. 그러나 그 형상은 일반적으로 알려져 있는 것처럼 오니의 모습이다. 흥미로운 것은 몇 년 전까지만 해도 대개 뿔이 하나였는데, 이제는 뿔의 개수와 상관없이 삽화로 활용되고 있다는 점이다.

11 김종대는 이를 〈도깨비방망이 얻기〉라는 유형의 제목을 붙였으나, 동화책의 대부분은 〈도깨비방망이〉로 표현하고 있다. 이 글에서도 그런 경향을 수용하여 〈도깨비방망이〉로 사용한다.

2. 〈혹부리영감〉, 도깨비를 세상에 알리다[12]

도깨비의 모습이 형상화되어 교과서에 수록된 것은 1923년부터이다. 원래 〈혹부리영감〉은 1915년 발간된 『普通學校朝鮮語讀本及漢文讀本』 卷二부터 수록되었는데, 이때의 제목은 〈혹잇는 老人〉이었다. 삽화에는 도깨비의 형상은 없고 혹이 떼어진 노인이 거울을 보는 모습과, 두개의 혹이 달린 노인의 모습만이 표현되어 있었다. 이런 노인들의 모습만 그려진 것은 원래 일본에서 1913년에 발행된 『尋常小學讀本』의 삽화를 그대로 차용했기 때문이다.[13] 따라서 처음 차용된 내용에 오니가 없기 때문에 1915년판 『普通學校朝鮮語讀本及漢文讀本』에도 도깨비의 모습을 찾아보기 어렵다.[14]

도깨비가 오니의 모습으로 그려지기 시작한 것은 1923년판 『普通學校朝鮮語讀本』 卷二부터이다. 이때의 제목은 어떤 이유에서 인지 〈혹 뗀 이약이〉로 바뀌어 나타난다. '혹있는 노인'이 '혹 뗀 이야기'로 바뀐 것은 사건의 결과를 중시했기 때문인지 분명하지 않다. 제목은 바뀌었지만 내용은 큰 차이가 없는데, 특히 혹이 목에 달렸다고 한 표현은 일치된다. 또한 괴수 도깨비가 소리가 좋은 소리가 어디서 나오냐고 묻자, 혹달린 노인은 '텬연스럽게 내 목에 달린 혹에서 나온다'고 대답을 한다.[15]

여기에서 중요한 점은 주인공인 노인이 천연덕스럽게 거짓말을 한다

---

12 이에 대한 논의는 본인의 「〈혹부리영감譚〉의 형성과정에 대한 試考」(『우리文學研究』 20호, 우리문학회, 2006, 29-60쪽)를 참조할 것.

13 『尋常小學讀本』第 一學年用 上, 文部省, 1913, 42-43쪽.

14 『普通學校朝鮮語讀本及漢文讀本』卷二, 朝鮮總督府, 1915, 56-62쪽.

15 『普通學校朝鮮語讀本』卷二, 朝鮮總督府, 1923, 41-42쪽.

는 점이다. 이러한 사정은 전래동화가 갖추어야 할 조건과는 부합되지 않는 내용이다.[16] 교훈적인 요소와 동화를 읽은 아이들이 바른생활을 하도록 권장하기 위해서 수록한 동화에서 주인공이 천연스럽게 거짓말을 한다는 것은 문제가 심각하다. 이러한 동화를 과연 교과서에 수록하는 것이 올바른 것인가 하는 점은 기왕 김용의에 의해 논의가 된 바 있다.[17]

이 교과서에서 주목되는 것은 처음으로 도깨비의 모습이 등장한다는 점이다. 이때의 모습은 과연 이런 형상이 도깨비라고 할 수 있는지 명확하지 않다. 삽화를 담당한 사람들도 그런 고민이 있었던 것으로 보이는데, 도깨비라고 그린 모습은 달라붙은 반바지 차림에 뿔이 난 모습이다. 신발도 짚신이 아니라, 일본식 버선인 足袋를 신고 있다. 매우 어색해 보이는 이 모습은 오니의 정형화된 모습도 아니라는 점에서 당대의 교과서를 만들 때 삽화가의 고민이 잘 배어남을 알 수 있다. 특히 45쪽의 삽화를 보면 도깨비가 도망가는 모습이 검은 색으로 뒷모습만 그려져 있다. 도깨비의 모습은 일반적으로 갖고 있는 방망이가 없는 대신에 뿔만 선명하게 표현되어 있다. 이와 같은 검은 색으로 표현된 도깨비의 형상화는 이후의 동화책에서도 찾아볼 수 있는데, 이원수의 〈노래주머니〉에 그려진 그림이 좋은 예이다.[18]

1933년판 『普通學校朝鮮語讀本』 卷四부터는 앞서의 제목을 그대로

---

16 전래동화의 이야기로 선정되기 위한 기준으로는 신영순은 첫째 우리 조상들의 생활 모습이나 생각이 잘 드러나는 것, 둘째는 재미있고 우리에게 교훈을 줄 수 있는 것, 셋째는 어린이들에게 바른 생각을 하도록 이끌 수 있는 것 등을 든 바 있다.(「韓國 傳來童話集 發行의 現況과 問題點에 關한 硏究」, 韓國敎員大學校 大學院 碩士學位論文, 1996, 57쪽)

17 김용의, 「한국과 일본의 혹부리영감(瘤取り爺)譚의 유형과 분포」, 『日本語文學』 5輯, 韓國日本語文學會, 1998, 388쪽.

18 이원수, 〈노래주머니〉, 『어린이 한국의 동화·5』, 계몽사, 1983, 13쪽.

이용하여 〈혹뗀이야기〉로 수록하였다. 이 글의 내용은 1923년판과 차이가 있다.

> 노래가끝난뒤에, 괴수독가비가老/人의 앞으로와서,
> 「령감, 고맙습니다. 참자미잇습니다. 이/와같치, 마음이爽快하야본적은 업섯습니/다. 대체그런고은소리가어듸서나옵닛/가.」
> 하고물엇습니다.
> 「목에서나오는것일세.」
> 하고老人이對答한즉,
> 「령감, 거짓말슴마시오. 普通소리같으면, / 목에서나온다고하겟지마는, 그런조은소/리는, 決코목에서나오지안을것이오. 령/감의그커다란혹에서나오는것이아닙닛/가.」
> 「이혹에서……그럴가.」
> 「네, 꼭그러타고생각합니다. 령감, 어렵습/니다만, 그혹을우리들에게주지안으시랍/닛가. 주신다면, 저이들도禮物을만이드/리겟습니다.」
> 「이혹을……」
> 「네.」
> 「글세나, 나도항상귀치안케여기는것이닛가, /주어도相關업지만, 아퍼서엇더케떼여주/나.」
> 「아니올시다. 그것은조곰도걱정마십시/오. 우리들이뗄것같으면, 조곰도아프지/안습니다.」[19]

먼저 소리가 어디서 나오는가를 물어본 도깨비의 말에 목에서 나온다고 말한다는 것이다. 이것은 바로 1923년판의 내용에 문제가 있다는 점

---

19 『朝鮮語讀本』卷四, 朝鮮總督府, 1933, 25-28쪽.

을 간파한 조치로 볼 수 있다. 이제는 주인공이 거짓말을 하는 것이 아니라, 도깨비가 지레짐작을 하고 혹을 떼어간다는 서술을 취한 것이다.[20]

두 번째는 1923년판에는 노래의 구체적인 내용이 나오지 않는데, 여기에서는 시조가 3편이 등장한다는 점이다. 1933년판이 권4, 즉 4학년용이라는 점 때문에 보다 구체적인 노래를 수록했음을 알 수 있는데, 어떤 이유에서 시조를 택했는지 알 수 없다. 사실 이것은 시조창이라는 점에서 일반 민중들이 구연하기에는 어려운 대목이다. 그렇다면 혹부리영감은 양반이나 중인계급인가, 아니면 몰락양반에 속하는 인물일 수도 있으나 이야기 속에서는 명확하게 표현되어 있지 않다. 그러나 나무꾼이라는 직업을 보면 이 인물은 오히려 하층민에 가깝다는 점을 알 수 있다. 이런 영향과 관련이 있는 것인지는 몰라도 1990년대 이후에 나온 〈혹부리영감〉과 관련한 동화책에서 주인공을 첨지로 승격시킨 사례도 있다.[21]

이런 교과서의 내용은 해방 이후 군정청 학무국에서 발행한 『초등국어교본』에서도 그대로 유지된다.[22] 다만 혹의 위치에 차이를 보이고 있는데, '턱 밑에 큰 혹이 달려'있는 것으로 묘사하고 있다. 이것은 매우 흥미롭기도 하지만, 주목해야할 내용이기도 하다. 왜냐하면 지금까지

---

20 도깨비가 먼저 혹에서 노래가 나온다고 말하는 유형과 영감이 거짓말을 하는 유형은 그 후에 발간된 동화책에도 그대로 반영되어 나타나고 있다. 김용의에 의하면 1940년 부터 1996년 사이에 발간된 동화책 26편 중에서 도깨비가 먼저 말하는 방식은 11편에 해당된다고 한다(「일제시대 한국 민담의 개작과 수용양상」, 『南道民俗研究』 6집, 2000, 25-26쪽).

21 신경림, 『우리겨레의 옛날이야기 · 3』, 한길사, 1995, 72-78쪽.
물론 이 이야기에서 김첨지를 첨지중추부사라는 정삼품의 벼슬아치를 뜻하는 것이기 보다는, 나이많은 사람을 낮잡아부르는 호칭으로 보는 것이 온당한 것으로 보인다.

22 朝鮮語學會, 『초등국어교본』, 軍政廳 學務局, 1946, 48-54쪽.

발간된 동화책의 대부분은 일제침략기에 발간된 『조선어독본』과 마찬가지로 목에 달린 혹으로 묘사되고 있기 때문이다. 왜 이러한 혹의 위치변화가 일어났는지에 대해서는 정확하게 알 수 없다.

또한 노래를 부른다는 대목에서 '목소리를 가다듬어 노래를 듣기 좋게 자꾸 하였'다는 표현으로 축약되어 있다. 1933년판처럼 시조를 삽입한 것도 아니고, 그냥 노래를 하였다는 식으로 서술한 것은 아마 초등학생들에게 시조창을 넣는다는 것이 부적절함을 인식한 결과로 판단된다.

이러한 이야기의 내용변화와 함께 주목할 것은 주인공의 심성을 표현한 대목이라고 하겠다. 1915년 판에는 '한 老人이 잇섯는대, 그목에 큰 혹이 달녓섯소'로, 1923년판에는 '右便 목에 혹이 달닌 老人', 1933년판에는 '목에커다란혹이달린老人'으로 표현되어 있다. 일제침략기에 수록된 이야기에는 주인공 노인이 착하고, 상대 노인이 나쁘다는 심성의 표현이 없음을 알 수 있다. 이러한 사정은 주인공의 성격이 서두부에 묘사되지 않는 〈こぶとりじい〉의 서술방식을 그대로 따르고 있음을 깨닫게 한다.

하지만 해방 이후에 와서는 '정직하고 착한 노인', '욕심많은 고약한 늙은이'로 주인공의 성격을 명확하게 표현하는 차이가 있다. 이러한 주인공의 성격을 표현하는 이유는 물론 학생들에게 주인공의 성격과 행동을 이해하기 쉽게 하려는 의도 때문이라고도 할 수 있다. 그러나 이러한 변화의 차이는 아마 일본의 〈고부도리지이〉와 다르게 표현하고자 하려는 의도가 담겨있을 가능성도 고려할 만하다. 이것은 아마 '나무를 하러 갔다가 생긴 일'이라는 일제침략기의 교과서의 내용이, 해방 이후 발간된 『초등국어교본』에는 '볼 일이 있어서 먼곳에 갔다 오다가' 생긴 일로 표현되는 것과도 밀접한 관계에 있는 것으로 생각된다.

하지만 이런 줄거리의 선택은 이후 발간된 동화책에서 거의 채택되지 않고, 일제침략기에 발간된 교과서의 내용을 그대로 따르는 특징을 보인다. 이것은 기존의 전래동화 작가들이 일제침략기에 학습을 거친 세대일 가능성이 높다는 것을 보여주는 것이며, 그 후의 생산된 동화책은 앞 세대의 내용을 그대로 답습했음을 잘 보여주는 것이라고 하겠다.

〈혹부리영감〉은 이후 한국의 아동문학에서 매우 중요한 위치를 차지하게 된다. 특히 이 교과서에 수록되면서 채택된 삽화는 도깨비의 전형성을 뒷받침하는 근거가 되고 있다. 현재도 도깨비에 대한 다양한 논쟁들의 중심에서 일제침략기의 교과서 내용이 마치 움직일 수 없는 典型인 것으로 생각하는데, 이것은 일제가 수행한 문화정책이 아직도 그대로 유지되고 있음을 잘 보여준다.

3. 동화로 출판된 〈도깨비방망이〉는 전승인가, 창작인가

한반도 내에서는 다양한 도깨비이야기가 전승되어 왔다. 다양함의 모습은 도깨비를 어떻게 이해하였는가를 알려주는 좋은 증거물이다. 전래동화로 만들어진 도깨비 이야기로 이와 같은 다양설의 일면으로 생각할 수 있다. 그러나 도깨비이야기가 수많은 동화책으로 발간된 이유는 〈혹부리영감〉 등의 도깨비이야기가 지속적으로 초등학교 교과서에 수록되었기 때문일 것이다. 이런 결과인지 몰라도 도깨비와 관련한 동화는 우리나라 전래동화의 편찬빈도가 높은 102편중에서도 4편이나 속해있는데, 〈도깨비감투〉, 〈도깨비방망이〉, 〈혹부리영감〉, 〈흉내도깨비〉가 그것이다.[23]

흥미로운 것은 1987년 이전에 발간된 동화책에서는 〈도깨비방망이〉
가 월등하게 많이 수록되었는데, 1987~1995년 사이에 발간된 동화책에
는 〈혹부리영감〉이 더 많이 수록되는 경향을 보인다. 이러한 사정은 신
영순의 지적처럼 〈혹부리영감〉이 교과서에 수록되었기 때문이다. 즉
'상업주의에 편승한 학습참고서식 동화가 잘 팔리는 우리나라 출판계의
현실'[24]을 반영한 결과라는 것이다.

또 다른 관점에서 본다면 현재 우리나라에서 채록된 설화 중에서도
〈혹부리영감〉보다도 〈도깨비방망이〉의 유형이 월등하게 많다는 사실
과의 비교분석이 필요하다. 즉 한국정신문화연구원에서 발간한 『韓國
口碑文學大系』를 살펴보면 〈혹부리영감〉은 6편에 불과하지만, 〈도깨
비방망이〉는 39편이나 이른다. 이것은 민중들이 〈도깨비방망이〉의 내
용에 더 공감했다는 점을 보여주는 것이다. 반면에 〈혹부리영감〉은 민
중들에게 큰 호응을 받지 못했음을 알려주는데, 이런 사정은 이야기의
줄거리 문제나 혹은 현실적으로 공감할 수 있는 부분이 약했기 때문이
다.[25] 그럼에도 교과서에 〈혹부리영감〉이 더 많은 수록된 이유는 일제
침략기 이후의 지속적인 교과서 편찬자들의 무의식적으로 선례답습해
온 태만과도 무관하지 않다.

동화책 속에서 도깨비를 주인공으로 삼은 이야기가 등장하는 것은
1924년 조선총독부에서 발간한 『朝鮮童話集』이다. 이 책에서는 〈혹부
리영감〉과 〈금방망이 은방망이〉가 수록되어 있다. 그 이후에도 도깨
비이야기, 특히 〈혹부리영감〉은 동화책의 단골 메뉴였다. 1980년에

---

23 최운식·김기창, 『전래동화 교육의 이론과 실제』, 집문당, 1998, 416-454쪽 참조.
24 申英順, 앞 논문, 91쪽.
25 김종대, 앞글, 40쪽.

와서는 도깨비이야기 자체가 책의 제목으로 정해지기 시작했는데, 이영희의 『금나와라 뚝딱』이 그 시초라고 할 수 있다. 1990년부터 1995년 사이에 도깨비를 제목으로 삼은 동화책은 아래와 같다.

이준연, 『도깨비가 만든 가시나무 울타리』, 현암사, 1991.
이상배, 『도깨비전래동화』, 대교출판, 1992.
임인수, 『도깨비 씨나락까먹는 소리』, 한림출판사, 1992.
최성수, 『도깨비의 무덤』, 청솔, 1993.
이영희, 『도깨비와 해님』, 동화나라, 1994.
예종화, 『도깨비감투』, 한국도서지도회, 1994.
김종대, 『깨비깨비 참도깨비』, 산하, 1995.

도깨비가 동화책의 주인공으로 등장했다는 것은 아이들의 도깨비에 대한 호기심이 두드러진 것이기 때문이기도 하지만, 보다 중요한 것은 도깨비와 관련한 이야기가 교과서에 지속적으로 등장한 때문이기도 하다.[26] 2000년대에 들어와 도깨비와 관련한 책은 이전 시기보다도 더 많이 발간되었을 뿐만 아니라, 도깨비를 캐릭터로 삼은 논술이나 과학이야기 등 심심찮게 찾아볼 수 있다.[27] 이러한 사정은 출판사가 도깨비의 모습과 이미지를 활용하는데 보다 적극적이었음을 잘 보여주는 것이다.

문제는 이러한 책들 중에서 과연 도깨비를 이해하고 만들어낸 동화책이 몇 권이나 되는가 하는 점이다. 일반적으로 이들 동화책의 내용을

---

[26] 〈혹부리할아버지〉는 1-6차 교육과정기 동안 8회 수록으로 초등학교 교과서에 수록된 설화에서 3위에 올라있다(최운식·김기창, 앞 책, 122쪽).

[27] 좋은 예로는 과학을 주제로 삼은 문홍주의 『확률의 도깨비』(성우, 2002), 논술 학습을 위한 양대승의 『도깨비 선생님의 논리학교』(채우리, 2003) 등을 들 수 있다.

보면 서사구조는 전승되는 민담 중에서 모든 화소를 갖춘 내용을 차용
하는 방식을 취한다. 다만 부분적인 표현의 차이를 갖고 있을 뿐이다.
이러한 도깨비와 관련한 동화 중에서 가장 많이 등장하는 〈도깨비방망
이〉를 중심으로 논의를 하고자 한다.

　〈도깨비방망이〉는 반복과 대립의 극명한 형태를 갖춘 이야기라는 점
에서 권선징악과 효, 불효에 대한 교훈을 전달하는데 매우 효과적이다.
그렇기에 이 이야기가 동화책의 주제로 많이 채택된 것으로 보인다. 그
런데 이 이야기의 본질적인 내용과 구조적인 특징을 무시하고 작가들의
재창작 시도가 강하게 나타나고 있다. 이것은 〈혹부리영감〉의 영향으로
도깨비에 대한 관심이 높아졌지만, 도깨비를 둘러싼 줄거리만을 재창작
의 소재로 삼은 결과라고 생각된다. 즉 도깨비에 대한 원천적인 이해를
하지 못한 상태에서 민담들이 전래동화로 포장되어 재창작한 결과로서
좋은 사례라고 하겠다.

　여기서 살펴볼 동화책은 1990년대부터 2000년대에 발간된 책을 중
심으로 삼고자 한다.[28] 이런 이유는 분명하다. 〈혹부리영감〉에서도 드

---

28 여기에서 다룰 동화책은 아래와 같다.
　① 김상련·백귀현, 『한국전래동화』, 한국도서출판중앙회, 1991, 53-62쪽.
　② 김종대, 『깨비깨비 참도깨비』, 산하, 1995, 36-42쪽.
　③ 신경림, 『우리 겨레의 옛날이야기3』, 한길사, 1995, 58-64쪽.
　④ 동화나라, 『한국전래동화』, 동화나라, 1996, 26-31쪽.
　⑤ 유창근, 『너, 항상 엄마 아빠 생각하니?』, 학지사, 1998, 39-45쪽.
　⑥ 서정오, 『신통방통 도깨비』, 보리, 1998, 22-32쪽.
　⑦ 편집부, 『옛날이야기뚝따』, 아이세상, 1999, 152-163쪽.
　⑧ 엄기서, 『호랑이사냥』, 단군, 1999, 190-203쪽.
　⑨ 정차준, 『도깨비방망이』, 보림, 2001.
　⑩ 유강희, 『깨비깨비 왕도깨비』, 세시, 2004, 35-43쪽.
　⑪ 김영이, 『생쥐선생』, 글사랑, 2005, 38-49쪽.
　⑫ 함기만, 『37가지 도깨비이야기』, 한림출판사, 2006, 185-192쪽.

러났듯이 그들이 재창작한 경향은 일제침략기에 발간된 교과서나 동화책 등을 그대로 답습하고 있기 때문이다. 이것은 〈도깨비방망이〉에서도 큰 차이가 없다고 생각된다. 따라서 일제침략기 이후부터의 내용을 검토하기 보다는 최근에 발간된 동화책은 어떤 방향으로의 재창작 경향을 보이고 있는지 살펴보는 것이 오히려 유의미하다고 생각된다.

현재까지 〈도깨비방망이〉가 수록된 대표적인 동화책은 대략 12권 정도를 제시할 수 있다. 앞서 언급한 것처럼 1990년대에 들어와 도깨비를 책의 제목으로 사용하는 빈도가 높아지는 현상은 2000년대에도 큰 차이가 없다. 특히 정차준의 『도깨비방망이』는 책 전체가 〈도깨비방망이 얻기〉의 내용으로 이루어져 있다. 물론 이 책이 유아를 대상으로 한 그림동화이기는 하지만, 점차 한 편의 이야기가 책 한 권으로 구성된다는 것은 흥미로운 일이다.

원래 〈도깨비방망이〉는 『朝鮮童話集』에도 수록되어 있을 정도로 유명한 이야기다. 여기에서는 〈金棒銀棒〉이라는 제목이 붙어있으며, 도깨비 대신에 鬼가 등장한다.[29] 줄거리도 현재 우리가 알고 있는 내용과는 약간 차이가 있다. 예컨대 효자와 불효자가 아니라 게으른 형과 부지런한 동생으로 대비시킨다. 또한 나무꾼이 하산하다가 이상한 소리를 듣고 구리 머리에 무서운 얼굴을 한 귀신들이 잔치를 하는 장소를 발견해 낸다. 이들은 벌써 음식 등을 장만해서 놓고 있었기 때문에 방망이로 생산해 내는 것은 금과 은이다. 동생은 방망이를 얻어 조선 제일의 부자가 되었으나, 형은 귀신들에게 방망이로 두들겨 맞게 된다. 그 결과 몸

---

29 『朝鮮童話集』, 朝鮮總督府, 1924, 123-129쪽.
　물론 〈瘤ゞられ・瘤もらひ〉에도 도깨비 대신에 鬼라고 표현하고 있다.(위의 책, 13쪽)

은 가늘게 늘어나고 입은 뾰족하게 되고 눈은 토끼처럼 작게 만들어 버린다. 더 흥미로운 것은 동생이 형의 변화된 몸을 회복시켜주지 않는다는 결말이다. 즉 형제애로 마무리하지 않고 권선징악에 초점을 맞추고 있는 특징을 보인다.

이러한 내용은 현재 채록된 〈도깨비방망이〉와는 차이가 많다. 김종대에 의하면 먼저 주인공의 성정 표현은 이야기의 앞에서 착하다고 직접적으로 표현하기도 하지만, 대개는 개암을 줍는 방식으로 알리고 있다는 것이다. 하지만 반대인물의 경우 대부분 성질이 고약하다 등의 표현이 나타나며, 동시에 개암을 줍는 방식이 동원된다.[30] 이것은 바로 반대인물에 대한 심성을 의도적으로 드러내고자 하는 특징과 함께 벌을 받는 표현을 강조한다는 점에서 뚜렷한 교훈을 준다.

대립인물은 형제와 이웃 사람으로 표현되고 있다. 형제의 경우에는 나쁜 형과 착한 동생으로 나타나는 것이 일반적이며, 그런 특징 때문에 흥부와 놀부가 주인공으로 나타나기도 한다. 이웃 사람일 경우 확실한 권선징악을 주제로 삼고 있다. 따라서 결말의 표현이 주목되는데, 크게 징벌 양상은 '매를 맞다'와 '매를 맞아 죽다'로 나타난다. 이외에 신체의 일부를 늘이는 경우도 있지만 그 벌로 끝나는 것이 일반적이다. 다만 성기를 늘이는 벌을 줄 경우에 다른 서사구조를 갖춘 이야기로 발전하기도 한다.[31]

〈금방망이 은방망이〉로 표현된 이 이야기는 줄거리 상으로 보면 방망이로 생산할 수 있는 것은 금이나 은의 재물이 아니라, 도깨비들이 모여

---

30 김종대, 『한국의 도깨비연구』, 국학자료원, 1994, 75쪽.
31 위의 책, 76쪽.

놀고 있기 때문에 음식이나 술을 생산하는 것이 올바르다. 그럼에도 불구하고 금과 은을 생산하는 이유는 이 이야기가 기록된 초기부터 방망이를 이용해서 금과 은을 만들었다고 한 高橋亨의 기록 때문이라고 하겠다.

高橋亨의 『朝鮮の物語集』은 1910년에 출판된 책으로서 도깨비와 관련한 〈瘤取〉와 〈鬼失金銀棒〉이 수록되어 있다.[32] 두 이야기에서 주목되는 것은 우리가 일반적으로 알고 있는 것과 달리 주인공이 모두 노인으로 등장한다는 점이다. 반면에 한국에서 전승되어 온 〈도깨비방망이〉의 경우 주인공이 젊은 나무꾼이나 농부 등으로 표현된다. 이유는 바로 효행을 강조하려는 목적으로 이 이야기가 활용되었기 때문이다. 따라서 高橋亨의 이야기들은 주인공의 선택이나 이야기의 전개에서 한국적인 모습보다는 일본적인 성향을 더 강하게 보여준다고 할 수 있다.[33] 이 이야기에서부터 방망이로 금과 은을 만드는 것이 일반화되며, 이러한 선행 작품을 그대로 본따서 교과서를 만들고 동화책을 만들어 왔다.

하지만 도깨비들이 모여서 노는 모습을 묘사한 것이라고 한다면 술이나 음식, 개고기 등을 만드는 것이 온당하다. 노는 장소에서 금과 은은 그다지 소용되는 물건이 아니기 때문이다. 그리고 도깨비들이 금과 은을 만들어서 무슨 놀이를 할 수 있는가 하는 점도 의문이다. 아마 高橋亨의 상상이 만들어낸 결과가 아닌가 추정할 수 있다.[34]

---

32 高橋亨, 『朝鮮の物語集』, 日韓書房, 1910, 1-5, 45-49쪽.

33 일본의 유명한 이야기인 〈桃太郞〉이나 〈かちかち山〉 등도 주인공이 대개 노인이나 노인 부부로 등장한다.(김종대, 앞 책, 146쪽 참조)

34 이러한 사정은 권혁래의 지적처럼 책을 읽는 독자가 누구인가와도 밀접한 관련이 있는 것으로 보인다. 권혁래는 『朝鮮童話集』을 분석한 후에 이 책을 읽는 독자가 일본인이라는 점을 지적한 바 있다.(「조선총독부 편 『조선동화집』(1924)의 성격과 의의」, 『동화

이러한 내용의 차이를 보면 〈혹부리영감〉과 마찬가지로 일제침략기에 조사된 이들 이야기가 조선에서 순수하게 전승되던 것이 아니라, 의도적인 개작이 작용된 것임을 알 수 있다. 물론 이들 이야기는 『조선동화집』에 수록되면서 더 교묘한 가필이 행해졌다. 예컨대 주인공이 변화되어 평민 출신의 형제로 나타났으며, 시끄러운 소리가 나서 귀신들이 노는 장소를 찾아가게 했으며, 여러 귀신들이 방망이를 이용해서 차례대로 금과 은을 만드는 식으로 자세한 표현을 보여주고 있다.[35]

이런 개작의 문제는 최근에 발간된 동화책에도 예외가 아니다. 과연 어떤 차이를 보이고 있는가를 살펴보도록 하자. 현재까지 발간된 동화책의 내용도 크게 술과 음식을 만드는 ①②⑦⑧⑩⑪과 금과 은을 만드는 ⑤⑨⑫, 그리고 음식과 돈을 같이 만드는 ③④⑥의 세 유형으로 나누어진다. 이들의 책도 금과 은에서 출발하여 술과 음식으로 변화되는 경향이 두드러짐을 알 수 있다. 현실적으로 부적절한 표현들이 나타나는 것은 처음 기록된 내용부터 전승되던 내용과 다른 변질이 이루어진 까닭으로 생각된다.

금과 은을 만들면서 노는 과정과 낮에 주웠던 개암을 깨무는 행위와는 아무런 연관을 짓기 어렵다. 개암을 깨물어 먹는 행위는 도깨비들이 술과 음식을 먹고 마시고 놀고 있기 때문이다. 즉 배고프기 때문에 개암을 깨물어 먹는 것이다. 하지만 이런 사실적인 표현보다는 금과 은을 만드는 표현이 지속적으로 유지된 이유는 이 이야기가 처음으로 등장하

와 번역』, 건국대학교 동화와 번역연구소, 2003, 65쪽) 특히 이 책에 수록된 작품들의 상당수가 개작된 흔적을 보여주고 있다고 한다. 이것은 일제침략기 초기에 수집된 민담이나 동화 등의 순수성을 의심할 만한 대목이라고 하겠다.

35 『朝鮮童話集』, 123-126쪽.

는 『朝鮮の物語集』과 『朝鮮童話集』의 내용에서 벗어나지 못하고 그대로 답습한 때문이라고 하겠다.

동화책의 줄거리에서 가장 큰 차이는 주인공과 대립인물인데, ①–⑦까지는 ②만 제외하고 모두 형제로 나타났다. 흥미롭게도 ①에서만 형이 주인공이며, 나머지는 모두 동생이다. 하지만 ⑧–⑪까지는 농부나 나뭇꾼이 주인공이며, 이웃 사람이 대립적 인물로 나타난다. 하지만 ⑫의 경우는 다시 형제로 표현되고 있다. 이러한 주인공의 두 가지 성향은 민담에서 나타난 유형과도 큰 차이가 없다.

또한 문제로 제기할 수 있는 부분은 주인공이 산에 올라가 방망이를 주워오는 과정에서의 차이다. 먼저 나무를 하다가 개암–은행, 호두 등으로 표현되기도 한다–을 줍는 과정은 거의 묘사되고 있다.[36] 그리고 도깨비집을 찾는 경우는 나무를 하고 집으로 돌아가다가 날이 저물어서 찾는 방식이 일반적이다. 이때 비가 내리는 상황을 설정하여 빈 집을 찾아들어갈 수밖에 없음을 보여준다. 이런 상황과 달리 신경림의 경우 나무를 하다가 방망이 소리를 듣는 방식을 택하고 있다.

아우는 계속 나무를 했습니다. 어디선가 뚝딱뚝딱 방망이 두드리는 소리가 조그맣게 들렸습니다. 아우는 무슨 소리인가 하고 그 쪽으로 갔습니다. 가서 보니 웬 도깨비 하나가 바위 틈에서 방망이를 두드리며 무슨 말인가 하고 있었어요.

"밥 나와라 뚝딱, 돈 나와라 뚝딱!"

신기하게도 도깨비가 방망이를 두드릴 때마다 밥이 나오고 돈이 나왔

---

36 엄기서(196쪽)의 경우에는 열매를 줍지 않았는데도 입에 호두가 있어 이를 깨문다고 표현하고 있다.

어요. 아우는 바위틈에 숨어 보고 있었습니다. 조금 지나자 도깨비는 방망이를 바위 위에 놓고 어디론가 갔습니다. 아우는 얼른 그 방망이를 가지고 집으로 도망갔습니다.[37]

이런 이야기의 전개는 매우 문제가 있을 뿐만 아니라, 사실 옛날 이야기의 범주에서 크게 벗어난 것이라고 할 수 있다. 먼저 나무를 하다가 방망이를 줍는 방식인데, 이런 사건전개는 신경림의 경우가 유일하다. 일반적으로는 나무를 한 후에 내려오다가 날이 저물거나 비가 내리기 때문에 도깨비의 집을 찾는 식으로 자연스럽게 연결하고 있다. 하지만 신경림은 나무를 하는 과정에서 도깨비방망이를 구한다는 자기식 표현으로 일관한다. 이러한 사정은 부자인 형의 징벌에서도 찾아볼 수 있다. 징벌로 늘어난 코가 마치 하늘로 승천하는 용의 모습으로 표현되거나, 그 코를 다리로 사용하라는 대감의 명령 등은 전승되던 민담의 서사구조와는 벗어나는 내용이다.[38]

또한 이 글에서 주목되는 표현은 주인공이 도깨비가 놓고 간 방망이를 훔쳐서 그대로 도망갔다고 묘사하고 있는 대목이다. 이것은 절도에 해당되는 행위인데, 가난하지만 효성이 지극한 아우는 물건을 훔쳐도 된다는 느낌을 강하게 준다. 이처럼 내용이 전승되어오던 민담의 내용과 달리 창작적인 모습을 뚜렷하게 드러나고 있다. 이것은 바로 이야기의 전승력

---

37 신경림, 앞 책, 59쪽.

38 이 부분은 도깨비에 의해 성기가 늘어나서 확장되는 이야기를 수용하려는 의도 때문에 변화를 시킨 것으로 판단된다. 즉 성인들끼리 이야기할 수 있는 내용이기 때문에 아이들에게는 적합하지 않다. 따라서 성기보다는 코를 이용한 이야기로 변환시켰음을 알 수 있다. 성기가 늘어나는 이야기에 대한 논의는 김종대의 글(앞 책, 77~78쪽)을 참조할 것.

보다는 작가의 상상력이 발휘된 결과라고 할 수 있으며, 무엇보다도 이
야기가 지닌 교훈적인 속성은 등한시했다는 점에서도 주목된다.

이러한 사정은 서정오의 〈길어져라 뚝딱 넓어져라 뚝딱〉에서도 찾아
볼 수 있다. 이 동화는 구어체를 구사하고 있어 다정함을 느낄 수 있는
데, 이야기는 전승되는 민담보다도 더 상상력이 확장된다는 점에서 표
현방식과 상호 연관된 듯하다. 특히 다른 동화책에서 찾아볼 수 없는
파랑새까지 등장하여 나무꾼을 도깨비집으로 유도하는 역할을 수행하
고 있다.[39] 이러한 방식의 표현은 『삼국유사』의 〈射琴匣〉에서 동물을
등장시켜 편지를 찾아내는 것처럼 다양한 소재를 차용해서 자신의 동화
로 만들고 있음을 알게 한다. 하지만 이 책의 경우도 먼저 금과 은을
만들고 쌀과 옷도 만들면서 논다고 하였다.

줍는 열매는 대부분 개암이다. 일부는 은행을 줍기도 하는데, 그럴
경우 대개 개암을 줍는 과정처럼 효자라는 것을 간접적으로 표현할 필
요가 없다. 김상련의 『한국전래동화』나 아이세상에서 발간한 『옛날이
야기 뚝딱』이 좋은 예이다.

> 절간 앞에는 커다란 은행나무가 있었습니다.
> 나무꾼 형은 은행알을 한 줌 따 가지고 절간 안으로 들어갔습니다.[40]

낮에 열매를 줍는 과정이 없이 절간으로 들어가다가 은행을 줍는 방
식을 취한다. 왜 은행을 따는지 이유가 없다. 아마 이것은 도깨비들이
놀 때 깨물어야 할 열매가 필요하기 때문에 의도적으로 설정된 내용으

---

39 서정오, 23-24쪽.
40 김상련·백귀현, 앞 책, 55-56쪽.

로 보는 것이 오히려 합당하다. 따라서 이 열매를 줍는 행위는 일반적으로 주인공의 효성과 관련지고 있는 것이 아니라, 그냥 부수적으로 설정해 놓은 것으로 볼 수 있다.[41]

하지만 일반적으로는 일하는 과정에서 개암을 줍는다고 하며, 그 과정은 등장인물이 효자인가 불효자인가를 독자들이 쉽게 판단하도록 만드는 기능을 한다. 따라서 절간 등 쉬는 공간으로 들어가면서 열매를 줍는 것이 전승되어왔던 민담의 모습을 훼손한 것이라고 할 수 있다.

징벌의 경우 두들겨 맞기, 뱀장어처럼 납작하게 하기, 코를 늘이기, 코와 귀와 팔다리 늘이기 등 다양한 사례로 나타난다. 민담의 경우에는 대개 매를 맞는 유형이 많으며, 팔과 다리를 늘이거나 성기를 늘이는 벌이 가해진다. 하지만 동화에서는 성기를 늘일 수 없기 때문에 코를 늘이는 방식을 채택한 것으로 보인다.

이런 징벌의 결과를 지닌 채 그냥 살아가는 유형도 있지만, 개과천선한다는 말에 원상대로 회복시켜주는 예도 있다. 하지만 가장 많은 유형은 뱀장어처럼 길게 늘인다는 벌이다. 『朝鮮物語集』에서는 허리가 늘어가 키가 배로 커졌다고 되어있는데,[42] 이처럼 신체를 늘이는 형벌의 유형이 결말로 제시되는 것은 공식적 표현구라고 할만 하다. 예컨대 『조선동화집』에서는 보다 상세한 내용으로 설명되고 있는데, 형의 몸을 두들기면서 길게 늘이고 뾰족한 입과 토끼눈 등으로 변형을 시킨다.[43]

---

41 흥미로운 것은 1991년에 발간된 『한국전래동화』의 〈도깨비방망이〉를 1999년에 발간된 『옛날이야기 뚝딱』에서 그대로 수록하고 있다는 것이다. 앞의 책은 작가명이 있지만, 뒤의 동화책은 편집부가 엮은 것으로 되어 있다. 이러한 선행 동화를 나중에 발간한 책들이 그대로 차용해서 수록하는 경향을 보이고 있는데, 작가적인 양심과 관련되어 향후에 심도 있는 논의가 필요한 대목이라고 하겠다.

42 高橋亨, 48쪽.

이상으로 살펴본 것처럼 하나의 이야기 속에서도 다양한 표현태들이 나타난다. 하지만 전승되어온 민담의 원형을 훼손할 수 있는 부분까지 개작을 하는 것은 본질적인 이야기의 속성을 그대로 수용한 것이 아니다. 그런 점에서 이런 동화들을 수록한 책의 표지에 '옛날 이야기'나 '전래동화'라는 명칭을 사용하는 것은 적절하다고 보기에 어렵다. 그것은 시대적으로만 과거형일 뿐이지, 바로 작가의 상상력이 발휘된 창작동화의 영역이라고 할 수 있기 때문이다.

4. 전래동화는 과연 전래동화라고 할 수 있는가

이야기는 읽는 독자인 아이들에게 막연한 상상이나 판타지만을 불어넣는 것이 아니다. 그 이야기의 사실성도 매우 중요하며, 인과관계에 의한 결과를 도출하는 것도 이야기를 통해서 얻을 수 있는 학습이라고 하겠다. 그렇기에 아이들이 읽는다고 해서 상호 연관을 짓기 어려운 행위들로 이끌어지는 이야기의 줄거리는 지양되어야 한다. 그럼에도 불구하고 이들 이야기가 전래동화로 포장되어 마구 생산되고 있는 것은 마치 자신을 이야기의 생산자, 즉 구연자로 착각한 때문이다.

엄기서의 〈도깨비방망이〉처럼 도깨비들이 모이는 곳을 찾기 위해서 신령을 만나고, 신령에 의해 제시된 고난을 극복하는 과정 등의 표현은 본 이야기와 상관이 없는 다른 이야기를 끌어들인 결과이다. 이런 행위들이 과연 이야기를 전개하는데 어떤 관련을 맺고 연결되는지는 명확히

---

43 『朝鮮童話集』, 128-129쪽.

알 수 없다. 결국 작가는 이 이야기나 저 이야기 등을 끌어들여서 정체 모를 이야기를 만들어낸 것에 불과하다. 그런 관점에서 본다면 책 표지에 '옛날이야기'나 '전래동화'라는 표현을 쓰는 것 자체도 적합한 것인가 의문이 아닐 수 없다.

전래동화의 본질은 전래되는 이야기를 근간으로 삼고 있어야 한다. 하지만 여기에 다른 서사구조를 갖춘 이야기, 특히 자신의 상상력이 동원되거나 또는 본래의 이야기와는 아무 상관이 없는 다른 민담의 내용을 끼어 넣어 만든다면 그것은 순수하게 전래동화라는 표현을 쓰는 것은 부적절하다. 하지만 최근 출간된 동화책의 대부분은 옛날이야기를 하는 것처럼 형식만을 수용하고 있을 뿐 자신의 상상력이 월등한 줄거리를 갖춘 이야기가 대부분이다. 특히 유명한 작가일수록 이런 경향이 강하게 나타나고 있음을 알 수 있다. 신경림과 서정오는 아동문학계에서 인지도가 높은 작가들인데, 이들은 다른 작가들과 다른 서사구조를 이야기 속에 반영하여 차별화를 시도하고 있다. 만약 그러하다면 책의 표지에 옛날이야기이나 전래동화라는 명칭을 달 것이 아니라, 창작전래동화라고 하는 것이 오히려 더 적절하다.

전래동화라는 표현은 실상 한국적이지 않다. 전래동화는 기록되지 않고 말로 전승되어온 설화로서, 아이들을 대상으로 구연되는 이야기라는 관점을 수용하고 있어야 한다.[44] 그렇기에 현재 아동문학계에서 왕왕

---

44 사실 이 부분에 대해서도 명확하지 않다. 과연 전래동화라는 범주 속에 신화와 전설을 포함할 것인가, 아니면 민담만을 담고 있는 것을 뜻하는가 하는 문제는 향후 논의가 필요하다. 무엇보다도 전승현장에서 신화와 전설이 동화라는 방식으로 구연되었는가 하는 의문이 해결되어야 한다. 우리나라에서 동화가 조부모와 손자, 혹은 부모와 자식 간의 전승공간에서 얼마나 구연되었는가 하는 조사연구는 거의 이루어지지 않았기 때문에 이런 문제는 앞으로도 해결될 수 없는 부분이기는 하다. 따라서 일본이나 서구적

사용되는 이 용어는 적합하지 않다. 일반적으로 이들은 전승되어왔던 민담을 쉽게 풀어쓴 것을 대개 전래동화라고 했는데, 이것도 역시 순수한 전래동화라고 하기 어렵다. 김환희의 지적처럼 그것은 현대 작가에 의해서 아이들의 정서와 오늘날 교육과 윤리적 기준에 맞게 개작된[45] 것이기 때문이다.

도깨비와 관련한 이야기들은 대개 전래되어온 이야기를 바탕으로 만들었다는 식의 서술이 일반적이다. 이를 재화(再話)라고 표현하고 있는데,[46] 아마 다시 만든 이야기라는 의미로 사용하고 있는 것으로 보인다. 재화로 나타난 이야기는 작가마다 각기 다른 줄거리를 갖고 있다. 이것은 작가들의 성향과도 무관하지 않은 것으로 보이며, 특히 이런 재화의 모습이 아니라 새로운 내용이 가미되어 마치 재창작이라는 표현이 적합한 모습을 갖추고 있다. 그런 관점에서 원래의 줄거리와는 다른 흥미를 강조하는 내용으로 나타나는 경우들을 어떻게 해석할 것인가 하는 문제가 노출된다.

　　우리는 그들을 보호하고 싶어하기 때문에 그들을 위해 쓰는 이야기–그들을 위해 다시 쓰는 전래동화–에서 불안정한 발상이나 사건을 빼놓

인 방식으로의 동화 발전과정을 그대로 수용할 것인가, 아니면 한국적 모델을 설정할 것인가 하는 문제 역시 향후 논의가 더 필요하다고 하겠다. 이런 문제의 제기는 본질적으로 한국 내의 아동문학에 대한 연구나 논의가 일본 편향성을 띠고 있다는 점과도 무관하지 않다.

45 김환희, 앞 글, 50쪽.

46 김순진, 「전래동화 출판과 설화문학의 현대적 수용」, 『한국인의 삶과 구비문학』, 집문당, 2002, 214쪽.
　　여기서 재화(再話)에 대한 용어 설명이 있는데, 전래동화의 줄거리는 그대로 두고 다만 재미있게 읽히도록 고쳐 쓰는 것이라고 한다.

는 경향이 있다. 이런 검열은 어린이들에게서 문학의 기본적인 즐거움을
빼앗아 가고, 고통스러운 환경을 진짜로 고통받지 않고 체험하는 기회를
빼앗아 가고, 그리하여 실제 인생에서 경험하기 전에 어려운 상황과 감
정을 연습해보는 기회를 박탈한다.[47]

재창작된 이야기의 모습은 실제로 원래의 이야기가 전달하고자 했던
주제나 내용과 달리 작가의 주제로 표방되는 경향이 강하다. 위의 설명
은 바로 재창작된 이야기보다는 원판이 어린이에게 영향을 주는 내용이
더 많을 것이라는 주장과 밀접한 관련이 있다. 무엇보다도 이것은 전래
동화로 포장된 이야기가 원판의 내용을 훼손하면 안된다는 점을 잘 보
여주고 있는 것이라고 하겠다.

〈도깨비방망이〉는 권선징악과 효를 나름대로의 방식을 활용해서 표
현하고 있는 이야기라고 할 수 있다. 특히 주인공과 대립인물과의 대비
되는 행동과 성격에 의해서 행운과 불행이라는 결과를 얻을 수 있다는
사실을 명쾌히 보여준다. 이러한 사실을 중심으로 이야기가 전개되어야
올바른 옛이야기로의 기능을 할 수 있는 것인데도 불구하고, 여기에 다
른 모티브를 수용해서 이야기를 확장시키는 방식을 의도적으로 활용하
는 듯하다.

이러한 이야기의 확장과정은 전체적으로 이야기의 주제를 훼손하거
나, 혹은 이야기의 일관성이 흔들리는 결과를 야기한다. 신경림의 〈욕
심많은 형과 도깨비방망이〉는 좋은 예라고 하겠다. 아우가 도깨비방망
이를 훔쳐가는 행위는 아우가 정직하다는 사실과 대치된다는 점에서 동

---

47 페리 노들먼, 『어린이 문학의 즐거움 2』(김서정 역), 시공주니어, 2001, 490쪽.

화를 읽는 아이들에게 판단의 혼란을 일으킬 수 있다. 또한 〈도깨비방망이〉의 중심적 이야기보다는 벌을 받은 형의 모습으로 인해서 다른 이야기로 확장된다. 예컨대 하늘 끝까지 뻗은 코를 보고 산책 나온 대감이 용의 승천인 줄 알고 비는 행위라든지, 코를 이용해서 다리를 놓으라고 하는 대감의 명령, 그리고 코를 다리인 줄 알고 건너던 할머니가 팥죽을 쏟아서 건너던 사람이 모두 물에 빠졌다고 하는 내용, 코를 아궁이에 감추었는데 이를 모르고 부인이 불을 때서 다치게 된다는 등등의 내용으로 확장된 것이 그러하다. 이처럼 확장된 내용은 이야기의 주제에 대한 관심보다는 마음씨 나쁜 형의 우스꽝스러운 행위로 야기된 내용 때문에 본질이 훼손될 가능성이 높다.

서정오의 〈길어져라 뚝딱 넓어져라 뚝딱〉도 크게 다르지 않다. 특히 너무 설명식으로 하다보니 이야기적인 재미와 긴장미가 약화된다. 게다가 파랑새가 유도하여 도깨비들이 모여 노는 집으로 가게 되었다는 발상은 서정오의 책에서만 나타나는 특징이다.

> 그렇게 해서 나무를 다 해 가지고 지게에 한 짐
> 받쳐 지고 막 일어서려는데, 아주 어여쁜 파랑새가
> 지지골지지골 울면서 이 나무에서 저 나무로 포르르
> 날아가 앉더래. 그 모습이 하도 어여쁘고 그 소리가 하도
> 고와서 아우는 저도 모르게 파랑새를 따라갔지. 그랬더니
> 파랑새는 얼른 다른 나무로 포르르 날아가 앉더래.[48]

이러한 표현이 서정성을 확보하는데 도움을 주는 것인지 몰라도 이

---

48 서정오, 앞 책, 23쪽.

야기의 원형을 훼손하는데 결정적인 요인들이라고 하겠다. 또한 정직했던 아우의 행동도 일관되지 못하다. 예컨대 도깨비들이 놀라 도망간 후에 남은 '금이야 은이야 방망이야 잔뜩 얻어서 지게에 짊어지고 집으로' 돌아왔다고 하는 대목이 좋은 예이다. 이 이야기의 본질은 도깨비들이 남긴 모든 물건을 가져온다는 것이 아니라, 방망이 하나를 얻어와 부자가 되었다는 것이다. 만약 방망이가 여럿이라면 형에게도 하나 나누어 주면 해결될 일이기 때문이다. 이와 같이 이야기의 논리적 결함은 역시 이야기를 확장하려는 작가적 의도와 밀접한 관련이 있는 것으로 보인다.

이야기의 확장성은 엄기서의 〈도깨비방망이〉에 와서 새로운 국면을 맞이하는데, 도깨비방망이를 얻는 과정 자체를 아예 다른 내용에서 차용하고 있다. 주인공이 도깨비방망이를 얻을 수 있는 계기는 착하고 효자이기 때문이다. 그러나 엄기서의 글에서는 주인공이 도깨비방망이에 대한 호기심 때문에 이를 갖고자 하는 마음이 서두에 표현되고 있다.

옛날 옛날 허생원이란 사람이 살고 있었다.

그는 말로만 듣던 도깨비 요술방망이의 호기심에 항상 집착되어 자나 깨나 어떻게 하면 그것을 가질 수 있을까에 몰두하고 있었다. 호랑이를 잡으려면 호랑이 굴로 가야하듯이 도깨비방망이를 구하려면 도깨비 소굴로 가야 하는데, 그 굴이 어디에 있는지 알아야 갈 수 있지…

허생원이 개울에서 빨래를 하던 어느 날이었다.

도포를 입고 흰 수염이 긴 노인이 지나가는데 보기에도 신령님같이 보였다.

'내가 한가지 일에 몰두하다 보니 신령님이 도우러 왔나보다' 생각하고 그 분 앞에 다가가서 공손히 절하면서 말씀드렸다.

"신령님! 저의 소원을 들어주십시오!"

"너의 소원이 무엇이냐?"

"도깨비가 사는 곳을 좀 알려 주십시오!"

"그곳에 가기가 그렇게 쉬운 줄 아느냐?"

"어려운 줄은 알지만 방법만 가르쳐주면 최선을 다하겠습니다."

"거기는 왜 가려고 하느냐?"

"저는 태어날 때부터 지금까지 도깨비방망이에 대한 호기심으로 살아왔습니다. 제발 부탁드립니다."

"그럼 지금부터 내가 시키는 대로 하여라! 네가 두드리는 빨래방망이로 검은 빨래는 희게 될 때까지 흰 빨래는 검게 될 때까지 정성을 다해 두들겨 빨도록 하여라! 할 수 있겠느냐?"

"네, 최선을 다 하겠습니다."

"그렇게 되거든 그 빨래 방망이를 개울물에 띄우고 방망이가 가는 대로 따라 가거라! 알겠느냐?"[49]

이야기를 잘 읽어보면 허생원이 도깨비방망이를 얻고자 노력하는 것만이 서술되어 있다. 단지 호기심 때문에 도깨비방망이를 얻는다고 하는 설명은 이야기가 지닌 주제와는 무관한 전개임을 알게 한다. 무엇보다도 이야기의 전개부에 〈구렁덩덩신선비〉에서 셋째 딸이 구렁선비를 찾아가는 과정의 일부를 배치하는 과감함을 보이고 있다.[50] 이러한 행위는 〈도깨비방망이〉와 무관한 이야기를 삽입시켜서 본 이야기의 전개자체를 훼손하였을 뿐만 아니라, 이 이야기의 주제가 무엇인지를 알 수 없게 만들어 버렸다.

---

49 엄기서, 앞 책, 189-192쪽.

50 류종목, 「구렁선비」, 『韓國口碑文學大系』 8-10, 韓國精神文化硏究院, 1984, 602-603쪽.

이러한 사례에서 보듯이 이들 이야기는 전승되어왔던 민담들을 이합집산시켜 놓았다는 특징을 보인다. 옛날이야기이기는 하지만 하나의 일관된 주제를 지닌 이야기이기 보다는 여러 이야기에서 일부분들만 차용해서 마치 자신의 이야기처럼 만들어가는 이런 작품 생산은 매우 위험한 작업이라고 하겠다. 그런 관점에서 전래동화나 옛날이야기를 표방한 동화책에 대해서 심도있는 논의가 진행되어야 할 것으로 생각된다. 차라리 시대를 과거로 제시하고 자신이 창작한 작품을 만들었다고 하는 것이 오히려 당당하다.

왜 이러한 현상이 발생하였는가 하는 문제도 논의가 필요한 부분이다. 구비문학을 전공하지 않은 작가들에 의해서 생산된 전래동화의 유형들은 전체적인 줄거리만을 필요로 한다. 이것은 다양한 변이형들이 존재함에도 불구하고 동화로 꾸미기 위해서는 하나의 일관된 줄거리를 갖춘 유형만을 선택해서 쉽게 풀어쓴 이야기로 만들어내는 것으로 모든 것은 끝난다. 즉 이야기의 변화나 이를 둘러싼 배경적인 요인들, 예컨대 왜 동생이 항상 착하고 승자로 끝나는 것인가 하는 등등의 고민들은 필요가 없다. 이들 작가에게는 동화 한 편을 생산하는데 필요한 이야기 한 편이 필요할 뿐이다. 더욱이 남들과 다른 이야기의 전개를 위해서 그 민담과는 완전히 다른 민담의 내용을 끌어들여서 꾸며내기도 한다. 이것은 오히려 본 이야기의 내용이나 주제를 훼손하는 기능까지도 수행하는 결과를 낳게 된다. 그런 관점에서 옛날이야기를 동화로 생산하기 위해서는 먼저 그 이야기에 대한 논의를 살펴서 어떤 양상과 유형으로 발전하였는지를 확인하는 작업이 선행되어야만 한다.

또한 이야기를 생산하는데 그 출전의 근거에 대해서도 밝히는 것이 일반적인 상식인데도 불구하고 근거를 제시한 책은 거의 없다고 해도

과언이 아니다. 예컨대 함기만의 『37가지 도깨비이야기』의 서문을 보면 '이 책에 나와 있는 도깨비 이야기는 대부분 도깨비를 연구하는 학자들이 채집한 이야기와 전해 오는 민담을 옛날 이야기 형식을 빌려 체계적으로 정리한'[51] 것이라고 한다. 그렇다면 학자들이 발간한 책들의 근거가 있어야 하는데도 불구하고 책 어디에도 어느 책을 참고했다는 기록이나 참고문헌 등으로 작성된 것은 하나도 없다. 이런 상황이 비단 도깨비와 관련한 동화에 국한되는 것은 아니라는 점은 더 큰 문제라고 하겠다.

전래동화나 옛날 이야기라는 포장방식은 사실 독자들에게 정체성을 갖게 하는데 효과적이며, 선전효과와도 밀접한 관계를 맺고 있다. 따라서 이런 유효한 기능을 하는 용어를 쉽게 버릴 수 없을 것이다. 하지만 전래동화나 옛날이야기라고 표방을 하였다면 자라나는 아이들에게 과거 조상들이 어떤 생각으로 그러한 이야기들을 전승시켜왔을까를 고민하도록 만들어야 한다. 이를 위해서는 이야기의 본질을 훼손하기 보다는 있는 그대로의 줄거리와 주제, 그리고 이야기 속에 담겨진 전통적인 사상이나 생활을 전달해주는 작업이 필요하다. 그것이 바로 한국인으로서 한국적인 사고를 갖추는데 가장 비중 있는 영향력을 행사할 수 있기 때문이다.

---

51 함기만, 『37가지 도깨비이야기』, 한림출판사, 2006, 4쪽.

5. 결어 - 전래동화는 상품의 포장을 위한 표현이다

도깨비를 주인공으로 삼은 이야기인 〈도깨비방망이〉는 일제침략기
에 『조선동화집』에 수록된 이후 우리의 대표적인 동화로 정착했다. 그
러나 이 이야기는 실제로 어떤 내용이 모범형으로 활용되었는지를 살펴
보기 위해서는 일반적으로 전승되어온 민담을 조사하여 그 서사구조를
밝히는 것이 올바르다. 이를 근거로 하여 과연 현재 동화집에 수록된
내용이 어느 정도의 변이를 갖고 있으며, 이들이 표방하는 전래동화라
는 용어가 온전한 뜻을 지닌 것인가를 밝히는 것도 매우 필요한 작업이
다. 이 글에서는 〈도깨비방망이〉만을 검토대상으로 삼고 있지만, 이런
현상은 우리나라의 전래동화라는 명칭으로 발간된 동화책에는 모두 적
용이 가능할 것으로 생각된다.

결론적으로 말하자면 우리나라에서는 전래동화보다는 '옛날이야기'
라는 명칭이 오히려 한국적이라고 생각된다. 傳來童話는 사실 확인할
수 없다. 전래동화라는 말을 사용했는지, 아이들에 의한 이야기만 전승
되었는지 등 이런 문제에 대해서는 명확하게 조사나 연구가 불확실하다.
물론 동화가 향유층에 의해서 생산되고 전승되었음은 분명하다. 그러나
순수하게 동화이기 보다는 이야기라는 방식으로 생산되고 전승되었기
때문에 아이들로만 향유층을 제한하기 어렵다. 오히려 동일한 유형의
이야기가 아이들과 성인층에 의해서 표현의 변화가 가능하기 때문이다.
한국적 상황에서 동화라는 명칭에 적합한 이야기가 생산된 것은 일제침
략기에 와서이다. 즉 방정환 같은 유학파들에 의해서 어린이 잡지를 발간
되고, 창작동화가 만들어지고, 그리고 기존에 전승되던 이야기들을 아이
의 입장에서 읽기 쉽게 서술한 책들이 생산되기 시작되면서인 것이다.

이러한 사정은 현재까지도 지속적으로 유지되고 있다. 〈도깨비방망이〉를 통해서 살펴본 것처럼 전래동화나 옛날이야기를 표방한 동화책에서까지 이런 현상은 쉽게 찾아진다. 특히 기존의 전승 민담까지 자신들의 입맛에 맞게 창작을 하거나 다른 민담의 내용을 차용하여 이야기의 서사구조까지 혼란스럽게 만들고 있는 실정이다. 이것은 전래동화를 어떤 영역으로 삼을 것인가에 대한 명확한 논의가 진행되지 못한 상황에서 사용된 결과라고 하겠다.

과거의 내용이나 민담의 일정부분을 담고 있는 이야기라고 해서 전래동화나 옛날이야기의 범주라고 생각하는 것은 너무나 단편적이라고 하겠다. 이것은 구비전승된 민담과 문자화된 동화와의 변별성을 모르고 말한 것이다. 이런 변별성의 문제를 고려하지 않은 결과들이 현재 발간된 전래동화와 옛날이야기 시리즈의 현 주소이다. 그런 관점에서 용어의 개념 정의부터 필요하며, 이를 통해서 출판되는 어린이 도서에 대한 세심한 배려도 요구된다.

실상 이러한 문제는 일제 침략기에 한반도에 유입된 일본식 표현이나 일본식 삽화에 대한 검토와도 맞물려 있다. 현재 우리에게 낯익은 내용이 실상 일본의 대표적인 캐릭터일 수 있다. 도깨비 관련 동화책의 삽화에 그려진 대부분의 도깨비 모습이 일본의 오니라는 점은 좋은 예이다. 결국 현재에 우리의 동화계에 만연한 옛날이야기의 재창작 문제부터 시작하여 과연 용어들이 올바른 개념으로 사용되고 있는가 하는 문제까지 새로이 검토하는 것이 필요하다. 이러한 작업은 아이들에게 지속적인 한국문화의 뿌리를 내릴 수 있는 토양을 만들어주는 일이며, 동시에 아이들에게 한국인으로서의 정체성을 명확히 인식시킬 수 있는 기반을 마련해 주는 일이기 때문이다.

〈혹부리영감譚〉의
형성과정에 대한 試考

1. 〈혹부리영감담〉에 대한 문제는 무엇인가[1]

〈혹부리영감〉은 우리의 전래 민담으로 이야기되고 있다. 아이들을 대상으로 한 동화책의 출현빈도를 보아도 이러한 사정은 뚜렷하게 나타난다. 그러나 〈혹부리영감〉이 우리의 전래 민담인지는 분명하지 않다. 특히 〈혹부리영감〉이 문헌에 등장한 것 자체도 의문이 될 정도이다. 왜 이러한 사정이 생겼는가에 대한 논의는 별로 없는 편이다. 그것은 조선후기 우리의 문헌에 수록된 민담 속에서도 찾아보기 힘들기 때문이다.

〈혹부리영감〉에서 중요한 등장인물은 도깨비다. 그런데 도깨비의 역할이 매우 흥미롭게 나타난다. 즉 혹부리영감의 노래를 듣고 감명을 받아 혹을 떼어 준다는 행동을 보여준다는 것이다. 이것은 도깨비를 특이한 신통력을 지닌 존재로 만든 계기가 되기도 한다. 그런데 그런 도깨비의 기능이 과연 적절한 것인가를 생각할 때, 이것은 새로운 도깨비의

---

1 이하 〈혹부리영감담〉은 〈혹부리영감〉으로 표기하고자 한다. 따라서 특별한 언급이 없는 한 〈혹부리영감〉은 노인을 지칭하는 것이 아니라, 이야기를 의미하는 것임을 부언한다.

기능을 부여한 것으로 판단하게 만든다.

그렇다면 왜 〈혹부리영감〉이 문제가 되는 것인가에 대한 의문부터 제시하는 것이 바람직하다고 생각된다. 〈혹부리영감〉에 대한 문제는 크게 두 가지의 관점이다. 첫째는 〈혹부리영감〉이 어느 나라에서 형성되고 전승되었는가 하는 점과 둘째는 이 이야기가 일제침략기에 왜 교과서에 반영되었는가 하는 점을 들 수 있다.

첫 번째 문제는 두 사람의 견해가 대립되어 있다. 먼저 김종대는 그의 논문인 「한국의 도깨비연구」에서 〈도깨비방망이얻기〉를 논의하면서 〈혹부리영감〉이 구조적으로 유사하지만, 본질은 다른 유형의 이야기라고 하여 일제시대에 의도적으로 우리나라에 전파된 이야기라고 하였다. 따라서 이 민담은 자연적인 전파과정을 거치지 않은 시대적 상황에 의해 인위적인 교육으로 유입된 일제문화의 침략현상으로 추정한 바 있다.[2]

이와 다른 견해로 김용의는 〈혹부리영감〉이 우리나라에도 있었다는 사실을 근거로 삼아 일본의 식민지통치 차원에서 활용되었다는 것을 제시하였다. 특히 교과서였던 『朝鮮語讀本』에 실린 유일한 한국 민담이라는 점에서 '내선일체라고 하는 이데올로기가 작용'하고 있다는 점을 결론으로 삼았다.[3]

두 번째 문제는 유사한 결론에 도달하고 있다. 김종대는 문화침략이라는 용어를 선택하였지만, 김용의는 내선일체의 이데올로기라는 표현을 사용한다. 하지만 이러한 논의는 결과적으로 일제가 식민지 통치를

---

2 김종대, 『한국의 도깨비연구』, 국학자료원, 1994, 150–151쪽.
3 金容儀, 「민담의 이데올로기적 성격」, 『日本研究』, 中央大學校 日本研究所, 1999, 326쪽(본래 이 글은 그의 박사학위 논문인 「韓日昔話の比較研究」(大阪大學文學部, 1997)를 근거로 한 논의다).

원활하게 하기 위한 일환으로 혹부리영감을 교재의 내용으로 채택했다
는 점을 강조하는 표현의 차이일 뿐이다. 무엇보다도 혹부리영감의 내
용이 수록된 일제침략기의 책들을 보면 그러한 주장이 분명하게 드러나
있기 때문이다.

高橋亨의『朝鮮の物語集附俚諺』[4]이나 山崎源太郎의『朝鮮奇談と伝
說』[5]의 서문에도 이런 의도를 쉽게 찾아볼 수 있다. 먼저『朝鮮の物語集』
의 서문을 써준 萩野由之의 견해 중에서 '日韓은 同邦으로서 그 옛 전설
에는 同型의 것이 많기에'[6]이라는 표현을 주목할 필요가 있다. 합방이
되었기 때문에 동방이라는 단어를 적은 것인지 분명하지 않으나, 옛 전설
에 같은 유형의 이야기가 많다는 점을 근거로 삼는다면 오랜 동안 같은
나라였다는 주장이라는 것을 분명히 한다.

『朝鮮奇談と伝說』의 서문을 써준 경성일보사의 加藤扶桑의 주장은
더욱 뚜렷하다. '일본과 조선은 지극히 오랜 인연이 있어 잘라도 잘라지
지 않는 관계이다.(중략) 나는 일한 양민족은 同根同源이라고 믿는 자'라
는 표현이다.[7] 이것은 일본과 한국이 하나의 뿌리에 하나의 나라였음을
강조적으로 드러낸 것이다. 이와 같은 책의 서문에 同根同源이라는 표
현을 쓰고 있는가 하는 문제는 혹부리영감만을 대상으로 삼은 것이 아

---

4 高橋 亨,『朝鮮の物語集附俚諺』, 日韓書房, 1910. 이하 이 책의 표기는『朝鮮の物語集』
   으로 표기한다.

5 山崎源太郎,『朝鮮奇談と傳說』, 우쓰보야書房, 1920.

6 高橋亨, 앞 책, 序 1쪽.
   抑日韓は同邦にして、其古傳說には同型なるが多かりしに、

7 山崎源太郎, 앞의 책, 序.
   日本と朝鮮とは極めて古い因緣があつて所謂切ても切れぬ關係である. (中略) 子は日韓
   兩民族は同根同源であらうと信ずる者

닌 것으로 보인다. 다만 〈혹부리영감〉이 그러한 주장의 첨예한 증거로 다루어지고 있다고 보는 것이 합당하다.

이러한 견해들과 함께 〈瘤取〉를 중시하고 있는 태도를 보이고 있는데, 이런 사실은 무엇인가 조작된 것이 아닌가 하는 의문을 갖게 한다. 따라서 본 논의는 〈혹부리영감〉이 진정한 우리의 민담에서 벗어나 있었던 것으로 보는 것이 적절하지 않은가 라는 점을 중심으로 전개시켜 나가고자 한다. 이것은 우리가 일반적으로 알고 있던 민담의 전파론적인 문제와는 다른 의미로 수용하고자 하는 태도 때문이기도 하다. 즉 자연스러운 전파현상의 차원에서 벗어나 의도된 정책적, 혹은 당시 식민지 통치자들과의 동일한 이해관계 하에서 행해진 치밀한 작전과도 같다고 생각하기 때문이다.

이 글은 특히 『한국의 도깨비담 연구』 이후에 〈혹부리영감〉에 대한 문제점만 제기한 상태였기 때문에 이 문제를 확대해 보려는 의도도 담겨 있다. 민담에 대한 구체적인 논증없이는 양자의 문제를 해결할 수 없음은 분명하다. 따라서 기록된 자료와 당시의 상황 등을 중심으로 〈혹부리영감〉의 존재와 형성양상에 대한 의문을 제기할 예정이다.

2. 〈혹부리영감담〉의 출현과 그 배경

지금까지 발견된 자료로 볼 때 〈혹부리영감〉이 처음으로 등장하는 것은 高橋亨의 『朝鮮の物語集』부터로 볼 수 있다. 흥미로운 것은 이 책의 맨 앞에 등장하는 것이 바로 〈瘤取〉라는 점이다. 이것은 의도적인 배치를 한 것으로 생각된다. 왜냐하면 〈흥부전〉이나 〈춘향전〉과 같은

당대의 유명한 판소리계 소설은 그보다도 뒤에 배열하고 있기 때문이다.[8] 따라서 이 책의 발간목적은 순수하게 수집내용을 편집한 것이 아니라, 당시대적인 정치상황과 결부되어 있음을 알 수 있다.

〈혹부리영감〉을 맨 앞에 내세운 것은 어떤 의도를 담고 있으며, 과연 그 의도가 무엇인가를 밝히는 작업은 매우 중요한 의미를 갖는다. 이 책은 일제침략기의 시작이었던 1910년 9월에 발간되었으며, 이 책의 서문을 써준 萩野由之의 글에는 8월로 명기되어 있다.[9] 그렇다면 책에 수록된 내용은 1910년 이전에 시작된 것임을 알게 한다. 高橋亨은 어떻게 이들 내용을 조사했을까 하는 점도 궁금하지 않을 수 없다.

高橋亨이 한국에 온 것은 26세였던 명치 36년(1903년) 연말이라고 기록되어 있다. 한국 정부의 초빙을 받아 관립중학교 교사로 건너왔다는 것이다. 그 후 1908년 박문관에서『韓語文典』을 냈으며, 1910년 9월 日韓書房에서『朝鮮の物語集附俚諺』을 출간했다. 그 해에는 조선총독부 종교조사촉탁으로 임명되었다. 1914년에는『朝鮮の俚諺集附物語』를 출간했다.[10] 이 책은 1910년에 발간한 책에서 속담을 더 추가하고 오히려 이야기를 뺀 내용을 수록한 것이다. 이러한 사실은 高橋亨이 이야기에 대한 자신감이 없었거나, 속담이 조선 민족의 인식을 파악하는 데 효과적이라는 판단이 앞섰을 가능성이 높다고 하겠다.

이러한 사정은 민요에 관한 연구에서도 큰 차이가 없다. 그가「朝鮮の

---

8 〈瘤取〉는 1쪽에 있지만, 흥부전은 10번째인 56쪽, 춘향전은 26번째인 183쪽부터 시작된다. 物語, 즉 이야기가 27유형으로라는 점을 보면 춘향전보다도 〈혹부리영감〉이 이 시기에 유행했다고 볼 수 없음을 분명하게 보여주는 것이다.

9 高橋亨, 앞 책, 4쪽.

10『朝鮮學報』14輯(朝鮮學會, 天理大學校 出版部, 1959, 1-6쪽 참조) 14집은 高橋亨의 송수기념호이기에 년보가 수록되어 있다.

民謠」란 글을 발표한 것은 1932년 『조선』(201호) 이다. 흥미롭게도 高橋
亨이 쓴 『濟州島の民謠』에는 1929년 자신의 강좌를 들은 학생들의 협력
을 얻어 조사를 시작했다고 되었다. 그런데 이 조사방식은 朝鮮語學文
學研究室에서 전국 각 공립보통학교와 각도 학무과의 협조를 얻어 조사
된 것으로 되어 있다.[11] 하지만 그가 小倉進平과 조선에서 전해지는 민
요를 조사하기 시작한 것은 1934년이다.[12] 그리고 그가 민요에 대한 조
사내용이나 그 결과를 수록한 책이라고 할 수 있는 『濟州島の民謠』라는
저서는 미발간으로 되어 있다.

이런 관점에서 본다면 高橋亨의 임무는 조선 사람에게 일정한 지식을
전달해주는 교사로서의 기능도 내포되어 있지만,[13] 실상은 조선에 대한
정보를 수집하려는 의도가 강하다고 볼 수 있다.[14] 특히 당시 조선에

---

11 高橋亨, 『濟州島の民謠』, 미발간, 12쪽.

12 위의 책, 9-18쪽 참조.

13 이 당시 일본에 건너온 교사들의 일정한 역할에 대한 논의로는 안기성의 글이 매우
   중요하다. 그에 의하면 당시 대한제국과 한국인 사이에 왕성한 교육열을 보이고 있었
   다는 한다. 하지만 교사로 파견된 일본인들은 이를 호도하고 그런 교육이 한국 사회의
   발전에 저해요소로 작용한다고 주장했다는 것이다(「왜국의 대 한반도 식민지교육책략
   과 그 법제」, 『教育論叢』 22號, 高麗大學校 教育大學院, 1992, 7-12쪽 참조). 특히
   俵孫一의 글을 보면 당시 한국에서 교육의 필요성을 창도하는 자는 많지만 적당한 교육
   방법을 모르기에 왕성한 교육열이 사회질서를 해치고 한국의 전도를 위태롭게 하기
   때문에 현재의 교육방식을 억압해야 한다는 주장을 펼치고 있다(윗글, 8쪽 재인용).
   이 역시도 한국의 교육적 오류를 역설함으로서 자신들의 역할이 매우 중요하다는 점을
   인식시키고자 한 주장에 다름 아닐 것이다.

14 이 점은 설화 조사에도 큰 차이가 없는 것으로 보인다. 조희웅의 지적은 그런 점에서
   매우 유효한 의미를 갖는다(「일본어로 쓰여진 한국설화/한국설화론(1)」, 『語文學論叢』
   24집, 국민대학교 어문학연구소, 2005, 3쪽).
   이 무렵(1910년 이전) 일본측의 한국 설화 연구는 당대의 역사적 상황에 부응하여 주로
   제국주의자들의 한국 병탄이라는 목표 달성의 논거로 이용되었다고 함은 지나친 말이
   아니다. 이때 쓰여진 대부분의 글들이 순수한 동기에서 우러나온 연구업적이라보다는,
   근본적으로 우리 민족의 정체성을 회의하게 하는 취향을 지닌, 관변측에서 동원된 역

들어온 일본인 교사들의 역할이 단순한 지식의 전달에 있는 것이 아니라, 조선의 학교경권을 탈취 독점하고 국내에서 해결하지 못하는 인력을 조선으로 수출하여 재정까지도 갈취를 하는데 활용했다는 점이다. 안기성은 이를 극단적으로 표현하여 '倭語를 교과에 삽입하여 한국인의 민족혼을 말살하려고 기도함과 동시에 무직의 왜인들에게 일자리를 확보 제공하여 침략의 주구로 활용'했다고 주장한 바 있다.[15]

이런 관점에서 高橋亨을 바라볼 때 그의 전공과 다른 『朝鮮の物語集』를 발간한 의도가 보다 분명해질 수 있다. 高橋亨은 출신이 동경제국대학 문과대학 한문학과라는 사실에서 이야기나 속담에 대한 조사능력보다는 한학의 능력을 발휘할 수 있는 典籍이나 金石文조사에 합당한 인물이다. 1910년 寺內총독에게 조선의 문헌을 수집할 것을 진언하여 이후에는 총독부의 사업으로서 조선 내의 古書나 金石文 등을 수집하는 역할을 담당하게 된 것은 그런 점에서 매우 주목할 필요가 있다.[16] 게다가 1940년 조선총독부로부터 제 1회 朝鮮文化功勞章을 받았을 때도 그 이유가 조선의 儒學에 대한 연구 때문이었다. 따라서 초기 高橋亨이 이야기나 민요에 관심을 갖게 된 것은 그의 전공과는 상관이 없었음을 알 수 있다.

과연 일본의 〈혹부리영감〉이 우리나라에도 존재하고 있었는가 하는 문제의 초점은 이 이야기의 출전에 놓여진다. 김용의가 제시한 근거로는 1910년에 발간된 高橋亨의 《朝鮮の物語集》이 전부이다. 이 이야기

사학자들의 것임을 보아서도 알 수 있다.

15 안기성, 앞글, 9쪽.

16 『朝鮮學報』14輯, 4쪽. 寺內總督に朝鮮文獻の蒐集を進言し 爾後總督府の事業として鮮內各地の古書 金石文等の蒐集に務むるに至る.

가 학생들을 대상으로 수집한 자료라고 하는데, 여기에 수록된 내용들이 모두 수집대상이었다고 보기에는 한계가 있다. 예컨대 〈흥부전〉이나 〈장화홍련전〉, 〈춘향전〉은 이야기로 보기보다는 소설인 때문이다. 이러한 구분에 상관없이 物語集이라는 명칭을 사용한 것은 바로 高橋亨의 설화에 대한 소양이 떨어진다는 것을 의미한다.

〈혹부리영감〉에 대한 논의에서 흥미로운 것은 이야기가 수록되어 있는 책마다 출전이 없다는 점이다.『朝鮮の物語集』뿐만 아니라,『朝鮮奇談と伝説』과『朝鮮童話集』[17]에도 그런 내용이 없다. 어느 지방에서 조사되었는지, 조사자가 누구인지, 제보자가 누구인지를 기록해 놓지 않았다. 이것은 이들 자료가 어떤 경로로 유입되었는지를 확인하기 어렵다. 高橋亨의 경우에는 自序에 客歳이래로 조선의 이야기와 俚諺을 수집하였다는 말만 기록되어 있다.

이러한 혹부리 영감이 교과서에 수록되기 시작한 것은 1915년부터이다. 그 후로도 〈혹부리영감〉은 〈혹잇는 老人〉이나 〈혹뗀 이야기〉 등으로 제목이 바뀌면서 계속 교과서에 실리고 있다.[18] 왜 이런 사정이 생긴 것일까 하는 의문은 이 이야기가 내선일체나 일선동조론을 설명하는데, 가장 유효하게 작용하기 때문이라는 점에서 쉽게 이해된다. 이 점은 加藤扶桑의 서문에서 이미 알 수 있었던 사실이다. 그러나 문제는 高橋亨이 교과서의 편찬에 관여하면서 자신의 책 앞머리를 장식한 '瘤取'를 교과서에 수록했다는 점이다.

실제로 1905년 일본어독본 편찬에 관여했던 일본인 학자이면서 學部

---

17 朝鮮總督府,『朝鮮童話集』, 1924.

18 조선총독부에서 발간한『朝鮮語讀本』에 수록된 혹부리영감에 대한 논의는 金容儀의 「민담의 이데올로기적 성격」(311-313쪽 참조)이 자세하다.

學政參與官인 幣原 坦은 작업이 지지부진하자, 어떤 이유때문인지 정확하지 않지만 伊藤博文에 의해서 파면을 당한다. 그래서 三土忠造는 자신의 조수와 함께 일본의 여러 가지 소학교 교과서를 조선어로 번역했던 것이다.[19] 이런 사정은 당시 합방 이후에도 조선어독본 등의 교과서 편찬의 성향을 잘 보여주는 대목이라 하겠다.

이러한 내용은 일제침략기에 발간된 책들에서도 지속적으로 유지된다. 예컨대 1920년에 발간된 山崎源太郎의 『조선기담과 전설』은 좋은 예이다. 조선총독부에서 발간한 『조선동화집』에는 귀신이나 오니의 역할을 장승이 대신하는 변이형태까지 보여준다.

〈혹부리영감〉의 구조가 우리나라의 〈도깨비방망이얻기〉와 유사하다는 점은 이 이야기를 쉽게 받아들이는데 유효한 기능을 했을 가능성이 높다. 이들 구조는 하나의 에피소드가 반복되는 형식이다. 이것은 민담의 일반적인 구조틀의 하나로서 많이 활용되어 왔다. 〈흥부전〉의 사례는 그 좋은 예라고 할 수 있다. 단일 테마가 반복되는 형식은 비단 우리나라에서 찾아볼 수 있는 것이 아니라, 전세계적인 형식으로 자리잡아왔다.

반복적이지만 대립된 내용으로 이야기된다는 점에서 구비전승의 가능성을 높이는데 효과적으로 이용되었다. 따라서 유사한 구조들을 갖고 있다고 해도 각기의 내용에서는 차이를 보이고 있는 점을 심각하게 고려해야만 한다. 〈흥부전〉에 등장하는 제비가 도깨비로 대치될 수 있지 못하다. 오히려 제비를 도깨비와 같은 존재로 놓일 경우 그 이야기의

---

19 稲葉繼雄, 『舊 韓國の敎育と日本人』, 九州大學出版會, 1999, 184-194쪽 참조.
   이 부분에 대해서는 이미 김용의도 지적한 바 있다(「한국과 일본의 혹부리영감(瘤取り爺)譚」, 『日本語文學』 6輯, 韓國日本語文學會, 1999, 375쪽).

흥미는 반감될 수 있다. 제비는 제비의 역할이 있으며, 도깨비는 도깨비만이 갖고 있는 성격적 차이가 분명하기 때문이다.

이 점은 〈혹부리영감〉에서도 예외가 될 수 없다. 예컨대 高木敏雄이 〈금방망이〉를 일본의 〈桃太郎〉의 구조와 유사하다거나, 〈방이설화〉를 〈瘤取〉와 유사한 구조를 갖고 있다는 식으로 추론하는 것은[20] 무리라는 것이다.

또 다른 관점에서 주목해야 할 것은 도깨비 형상에 대한 변화과정이다. 원래 〈혹부리영감〉을 수록하면서 도깨비를 대상으로 선정한 것으로 보기는 어렵다. 1915년에 발간된 『普通學校朝鮮語及漢文讀本』을 보면 삽화에 도깨비가 형상화되어 있지 않다.[21] 이것은 1913년에 일본에서 발간된 『尋常小學讀本』에도 오니가 형상화되어 있지 않다는 점과도 닮은 꼴이다.[22] 즉 일본 교과서를 그대로 베낀 흔적을 잘 보여주는 대목이다.

1923년에 나온 『朝鮮語讀本』에 와서야 도깨비의 모습이 등장하는데, 오니의 모습이 그대로 그려진다. 흥미로운 것은 우리가 일반적으로 볼 수 있는 오니와 같이 치마와 같은 원시인 복장을 한 것이 아니라, 반바지차림으로 묘사되어 있다는 것이다. 또한 이때의 오니는 방망이를 들고 있지 않다. 그리고 발에는 우리의 짚신이 아니라, 일본의 식 버선인 足袋(たび)를 신은 것으로 묘사되어 있다.

이러한 사정과 함께 고민해야 할 부분이 일제침략기 동안 행해졌던 〈혹부리영감〉에 대한 논의를 들 수 있다. 孫晉泰의 경우 '「혹 띠려 갔다

---

20 高木敏雄, 『日本神話傳說の研究』, 荻原星文館, 1943, 417쪽.

21 『普通學校朝鮮語及漢文讀本』, 朝鮮總督府, 1915, 60-61쪽.

22 『尋常小學讀本』, 文部省, 1913, 42-43쪽.

가 붙이고 온 說話」가 日本에 그대로 가서 「瘤取說話」가 된것이며 (중략) 故 高木敏雄氏의 「日本神話傳說の硏究」 三八九-四二二項에 이미 考證되어 있으므로 여기서는 省略한다.'[23]라고 설명한 바 있다. 이 기록은 손진태가 직접 논구한 것이 아니라, 高木敏雄의 주장을 그대로 받아들인 것 뿐이다. 이 논문을 근거로 하여 〈혹부리영감〉이 일본으로 전파되었다고 하는 주장은 실상 손진태의 경우 자신이 없었던 것으로 보인다. 왜냐하면 그의 일본어판 『朝鮮民譚集』에는 〈혹부리영감〉이 수록되어 있지 않기 때문이다.[24]

현재까지 일본인 학자의 경우 역사시대에 들어서 중국의 문화 전파에 대해 한반도를 거치기보다는 직접 일본으로 수입되었다고 하는 논의가 일반적이었다.[25] 그럼에도 불구하고 한국 내에서는 그다지 광범위하게 유포되지 않은 〈혹부리영감〉이 한반도를 거쳐서 일본으로 들어갔다고 하는 주장은 정략적인 발언일 가능성이 높다.

이런 관점에서 본다면 혹부리영감류의 이야기는 온전하게 한국의 것으로 보기에는 어렵다. 특히 손진태의 『조선민담집』을 보면 〈혹부리영감〉이 수록되어 있지 않다. 왜 〈혹부리영감〉을 다루지 않은 것일까 의

---

23 孫晋泰, 『韓國民族說話의 硏究』, 乙酉文化社, 1947, 163쪽.

24 孫晋泰, 『朝鮮民譚集』, 鄕土硏究社, 1930.

25 이런 주장의 좋은 예가 安倍晴明을 들 수 있다. 諏訪春雄의 경우 安倍晴明의 異蹟을 모두 중국의 문헌인 『太平廣記』나 『搜神記』에서만 찾고 있다(『安倍晴明傳說』, 筑摩書房, 2000, 99-103쪽 참조). 실제로 이 시기의 인물인 강감찬도 유사한 도술 능력을 지닌 존재로 표현된다는 점에서 당대에는 도교문화가 동북아시아를 휩쓸고 있었던 것이 아닌가 추정된다. 그렇기에 단순하게 중국에서 일본 뿐만 아니라, 중국에서 한반도로 그리고 일본으로의 전파경로도 있었음을 알 수 있기 때문이다. 이 부분에 대한 논의는 김종대의 「姜邯贊과 安倍晴明의 출생과 성장담을 둘러싼 문화적 교류양상」(『韓國民俗學』 36호, 한국민속학회, 2002, 99-118쪽) 참조.

문을 품을 만하다. 일제침략기에 가장 활발한 민속학연구를 행했던 손
진태가 〈혹부리영감〉을 몰랐을 리는 없을 것이다. 그런데 그가 이 내용
을 다루지 않은 이유는 일본인학자들이 '내선일체'나 '일선동조론' 등을
주장하는데 가장 중요한 근거로 삼았기 때문일 가능성이 높다. 반면에
그는 이 이야기가 우리나라를 대표할 만한 민담이 아니라고 생각했을
가능성도 고려해 볼 수 있다. 즉 일본에서 유행하고 대표적인 민담 중의
하나로 비중있게 다루는 것과 달리 우리에게는 잘 알려지지 않은 이야
기일 수도 있기 때문이다. 이 점은 그가 해방 이후에 출간한『韓國民族
說話의 研究』에도 항목으로 따로 설정하지 않고 高木敏雄의 견해만으
로 간략히 처리하고 있다는 사정과도 무관하지 않다.

　일본의『日本昔話通觀』에 수록된 〈고부도리지이〉는 약 133편인데 비
해서[26] 한국의『韓國口碑文學大系』에서 6편 밖에 채록되지 못했다는 것
도 매우 좋은 비교가 된다. 일본에서 이 이야기가 전국에서 걸쳐 분포할
수 있었던 이유는 鎌倉時代 初期에 발간된『宇治拾遺物語』에 수록되어
있듯이 오랫동안 전승되어 왔으며, 특히 에도시대에 발간된 소년용 赤
本에 이 이야기가 수록되면서 전국적인 확산을 가져왔다.[27] 게다가 이
이야기는 일본의 경우 1887년에 발간된『尋常小學讀本』의 7과와 8과에
수록되었다는 점도[28] 일본에서 활발한 전승을 이루는데 영향을 끼쳤다
고 해도 과언이 아니다.

　김용의가『한국구비문학대계』에 수록된 내용을 근거로 하여 한국에

---

26 김용의,「일본 혹부리 영감(瘤取り爺)譚의 유형과 분포」,『日本語文學』5輯, 韓國日本
　　語文學會, 1998, 169쪽.

27 關 敬吾,『民話』, 岩波書店, 1955, 170쪽.

28 김용의,「한국과 일본의 혹부리영감(瘤取り爺)譚」, 376쪽 참조.

서 전승되고 있음을 밝힌 바 있다. 하지만 高橋亨이 이 이야기를 『조선
어독본』에 수록하면서 교육효과로 파급된 내용은 다루지 않고 있다. 즉
조사된 시기가 1980년대라는 점에서 『조선어독본』으로 교육을 받은 사
람들은 당시에 70대 이상의 사람이다.[29] 그 이후로도 계속 소학교에서
교육을 받아왔다는 사실을 고려한다면 혹부리영감의 채록 결과가 너무
나도 적은 편에 속한다고 할 수 있다.

『韓國口碑文學大系』만을 비교대상으로 삼을 때 이 점은 더욱 명확하
다. 혹부리영감은 6편에 불과하다. 그러나 가장 많이 조사된 유형은 〈도
깨비를 이용해 부자되기〉로 44편, 〈도깨비와 대결하기〉는 40편, 〈도깨
비방망이얻기〉는 39편이 된다.[30] 이러한 상대비교는 적절하지 않을 수
있지만, 많이 조사된 것은 민중들에 의해 더 관심이 높았다는 점을 증명
하는 것이다.

그렇다면 왜 이 이야기가 전파되지 않은 것일까 하는 의문을 가질 만
하다. 첫 번째 이런 이야기의 유형이 한국적 상황에서는 부적절하다는
것이다. 특히 주인공을 문제 삼을 수 있다. 일본의 대표적인 민담에서
노부부가 주인공으로 나타나는 유형은 많지만, 한국에서는 노부부를 주

---

29 초창기에는 보통학교의 학습대상이었던 학생 수가 전체 취학 아동에 비해 미약했다는
   점을 고려할 필요가 있다. 특히 1919년의 경우 18%에 불과했다. 이것은 혹부리영감의
   전파가 미약했을 가능성을 보여주는 대목이다(이정숙, 「신화와 일제 식민주의 교육」,
   『比較民俗學』 30輯, 2005, 209-210쪽). 하지만 점차적으로 학교가 급증하고 학생 수
   가 증가하면서 이런 사정은 달라진다. 즉 〈혹부리영감〉을 알게 된 학생이 증가한 것이
   다. 하지만 이런 학습결과에도 불구하고 〈혹부리영감〉은 큰 영향을 보이지 않는다.
   현재 『한국구비문학대계』에 조사된 〈혹부리영감〉, 〈혹 떼러갔다가 혹을 붙인 사연〉
   등으로 제목이 붙은 이야기는 그 많은 민담에도 불구하고 6편에 불과하다. 이런 사실을
   어떻게 설명할 것인가 고민할 필요가 있다.
30 김종대, 『한국의 도깨비 연구』, 70쪽.

인공으로 삼는 예가 일본에 비해서 상대적으로 적다.[31] 왜냐하면 한국의
경우에는 이들 이야기가 효를 강조하는 이야기이거나, 젊은 사람의 모
험담을 중심으로 하여 행복한 결말을 취하는 경향이 강한 때문이다. 이
와 같은 편중된 관심을 볼 때 혹부리영감처럼 노인을 주동인물로 삼아
서 이야기를 끌고 가는 방식은 한국에서 수용되기가 어려운 상황임을
알 수 있다.

이 문제는 강항의 『睡隱錄』이 매우 중요한 단서가 된다. 강항(1567-
1618년)은 임진왜란 때 일본에 끌려갔던 문인이다. 출생은 전남 영광으
로 형조좌랑에 올랐으며, 31세 때인 1597년 왜적에게 잡혀가 1600년에
귀국했다. 약 5년간 일본에 잡혀 있었는데, 그의 학문에 감동한 사람들
이 많았던 모양이다. 강항이 일본에 있었을 때 舜首座라는 승려로부터
들은 이야기가 『睡隱錄』에 기록되어 있다. 그 내용은 다음과 같다.

여송은 동해에 있는 소국이다. 땅이 치우치고 물 또한 급류인 까닭에
벙어리이거나 혹이 달린 사람이 많았다. 아무개 갑이라는 사람의 이마에
혹이 생겼는데 크기가 옹기로 된 동이만 하여 머리를 누르고 있어 고개
를 들을 수가 없었다. 그의 처자가 부끄럽게 여겨 그를 쫓아버렸다.

산간에 기거한지 며칠이 된 한 밤 중에 산귀신이 북을 치며 무리지어
시끄러운 소리를 내며 멀리서부터 가까이 오니 갑이 공포를 이기지 못하
고 곡조에 맞추어 춤을 추니 두려움이 없어 보이고자 함이었다. 산귀신

---

31 손동인, 「한국 전래 동화의 상민성 고찰」, 『설화연구』, 태학사, 1998, 54쪽 참조.
이 글에 의하면 전래동화 100화의 주체자로 등장하는 인물 중에서 성인 남자의 경우
농부54, 초부 32, 부자 25, 임금 24, 등이다. 이와 달리 성인 여자의 경우에는 농부부
인 12, 계모, 12, 노파 6, 어머니 6 순으로 나타난다. 즉 성인 남자로 노인이 나타나는
경우를 거의 찾아볼 수 없다.

이 혀를 내밀고 서로 돌아보며 말하기를, 기이하네! 텅 빈 산속에서 뜻하지 않게 이 착한 친구와 더불어 놀게 될 줄이야. 인하여 북을 두드리기를 그치지 아니하니 갑 또한 춤을 그치지 않았다.

하늘이 밝아오려 하자 귀신이 갑에게 말하기를 나는 귀신이고 사람이 아니라 해가 뜨면 머무를 수 없어 내일 밤에 다시 오고자 한다. 너 또한 다시 올 수 있느냐? 갑이 승낙하였다. 귀신이 세 번 물으니 갑이 세 번 승낙하였으나, 귀신은 오히려 믿을 수 없어 말하기를 사람의 마음은 약속을 지키기 어려우니 너의 혹을 취하여 약속의 증표로 삼기를 청한다. 드디어 혹을 취하여 가니 갑이 기뻐하여 달아나듯 집에 이르러 몸을 보존하였다.

처자가 다시 보고 이웃 마을에 소식을 전하니 아무개 을이라는 사람의 이마에 또 혹이 있었는데 아무개 갑의 크기만 했다. 갑이 혹을 잃어버렸다는 것을 듣고 비틀거리며 걸어와 이를 물으니, 갑이 모두 이야기 해주니 심히 기뻐하며, 곧바로 갑이 기거하던 곳에 거처를 만들고 있었다.

한밤중에 산귀신이 과연 북을 치고 시끄럽게 떠들며 이르니 을이 미리 일어나 아무개 갑이 한 것과 똑같이 어지럽게 춤을 추었다. 산귀신이 이르러 기뻐하며 말하기를 약속을 지켰구나 하였다. 서로 더불어 기쁘게 놀고 난 후에 드디어 을에게 말하기를 네가 약속을 어기지 않을까 염려하여 혹을 취하여 신표를 삼았는데, 네가 이미 왔으니 너에게 돌려준다. 드디어 갑에게서 취한 혹을 을의 이마에 붙이고 가버리니, 서로 맞서서 있는 모습이 마치 두 개의 집 같았다. 을이 매우 서럽게 울면서 말하기를 하나의 혹도 감당하기 어려운데 하물며 두 개의 혹이 붙었네 하고 드디어 스스로 도랑에 빠져 죽었다.

일동(일본?)의 중 순수좌가 나를 위하여 이 일을 이야기 하여, 내가 포로를 살려 보낸 일이 밝은 세상에 버려지고 내가 또한 세상과 더불어 서로 잊혀져서 오래도록 내가 일찍이 명령을 더럽혔음을 알지 못할까

때문이다. 친한 이가 혹 경계하며 말하기를, 네가 벼슬이나 지위가 높아
지는 것에 뜻을 두지 않은 것은 황문이 방실에 뜻을 두지 않은 것에 비유
된다. 어찌 다시 이를 구하여 버려야할 부끄러움을 씻지 않는가? 내가
응대하여 말하기를 명령에 의하여 이를 구하니 어느 누가 함께 하겠는
가? 앞의 부끄러움을 아직 씻어내지는 않았지만 남몰래 다시 부끄러움
을 얻지나 않을까 염려된다.

　　이것이 아무개 을이 하나의 혹을 떼려다 두개의 혹을 얻은 것과 무엇
이 다른가. 보살은 한숨 쉬며 가버리네.[32]

조희웅은 姜沆의 문면으로만 본다면 일본으로부터 국내로 유입된 것
이라고 하였다. 하지만 이야기가 세계 광포설화이기에 그 전파의 방향
이 반대일 가능성도 배제할 수 없다고 하였다.[33] 문제는 그가 제시한
근거들은 모두 일본인 학자들이 말한 것이라는 점이다.[34] 이러한 논의

32　姜沆, 『睡隱錄』, 卷三 雜著 瘤戒條.
　　呂宋 東海中小國也 地偏而水又湍駛 故人多癭瘤 某甲額□生瘤 幾如甕盎 抑首不能起
　　其妻子羞而逐之 寢息山間者數日 夜半 山鬼擊鼓群譟 自遠而近 甲不勝其怖 應節起舞 示
　　若無懼者然 山鬼吐舌相顧曰 異哉 不意空山中 有此良朋之可與娛者 因擊鼓不已 甲亦舞
　　不已 天欲明 鬼謂甲曰 我鬼非人 日出不可留 來夜當復來 公亦能復來耶 甲曰諾 鬼三問
　　甲三諾 鬼猶不信曰 人情難保 請取公瘤以爲質 遂栝取瘤去 甲喜幸走倒 至家則全人矣 妻
　　子改觀 隣里聳傳 某乙額又有瘤 幾如某甲之大 聞甲之失瘤 盤跚往問之 甲悉告之故 喜甚
　　直造甲所寢息地而胥之 夜半 山鬼果擊鼓譁叫而至 乙豫起亂舞 一如某甲之爲 山鬼至 喜
　　曰有信哉 相與盡懽而罷 遂謂乙曰 恐公失信 故取瘤爲信 公旣能來 可還公瘤 遂取甲瘤安
　　之乙額而去 對峙如雙家 乙大慟曰 一瘤之不堪 而況兩瘤耶 遂自經於溝瀆死 曰東僧舜首
　　座 爲余談是事 余以俘擄生還 見棄於昭世 余又與世相忘 久而不知身之曾忝一命也 所親
　　或勸之曰 君之絕意於榮進 譬如黃門之絕意於房室 盍且求之 以洒廢棄之恥乎 余應之曰
　　籍令求之 誰卽與之 前恥之未洒 而竊恐更得後恥 此與某乙欲去一瘤而更得雙瘤何異 勸
　　者太息而去.

33　曹喜雄, 「民譚의 史的 연구」, 『口碑文學研究』 5집, 한국구비문학회, 1998, 89쪽.

34　김용의도 이에 대해서 상세한 주를 달고 있다. 중국의 문헌인 『産語』에서 〈혹부리영
　　감〉과 유사한 내용이 있다는 中島悅次의 견해를 인용하였으며, 馮夢龍의 『笑府』에도

의 관점은 혹부리영감이 중국에서 발생했으며, 한반도를 거쳐 일본으로 전파된 것이라는 도식에 있다. 무엇보다도 한반도를 그 중간 거점으로 내세운 것은 말할 것도 없이 高橋亨의『朝鮮の物語集』때문이다. 이것은 한국에 〈혹부리영감〉이 중국으로부터 유입되었다고 단정을 지은 결과라 할 수 있다. 만약 高橋亨이 이 책을 발간하지 않았다면 분명히 중국에서 일본으로 직수입되었다고 말할 가능성이 높다. 그런 점에서 高橋亨의『朝鮮の物語集』은 논쟁의 중심에 있다고 하겠다.

하지만 강항의 〈瘤戒〉를 보면 여러 가지 흥미로운 점을 발견할 수 있다. 먼저 강항이 이 이야기를 기록한 이유는 무엇일까 하는 점이다. 무엇보다도 이런 이야기를 처음 들었을 가능성이다. 강항은 전남 영암에서 태어나 27세에 문과에 급제하기 전까지는 이 지역에서 살았던 것으로 보인다. 그렇다면 강항이 살고 있었던 전남지역에서는 혹부리영감이 전승되지 않고 있음을 추정해 볼 수 있다.

두 번째로는 이 이야기의 내용을 제시하면서 자신의 지조를 표현했는데, 그 마지막 부분에 제시한 '하나의 혹도 감당하기 어려운데 하물며 두 개의 혹이 붙었네'라는 구절은 그 상징성을 잘 보여준다. 문제는 이런 표현이 우리의 속담 속에 쉽게 찾아볼 수 있다는 점이다. 이 이야기를 인용하면서 표현된 것이라는 점에서 이 속담 역시 우리가 듣지 못했던 것일 가능성이 높다.

이런 측면에서 본다면 〈혹부리영감〉은 그 후대에 전파된 이야기로

유사한 내용이 있다는 것을 근거로 들고 있다(「일본 혹부리 영감(瘤取り爺)譚의 유형과 분포」, 161쪽). 문제는 이런 구조의 이야기가 과연 〈혹부리영감〉의 전형인가, 아니면 단순한 혹이 달린 노인의 이야기인가 등에 대해서는 더 많은 논의가 필요하다고 하겠다.

볼 수 있다. 과연 그 시점이 어느 때인가 하는 점은 여러 논란이 있을 수 있다. 문제는 이 이야기가 많은 사람들에게 인식이 되지 않았다는 점을 고려한다면 많은 지역에서 전파되었을 가능성이 낮다. 예컨대 도깨비와 관련된 내용이 『계서야담』과 『청구야담』에 실려 있는데,[35] 이것은 야래자형 도깨비의 모습으로 현존하는 〈도깨비 만나 부자되기〉와 유사한 구조를 갖고 있다. 그런 점에서 혹부리와 도깨비가 연결된 이야기가 그다지 환영받지 않았을 것은 분명하다.

그렇기에 〈혹부리영감〉이 본질은 우리와 달리 일본에서 광범위한 전승이 이루어졌다는 측면에서 역으로 수입될 가능성이 더 높다고 하겠다. 특히 일제침략기에 『조선어독본』에 수록하면서 마치 본래 한국의 이야기인 것으로 인식시키는데 매우 효과적이었을 것으로 볼 수 있다. 즉 이 이야기가 한국 전역으로 전파되는데 교과서의 역할을 간과해서는 안된다는 점을 명확하게 보여주는 대목이다.

3. 교과서를 통해본 〈혹부리영감담〉의 형성양상

민담은 말 그대로 옛날이야기라고 할 수 있다. 도깨비가 주인공으로 나타난 이야기로는 〈혹부리영감〉과 〈도깨비방망이 얻기〉가 대표적이다. 우리가 일반적으로 알고 있는 〈혹부리영감〉은 일본에서 흘러들어온 이야기일 가능성이 높다. 이 이야기가 인쇄되어 나타난 것은 1910년에 발간된 高橋亨의 『朝鮮の物語集』〈瘤取〉로 그 내용은 다음과 같다.[36]

---

35 李羲平, 『溪西野談』卷一, 橫城邑內有女子.
36 高橋 亨, 『朝鮮物語集』, 1-5쪽.

옛날 어느 시골 마을에 매우 큰 혹[37]을 목에 달고 있는 할아버지가 있었습니다. 물론 그 때는 그것을 떼어낼 기술도 없었고 몇 십 년 동안이나 덜렁덜렁 귀찮게 달고 다니면서 괴로워했습니다. 어느 날, 산에 나무하러 갔으나 날이 저물어 가는 것을 알아차리지 못하여 채 집에 돌아가지도 못하였습니다. 해는 어느새 떨어지고, 달빛 하나 없는 울퉁불퉁한 길[38]을 헤매다 보니 마음은 점점 초조해졌습니다. 때마침 길가에 허름한 집 한 채가 시야에 들어와서 등에 짊어진 나무를 내려놓고 '오늘 하룻밤은 여기에서 머물러야겠구나.'라고 생각했습니다. 집안을 둘러보니 마을과는 꽤 떨어져 있고 밤이 깊어질수록 왠지 황량하고 적막한 분위기가 엄습해 와서 도저히 잠을 들 수가 없었습니다. 그래서 '오늘밤은 뜬눈으로 지새우는 게 낫겠는걸….'라 생각하고, 평소 자신 있게 부르던 노래를 목청껏 불렀습니다. 재미있는 노래를 불러도 대들보 위의 먼지나 둥둥 떠다닐 뿐이었습니다.

이렇게 쓸쓸함이 오는 시간의 경계에는 반드시 다양한 요괴[39]들이 모여든다고 한다. 밤이 되니 도깨비들은 활동을 하기 시작하며 이곳 저곳

---

37 『朝鮮物語集』의 주(혹 : 한국인에게 혹을 가지고 있는 자가 상당한데 한국인들은 그것을 복이라고도 하며, 이 혹부리 영감 이야기에서도 그러한 지는 잘 모르겠다).

38 『朝鮮物語集』의 주(조선의 惡道 : 압록강을 넘어 만주에 들어가면 도로라는 것이 없으며 일만리 어느 곳이건 행인의 맘 닿는 대로 발자국을 찍으며 돌아다니면서 생긴다. 조선은 그보다 조금은 도로다운 도로가 있어서 저절로 길이 만들어 졌다. 그럼에도 불구하고 다른 도로의 수리 감독 등을 하지 않으니 자연히 울퉁불퉁하며 돌무더기들로 인해 물이 흐르지 못한다. 시가지 밖으로 발걸음을 옮기면 도저히 밤길 등은 나갈 수가 없다. 하물며 비가 내리는 때에는 다리에 난간도 제방도 없으므로 사람과 마차 모두 얕은 물가로 걸어가야만 한다).

39 『朝鮮物語集』의 주(도깨비 : 조선에는 도깨비를「도깨비」라고 부르며, 귀신과 妖魔를 모두 그 속에 포함한다.「도깨비」는 어느 곳이나 어느 물건에 없는 곳이 없다. 예를 들면, 오래된 수목에는 노목 도깨비, 주방에는 주방 신, 질병에는 질병 신이 있다. 이외 모든 산천에「도깨비」가 있어서 화복의 힘도 가지고 있으며 상대방으로 하여금 홀리게 하는 술수도 부릴 줄 안다. 어리석은 사람은 도깨비로부터 존경받지 못한다).

을 분주하게 돌아다닙니다. 마침 지나가던 도깨비들은 당연히 노래 소리
에 놀라서 하나둘씩 옹기종기 모여들어 할아버지의 능숙한 노랫가락에
깊이 빠져서 귀를 기울이며 듣고 있었습니다.

다종다양한 도깨비들은 시간을 가리지 않고 나타나서 나를 해치려고
하지 않고, 할아버지를 둘러싸고 있으니 할아버지는 깜짝 놀라지 않을
수 없었습니다. 이런 곳에 도깨비가 사는 것은 물론이거니와 감히 도망
가거나 숨으려는 생각조차 할 수 없었습니다. 그래서 도깨비에게 무서워
하는 모습을 보여서는 안되겠다고 생각하여 더욱 재미있는 노래 몇 곡을
있는 힘을 다해서 불렀습니다. 할아버지의 굉장한 노래 솜씨에 주위는
숨소리 하나 들리지 않을 정도로 조용했으며 도깨비들은 모두 감동한
것처럼 보였습니다.

노래 부르기를 다 끝마치자 날이 점점 밝아져 할아버지는 '휴~' 하고
안심하였으며, 도깨비들은 오늘밤이 너무나도 짧은 것을 아쉬워하며 각
자 돌아가려고 했습니다. 그때 그 중에서 가장 우두머리로 보이는 도깨
비가 괴상하면서도 애교를 듬뿍 담으며 "할아버지! 그대는 어찌하여 그
렇게 아름다운 목소리를 내는가?"라고 묻는 것이었습니다. 이에 할아버
지는 재빨리 당당하게 "그건 그대들이 보는 바와 같이 나는 이곳에 큰
혹을 가지고 있는데, 여기에서 내 목소리를 저장하는 곳이라네."라고 대
답하였습니다. 도깨비들은 "그렇다면 어떻게 하면 그 혹을 우리에게 팔
겠나?"라 묻고는 보물을 잔뜩 가지고 와서 혹과 바꾸었습니다.

집안으로 햇빛이 비춰 들어오자 도깨비들은 들판의 이슬처럼 모두 사
라져 버렸습니다. 할아버지는 홀로 미소를 지으면서, 몇 년이나 귀찮게
했던 혹도 떼고 빈곤에서조차 탈출하게 된 지난밤의 일을 떠올렸습니다.
뗄 나무도 모두 버리고 서둘러서 집으로 돌아갔습니다. 그곳에는 할아버
지와 똑같이 목에 혹을 달고 있는 할아버지 한 분이 또 살고 있었습니다.
하루는 할아버지의 혹이 없어진 것을 확인하고 이상하다고 여기어 그

이유를 물으니, '그렇다면 나도 그 도깨비를 속여야겠다.' 라고 생각했습니다.

어느 날 밤인가 산중의 어느 한집에 들어가서 못하는 것은 아니지만 나름대로 솜씨를 뽐내면서 노래를 부르며 '도깨비는 언제 올까..' 하고 기다리고 있었습니다. 마찬가지로 도깨비들은 노래 소리를 듣고서는 오늘밤에도 지난밤에 거짓말쟁이 노인이 온 것으로 여기고 여기저기에서 모여들어 할아버지에게 노래를 부르도록 여러 곡을 주문하였습니다. 노래를 다 끝마치자 "어떻게 그렇게 멋진 노래를 부를 수 있는가?"라고 묻자 혹부리 영감은 기다렸다는 듯이 진지한 얼굴로 "보는 바대로 이 큰 혹에서 나오는 거지."라 하자 도깨비의 대장은 껄껄 소리높이 웃는 것이었습니다. "그럼 이 거짓말쟁이 영감탱이야. 지난번에 우리는 한 인간에게 속아서 많은 보물을 주고 혹 덩어리를 사서 볼에 붙이고 노래를 부르려고 하였으나 아름다운 목소리는커녕 오히려 듣기 싫은 목소리만 나오게 되었다. 이젠 더이상 내게는 필요 없게 되었으니 그 목소리가 나오는 곳이라면 이것도 너에게 돌려주겠다."라 말하고는 원래 있던 혹 옆에 또 하나를 붙여 버렸습니다. 도깨비들은 인간의 어리석음을 봤다는 듯이 모두 소리내어 웃으면서 사라져 버렸습니다.

여기에서 주목할 부분은 크게 두 가지이다. 첫째는 주인공에 대한 것이며, 둘째는 혹을 떼는 계기의 차이를 들 수 있다. 〈瘤取〉와 마찬가지로 주인공이 할아버지로 제시된다. 이 내용에서 노래를 부른다는 장치는 〈瘤取〉의 경우 춤을 춘다는 것으로 나온다. 그 내용을 바꾼다면 구조는 동일하다. 다만 일본의 경우에는 혹을 떼고 붙이는 내용이 약속의 징표로 제시된다. 하지만 한국의 경우에는 혹에서 노래가 나온다는 속임수로 앞의 사람은 혹을 떼고 반대로 뒤의 사람은 혹을 더 붙인다. 이

러한 양상은 1915년에 나온 『普通學校朝鮮語及漢文讀本』 24과와 25과
로 수록되어 있는 〈혹잇는 老人〉과는 약간의 차이가 있다.

　　옛날어느山村에한老人이이잇섯는대, 그목에/큰혹이달녓섯소.
　하로는, 그老人이나무를하러山에갓다가, 저/물어서, 집에돌아오지못하
고, 길가에잇는뷘
　　집으로들어가서자랴고하얏소.
　　밤은漸漸깁허지고, 四方이寂寞하야, 잠이오/지아니하는고로, 다시일
어안저서, 淸淸한목소리로즈미잇는노래를불으고잇섯소.
　　그近處에잇는독갑이들이, 이소리를듯고, 모/여왓소.
　　老人은여러독갑이가몰녀오는것을보고, 조/곰도무서워하는氣色이업
시, 노래를불넛소.
　　독갑이는그노래에大端히感動되여, 極히고/요하게듯고잇섯소.
　　독갑이들이한참듯더니, 그中괴슈되는독갑/이가老人을對하야뭇되,
　　「老人은, 어듸서그런조흔音聲이나옵닛가.」
　　하얏소./老人의對答이,
　　「이목에달녀잇는혹속에서나온다.」
　하얏소./괴슈독갑이는이말을듯고,
　　「그러면, 그혹을나를주시오.」
　하면서, 여러 가지寶貝를내여주고, 그혹을쎄/여갓소.

　　第二十五課 혹잇는老人(二)
　　老人은恒常貴치안케역이던혹이쩌러지고, /쏘貴重한寶貝가만히생긴
것을깃붜하면서,
　　그잇흔날아침에일즉집으로돌아왓소.
　　그 老人사는洞里/에, 목에큰혹달닌/老人하나이쏘잇/는대, 그혹이업

서/진緣由를듯고, 일부러前老人이자던집으로/가서, 밤이들기를기다려, 노래를불으고잇섯/소.

밤중이되매, 果然독갑이들이몰녀와서, /노래를ㅈ미잇게듯고잇다가, 괴슈독갑이가/그老人에게조/흔晋聲이어듸/서나오느냐고/물은즉, 老人이/역시혹에서나온다고對答하얏소.

독갑이/들이그말을듯고, 日前에도엇던老人에게속/엇다하면서, 쎄여두엇던혹을그老人의한편/목에붓쳐주고, 우스면서, 몰녀가버렷소.

이러함으로, 俗談에혹쎄러갓다가, 혹붓첫다/하는말이생긴것이오.[40]

내용을 보다시피 목에 혹이 달린 노인이며, 노인의 목소리가 혹에서 나온다고 거짓말을 하고 있다.[41] 즉 『朝鮮の物語集』에 수록된 내용과 거의 차이가 없다. 이것은 바로 高橋亨의 의도대로 이야기를 그대로 수록한 결과이다. 다만 도깨비들이 몰려와 깜짝 놀랐다는 것이 조금도 무서워하는 기색이 없이 노래를 불렀다는 차이가 있다. 이처럼 개작된 내용은 〈瘤取〉에서처럼 오니들 사이에서 겁 없이 춤을 추었다고 하는 〈혹부리영감〉과 유사성을 발견할 수 있다. 『宇治拾遺物語』의 내용을 보면 '영감님은 귀신에게라도 홀린 듯, 아니면 신불(神佛)이 그리 시키신 것인가, 무턱대고 달려나가 춤을 추고 싶어졌다.'라고 한다.[42] 영감의 성격이 변화된 이유는 일본에서 전해지는 〈瘤取〉의 이야기를 개작의 근거로 삼았기 때문으로 추정할 수 있는 대목이다.

1923년에 발간된 『朝鮮語讀本』에는 노인이 천연스럽게 목소리가 혹

---

40 『普通學校朝鮮語及漢文讀本』, 朝鮮總督府, 1915, 56-62쪽.
41 교과서의 삽화에는 목이 아니라, 턱 밑에 나있는 것으로 묘사된다(위의 책, 61쪽).
42 전대석, 『일본설화선』, 경서원, 2000, 265쪽.

에서 나온다고 표현한다. 또한 도깨비들이 두 번째 노인의 경우 한 번 속지 두 번 속냐고 말하면서 혹을 붙여준다. 도깨비를 속여서 자신의 결함을 제거하는 방식은 〈도깨비 만나 부자되기〉에서도 쉽게 찾아볼 수 있다.

하지만 1933년도 『朝鮮語讀本』부터 혹에서 노래가 나온다는 것이 도깨비들에 의해서 자의적으로 판단한 결과로 표현되고 있다. 물론 이것은 교과서가 지닌 공공성, 혹은 김용의의 지적처럼 혹부리영감이 혹에서 노래가 나온다고 거짓말을 하는 것이 교육적으로 유해하다는 조선총독부의 교과서 편찬자들이 판단[43]한 결과라고 한다.

그렇다면 1915년과 1923년의 교과서에는 왜 노인이 거짓말을 하도록 설정한 것일까 하는 의문이 생길 만도 하다. 이 장치를 설정한 것은 노인의 착함과 나쁨의 대비를 한 것이 아니라, 조선인이 거짓말을 잘 한다는 점을 부각한 것일 가능성이 높다. 이것은 조선인의 나쁜 성격을 교육을 통해서 확인시키는 동시에 이를 위해서 교육이 필요하다는 것을 부각하기 위해 의도적으로 제시된 것이라고도 볼 수 있다. 게다가 이 시기는 일제침략기의 초기였기 때문에 武斷政治를 통한 조선의 日本人化를 강력하게 추진했던 때라는 점을 상기할 경우 이해가 쉬워진다. 이러한 사정은 조선총독부의 교육지침과도 무관하지 않다. 보통학교를 대상으로 한 1911년 〈朝鮮敎育令〉의 제 8조 교육목적을 보면 일제가 조선인을 대상으로 무엇을 교육시키고자 했다는 점을 명쾌히 보여준다.

43 김용의, 「한국과 일본의 혹부리영감(瘤取り爺)譚」, 388쪽.

普通學校는 兒童에게 國民敎育의 基礎가 되는 普通敎育을 하는 곳으로서 身體의 發達에 留意하여 倭語를 가르치고 德育을 實施하여 國民다운 性格을 養成하고 그 生活에 必要한 普通의 知識技能을 가르친다.[44]

이러한 교육목적은 분명히 식민지인으로서의 역할이나 존재를 분명하게 보여주는 것이다. 즉 식민지 경영에 필요한 하급관리나 식민지 정책에 반대하지 않을 사람들을 양성하는데, 그 목적을 두고 있다. 특히 실업교육을 강조하는 '보통의 지식기능'을 가르친다는 대목은 그 목적을 분명히 보여준다. 이것은 한국을 통치하는데 원활하기 위한 식민지 통치자들의 교육방침이기도 하다.[45]

결국 〈혹부리영감〉을 통해서 이들의 교육 목적은 內鮮一體나 日鮮同祖論을 강조하는 것이기도 하지만, 동시에 조선인들의 잘못된 성격을 개조하기 위한 장치로 사용되었던 것이다. 이러한 사실은 1933년도 개정판에 실린 『朝鮮語讀本』과 비교할 때 명확하다. 이때에 와서는 영감의 목소리가 혹에서 나온다고 하지 않고 목에서 나온다고 말하는 방식으로 변화되었다. 오히려 도깨비들이 영감의 말을 믿지 않고 혹에서 나온다는 식으로 묘사한다.

노래가끝난뒤에, 괴수독가비가老/人의 앞으로와서,
「령감, 고맙습니다. 참자미잇습니다. 이/와같치, 마음이爽快하야본적은업섯습니/다. 대체그런고은소리가어듸서나옵닛/가.」

---

44 안기성, 앞글, 21쪽 재인용.

45 姜秉植, 「日帝의 韓國에 대한 植民地敎育 實態 硏究」, 『漢城史學』 9號, 漢城大學校 漢城史學會, 1997, 12쪽.

하고물엇습니다.

「목에서나오는것일세.」

하고老人이對答한즉,

「령감, 거짓말슴마시오. 普通소리같으면, / 목에서나온다고하겟지마는, 그런조은소/리는, 決코목에서나오지안을것이오. 령/감의그커다란혹에서나오는것이아닙닛/가.」

「이혹에서 …… 그럴가.」

「네, 꼭그러타고생각합니다. 령감, 어렵습/니다만, 그혹을우리들에게주지안으시랍/닛가. 주신다면, 저이들도禮物을만이드/리겟습니다.」

「이혹을 …… 」

「네.」

「글세나, 나도항상귀치안케여기는것이닛가, /주어도相關업지만, 아퍼서엇더케떼여주/나.」

「아니올시다. 그것은조곰도걱정마십시/오. 우리들이뗄것같으면, 조곰도아프지/안습니다.」

「정말그러켓나.」

「그러코말고요.」

하며, 독가비들은, 老人의혹을감쩍같치떼여/가지고, 어듸론지몰려가버렷습니다.[46]

매우 흥미로운 변화이다. 1915년과 1923년도 판의 내용과는 다르게 표현된 대목에 대해서는 앞서 지적한 바 있다. 그러면 왜 앞의 교과서에서는 영감이 거짓말을 하도록 표현한 것일까 의문이 생길 수 있다. 그런 것이 23년이나 지난 후에 그 내용을 교체한 이유는 이제 정직성을 강조

---

46 『朝鮮語讀本』, 朝鮮總督府, 1933, 25~28쪽.

하여 보다 올바른 식민지인으로 양성하는 것이 바람직하다는 판단이 생겼기 때문인지도 모른다.

이러한 내용의 각색에 대해서 어떤 관점을 가질 것인가에 대해서는 여러 가지 견해가 있을 수 있다. 그러나 이런 각색의 목적이 무엇인가를 살펴보면 매우 의도적인 변이를 야기했다는 점을 분명히 지적해야 한다. 조선총독부가 1924년 『조선동화집』을 발간했을 때 생긴 문제도 이와 같은 선상에서 논의할 필요가 있다.

효와 노인에 대한 공경을 강조하는 이 이야기(어머니가 버린 남자:필자 주)에서 자식을 이렇게 무자비하며 잔인할 정도의 성격의 소유자로 묘사하는 것은 불필요할 뿐만 아니라 조선의 민족정서에도 잘 맞지 않는다. 그럼에도 불구하고 이렇게 각색한 것은 『조선동화집』의 편집자가 〈교활한 토끼〉의 경우와 마찬가지로 일차적으로 고려장 설화의 사회문화적 맥락을 잘못 이해하였거나, 아니면 나름대로 이야기를 실감나게 꾸미려고 한 까닭이라고 여겨진다.

나아가, 조심스럽지만 위 두 작품에서 '교활한 토끼'나 '어머니를 버린 남자'의 캐릭터를 변형시키는데 총독부의 정치적 의도가 개입되었을 수도 있지 않을까 하는 점을 생각해 보고자 한다. 민담에서 일반적으로 유지되어 왔던 '발랄하고 꾀많은 토끼', 그리고 '효성스러운 자식'의 상은 지극히 전통적이며 조선적인 캐릭터이다. 그런데 그러한 캐릭터를 흐릿하게 하고 낯설고 부정적 형상으로 변형하는 것은 1920년대에 들어 문화정책을 펴고 있던 총독부의 담당자로서는 충분히 흥미를 느낄만한 일이다. 민담의 이야기를 동화라는 근대문학 장르로 옮기는 과정에서 얻을 수 있는 고도의 정치적이요 문화적 효과이기 때문이다.[47]

　이러한 이야기의 각색현상은 일제에 의해서 행해진 여러 가지의 문화적 침략에서도 고도의 전략을 갖춘 것으로 풀이할 수 있다. 특히 〈혹부리영감〉의 경우는 그런 희생물의 중심에 놓여 있다. 과연 이 이야기가 한국에서 만들어진 것인가에 대한 의문도 사실 여기에서부터 출발한 것으로 볼 수 있다.

　　이들은 유럽제국, 페르시아, 인도, 티베트, 중국, 조선 등 세계적으로 분포되어 있지만 유럽 이야기는 등에 혹이 있다고 이야기되며, 이에 대해 동양 이야기는 얼굴에 혹이 있는 것으로 이야기되고 있다. 조선에서는 할아버지가 혹에서 아름다운 목소리가 난다고 鬼를 속인다는 이야기이다. 중국에서는 『嬉遊笑覽』에 인용하는 『笑林評』에 나온 이야기로서 인용된 이야기 외에 中島悅次가 『産語』 속에 있는 것을 발견하였다. 이는 전국 말부터 秦 때에 이뤄졌다고 추정되지만, 나카시마는 특히 이 『産語』 속 이야기와 일본 이야기와의 친연관계에 중점을 두고 조선과 일본의 양국 이야기 형태를 형제 관계로 한다면 이 경우는 친자관계라고 볼 수 있다 하였다.[48]

　사전에 설명되어 있는 것처럼 이들 이야기는 어떤 관점에서 중국의 영향을 받아 조선에서는 혹부리영감이 노래를 부르고, 일본의 경우에는 춤을 추게 된 것인지에 대해서는 거의 논의가 이루어지지 않고 있다. 이 부분에 대한 구체적인 논의가 필요하지만, 실상은 그렇지 못하다. 혹부리영감이라는 주인공이 동일하다고 해서 이들 이야기가 같은 영향

---

47 조선총독부 편, 『조선동화집』(권혁래 역), 집문당, 2003, 179-180쪽.
48 稻田浩二 外編, 『日本昔話事典』, 弘文堂, 1977, 354-355쪽.

권에 있었다는 주장은 매우 외연적인 견해에 불과하다. 어떤 문화적 장
치를 갖고서 에피소드가 달라졌는지에 대한 논의가 필요하다.[49] 특히
이 사전에 설명되어 있는 것처럼 중국과 일본의 이야기는 친연관계에
있고, 한국과 일본은 친자관계에 있다는 설정은 앞서 언급한 것처럼
〈혹부리영감〉이 중국에서 일본으로 전파되었다는 전제를 깔고 있는 것
이기도 하다.

이에 대한 논의에서 중심에 세워야 할 것은 姜沆의 글이다. 강항이
일본에서 듣고 와서 기록한 이야기는『宇治拾遺物語』와 유사하다. 그렇
다면 혹부리영감이 춤을 추는 것이 한국에 전승되어야 함이 온당한 결
과이다. 새로운 이야기를 듣고 이를 전파시키는 장치는 민담전파론의
기본이다. 하지만 한국에서는 춤을 추지 않고 노래를 하는 방식으로 변
화되었다. 일본인은 춤을 좋아하고, 한국인은 노래를 좋아하기 때문이
라고 풀이하기도 어렵다. 게다가『조선동화집』에 수록된 내용은 장승이
목에 있는 혹을 떼어주는 내용으로 바뀌어 나타났다.[50] 이런 이유들을
근거로 삼을 때 우리가 알고 있는 〈혹부리영감〉의 생성과정이나 전승은
매우 모호함을 깨닫게 된다.

---

49 한 예로 중국에는 혹부리영감 뿐만 아니라, 혹 달린 여자(宿瘤女)에 대한 이야기도 전
해진다. 왕이 놀러 갔는데 백성들이 모두 왕을 쳐다보았지만, 숙류녀만은 보지 않았다.
왕이 이상해서 물어 보았더니 시집갈 나이가 넘었는데도 아무도 그녀를 거들떠 보지
않았다. 그후 재상의 부인이 죽어 시집을 갔다. 이때 숙류녀가 시집을 가게된 이유로
예절이 바르다는 것과 근검절약하는 여인이었기 때문이라고 한다(김영미, 「그녀는 추
하기가 짝이 없었다 그리고 왕비가 되었다」,『동아시아 여성의 기원』, 이화여자대학교
출판부, 2002, 168-169쪽). 이런 사실에서 왜 혹부리영감만이 전승이 가능했을까 하
는 의문이 남는다. 특히 유교문화권에서 이를 교화하는 장치로서 숙류녀 이야기는 교
술설화에 속할 만하다. 그렇다면 전승력이 확보될 만한 인물설화인데도 불구하고, 혹
부리 영감만을 논의대상으로 삼아 전승을 밝히는 것은 온당하지 않다.

50『朝鮮童話集』, 13-18쪽.

현재 조사된 〈혹부리영감〉의 경우 그 구조를 보면 〈도깨비방망이 얻기〉와 거의 유사하다. 특히 흥미로운 대목은 도깨비방망이에 대한 표현인데, 다듬이방망이와 홍두깨로 표현한 것이다.[51] 또한 노래를 하는 대신에 춤을 춘다는 내용도 조사된 바 있다.[52] 혼재된 모습으로 전승된 것은 이 이야기의 정체성이 문제가 된다는 점을 보여주는 것에 다름 아니다.

이렇게 혼재되어 나타난 양상은 〈혹부리영감〉이 만들어진 초기부터 존재했을 것으로 보인다. 바로 이 점은 〈혹부리영감〉의 정체성과도 밀접한 관련이 있다. 왜 강항이 임진왜란 이후에 귀국해서 전해준 이 이야기가 올바르게 전승되지 않았는가에 대한 의문도 해결해야 한다. 만약 전승되었다면 춤동작이 노래로 바뀐 이유는 무엇인가, 그리고 일본의 경우 혹을 떼어주는 계기가 약속의 징표였지만, 조선의 이야기에서는 혹에서 노래가 나온다고 거짓말을 해서 혹을 떼는 변화가 만들어졌는지 등에 대해서 검토가 필요하다.

하지만 이런 근거에 대한 논의가 없이 일본에서 연구된 결과만으로 〈혹부리영감〉이 한국에서도 존재했다는 주장은 공허할 수 있다. 무엇보다도 高橋亨이 『朝鮮の物語集』에서 〈瘤取〉를 가장 맨 앞에 내세운 사실에 대해서도 더 검증이 필요한 부분이다. 다른 유사한 이야기도 있는데도 불구하고, 예컨대 〈야래자설화〉나 〈나무꾼과 선녀〉와 같은 이야기를 앞세우지 않고 〈瘤取〉를 내세운 것은 高橋亨이 또 다른 역할을 수행했던 것은 아닐까 의문이 든다. 개화기 대한제국에 들어온 일본인 교사

---

51 김영진, 『韓國口碑文學大系』 3-2, 韓國精神文化硏究院, 1981, 212-214쪽.
　　인권환, 『韓國口碑文學大系』 4-1, 韓國精神文化硏究院, 1980, 292-294쪽.
52 천혜숙, 『韓國口碑文學大系』 7-16, 韓國精神文化硏究院, 1987, 496-498쪽.

들의 역할에 대한 부정적인 견해를 수용한다면 高橋亨도 그런 기능의 하나로 이 이야기를 한국적 분위기로 개작해서 내세운 것일 가능성을 제시하는 것도 그런 이유 때문이다.

4. 혹부리영감담의 논의는 과연 어떻게 될 것인가

이 논의는 〈혹부리영감〉의 형성에 대한 문제제기를 중심으로 다루고 있다. 문제제기라는 말은 그대로 이 이야기의 형성이나 전승에 대해서 온전하게 밝힐 만한 우리의 문헌자료가 매우 미약하다는 사정과 무관하지 않다. 따라서 당시의 사정, 일본인 교사들의 역할론과 교과서 편찬과정에서 개작문제, 특히『조선동화집』의 개작을 근거로 이 이야기가 만들어진 배경을 추정할 수 밖에 없는 한계 때문이다.

〈혹부리영감〉이 처음으로 등장하는 것은 高橋亨의『朝鮮の物語集』에서부터이다. 이것은 〈혹부리영감〉의 내용에 대한 본질적인 변화를 야기시켰다. 이 책에서 등장하는 주인공은 단지 혹이 달린 영감일 뿐이다. 이것은 매우 중요한 단서로 제시될 만하다. 〈혹부리영감〉에서 중요한 것은 어떤 과정을 거쳐 혹을 떼어내는가에 있기 때문이다.

임진왜란 때 일본에 끌려갔다가 돌아온 姜沆의 문집인『睡隱集』을 보면 〈瘤戒〉라는 소제목으로 현재 우리가 알고 있는 〈혹부리영감〉인 아니라, 〈瘤取〉와 거의 같은 이야기가 기록되어 있다. 그 내용은 현재 전해지고 있는 줄거리와 차이가 있다. 처음 듣는 것으로 생각된 강항이 이 이야기를 한국에서 와서 전파시켰을 가능성이 높다. 하지만 그 내용과 달리 노래를 부르는 〈혹부리영감〉이 한국에서 전승된다. 이러한 변

화는 왜 발생했는가, 그리고 왜 일본에서 들었던 이야기가 전승되지 않고 변화된 이야기로 전승되었는가에 대한 의문을 해명할 필요가 있다.

한국의 〈혹부리영감〉은 노래를 통해서 혹을 제거하거나, 혹을 다시 붙이게 된다. 일본의 경우에는 춤으로 제시되었다. 여기에서 차이는 춤과 노래이다. 과연 이런 구분이 가능한 것인가, 혹은 춤과 노래로서만 그 행위를 구분할 수 있는가는 고민해야 할 부분이다. 무엇보다 춤과 노래는 동시에 이루어지는 행위라 할 수 있다. 물론 여기에는 도깨비들이 차려놓은 술과 음식이 곁들여진다. 그렇기에 이를 일반적으로 '飮酒歌舞'라는 표현을 쓴다. 과연 일본과 한국의 이야기가 차별화될 수 있는 근거로서 춤과 노래로 구분하는 것이 온당한 것인가 이해하기 어렵다.

더욱 흥미로운 점은 일본의 〈瘤取〉와 달리 한국의 〈혹부리영감〉은 혹에서 노래가 나온다고 거짓말을 하고 이 결과로서 혹을 떼거나 붙인다는 방식으로 이야기한다는 것이다. 일본은 약속의 징표로 혹을 떼지만, 우리의 경우 주인공이 거짓말을 한다는 것이다. 이러한 장치는 조선 민족에 대한 성향을 의도적으로 조작했을 것으로 추정하는데 유효한 도움을 준다. 일본인과 달리 조선인은 거짓말을 잘 한다는 내용을 담고 있으며, 그런 이유는 일제가 조선을 통치함으로서 이를 교화가 시켜야 한다는 당위성으로도 제시될 수 있기 때문이다.

그런 관점에서 〈혹부리영감〉은 고도의 전략이 담겨진 이야기로서 다루어져야 한다. 교과서에 실릴 때도 단순한 채택방식이기 보다는 이를 통해서 일선동조론을 강조하고, 동시에 이야기의 변이양상을 통해서 조선 사람들의 잘못된 성향을 폄하하려는 의도가 담겨 있다고 보는 것도 그런 이유에서 이다.

〈혹부리영감〉의 형성에 의문을 제기하는 것도 이런 일련의 사정과

무관하지 않다. 이것이 과연 우리나라에서 활발하게 전승되지 않은 이유는 무엇인가도 같이 고민해야 할 부분이다. 단순하게 高橋亨의『朝鮮の物語集』에 수록되어 있기 때문에 우리의 전래 민담이라고 말할 수 없다는 이유도 이런 사정 때문이다. 高橋亨이 자신의 책 첫머리에 〈瘤取〉를 설정한 것은 무엇보다도 내선일체나 일선동조론의 근간으로 삼기 위한 것이지만, 우리에게는 그다지 인기도 없는 이야기를 그렇게 내세운 점은 그렇기에 정략적 소지가 다분하다. 물론 교과서에 수록된 이후 현재에는 각종 동화책을 도배하고 있는 이야기가 되었지만 말이다. 이것은 〈혹부리영감〉이 우리의 전래 민담으로 인정하는데 가장 큰 영향력을 행사한 결과를 야기했다.

　이야기가 어떤 과정을 통해서 전파되었는가는 매우 중요한 문제이다. 도깨비의 모습이 일본의 오니를 본 따서 만든 것처럼 이 이야기의 형성에도 개화기 일본인 교사들이 중심에 서 있다. 그런 과정에 대한 논의를 피하고, 이야기의 전승만을 거론한다는 것은 뿌리에 대한 논증없이 잎을 말하는 것과 다르지 않다. 그런 점에서 〈혹부리영감〉의 정체성에 대한 논의는 다시 시작되어야 할 것이다. 앞으로 이 글에서 다루지 못한 형성양상과 일본의 〈瘤取〉와 한국의 〈혹부리영감〉간의 상호 관련성 등에 대해서는 자료의 한계를 극복하게 된다면 그 논의의 깊이를 더할 예정이다.

도깨비譚에 나타난 人物傳說

1. 도깨비譚과 등장인물들 간의 관련에 대하여

도깨비는 우리나라 사람들에게 너무나 잘 알려진 존재이다. 도깨비는 귀신도 아니며, 그렇다고 해서 신의 자리에 위치할 만한 존재도 아니다. 그러한 존재가 몇몇 인물들을 추앙하는 사례를 찾아볼 수 있다. 어린 시절의 깨우침이나 미래를 통찰하는 방식을 통해 인물들이 스스로 자각하도록 만드는 이야기의 주인공으로 도깨비가 등장하는 경우가 그것이다. 그런데 어떻게 도깨비가 사람의 미래를 알 수 있는 능력을 갖추게 되었는가에 대한 논의는 거의 이루어지지 않았다.

도깨비는 과거 시대에서 기복신앙의 한 방편으로 존재하여 왔다. 특히 도깨비가 신앙적 대상이 된 이유는 기원하는 내용이 바로 이루어진다는 믿음과 밀접하게 결부되어 있다. 그런 점에서 도깨비는 우리 문화의 상징이면서, '현실의 부조화를 극복시켜줄 수 있는 신앙적 매개물'[1]로서 환영을 받아왔던 존재라고 해도 과언이 아니다. 하지만 도깨비와 관련한 신앙은 집단성보다는 個人信仰的 속성이 강하며, 주로 개인의 재물

---

[1] 김종대, 「도깨비의 비교연구」, 『비교민속학과 비교문화』, 민속원, 1999, 402쪽.

풍요를 추구한다는 특징이 있다. 다만 도깨비신앙이 마을단위로 전승될 경우 차이를 보여주는데, 진도 도깨비굿과 같은 疫疾退治나 전북 산간지방에서 전승되는 화재방지를 위한 도깨비굿 형태가 그것이다.[2]

그런 점에서 도깨비는 우리나라 민간신앙에서 일정한 영향력을 갖고 있었다고 보아진다. 하지만 기존에 이루어진 논의는 대개 이야기를 둘러싼 도깨비의 존재양상을 구명하는데 초점을 두고 있었다. 이러한 이유는 어디에서 있는가 하는 문제도 논의할 만하지만, 여기에서는 그것을 문제삼지 않기로 한다.

도깨비와 관련한 이야기의 대부분은 재물의 증가나 씨름하기 등으로 이루어져 있다. 이러한 이야기의 특징은 도깨비의 속성을 밝히는데 귀중한 자료이기도 하다. 하지만 이와 달리 도깨비가 성장하여 큰 인물이 될 만한 사람을 어린 시절에 알려준다는 이야기가 전해지고 있어 흥미를 끈다.[3]

무엇보다도 이들 이야기가 도깨비의 능력을 확대한다는 점에서 또 다른 주목을 요한다. 또한 그 인물들이 우리가 익히 알고 있는 유명인들이 아니라는 점 때문에 도깨비가 그들 인물과 관련을 맺은 이유가 무엇인가 하는 점도 궁금한 대목이다. 이들 인물들은 역사사전에 나올 만한 인물인 경우도 있으나, 그렇지 못한 경우도 있다.

그런 점에서 이들 인물이 지역을 토대로 한 인물전설로서의 성격을

---

2   도깨비신앙과 관련한 내용은 김종대의 「도깨비신앙의 유형과 전승양상」(『민속학연구』 4호, 국립민속박물관, 1997, 181-204쪽)을 참조할 것.

3   이와 관련해서 본인도 언급한 바 있으나, 그다지 구체적이지 않다. 여기서 거론한 인물들은 양한림·이헌경·권시 등 3명인데, 간단하게 내용만을 서술하였을 따름이다. (『한국의 도깨비연구』, 국학자료원, 1994, 103-105쪽 참조)

갖추는데 바람직한 면을 보인다고도 하겠다. 즉 이들이 역사적으로 크게 부각되지 않았다고 하더라도 민중에 의해서 환영받았을 가능성이 높기 때문이다. 이것은 일반적인 인물전설과는 차이가 있음을 보여주는 것이기도 하다. '인물전설의 주인공은 뚜렷한 이름이 있는 역사적인 인물이다'[4]라고 한 조동일의 견해가 있지만, 뚜렷한 역사인물이라는 인물전설의 주인공을 어떻게 한계를 짓고 구분할 것인가는 매우 모호하다고 하겠다.

도깨비가 예시한 인물들은 고려시대의 마천목부터 조선말기의 인물인 이헌경 등 5명 정도이다.[5] 그런데 이들은 우리가 일반적으로 알고 있는 유명한 인물이 아니다. 그런 점에서 도깨비가 이들을 선택한 이유는 무엇일까 하는 궁금증이 남는다.

사실 이들과 도깨비를 연결해서 이야기로 꾸민 것은 사람이지만, 그런 방식을 택한 가장 큰 이유는 이들 인물의 지역성과도 밀접한 관련이 있을 것으로 보인다. 특히 이들 이야기 속에서 주인공들이 특이한 능력을 보여주는 예는 매우 미약하다. 따라서 주인공의 탁월한 능력보다는 성장 후에 뛰어난 인물이 되었는데, 그런 과정에서 자각을 심어주는 존재로서 도깨비가 등장한다고 보는 것이 오히려 합당하다.

그런 관점에서 이 글은 작성된다. 뛰어난 인물이 아님에도 불구하고 이들이 어린 시절에 큰 인물이 될 것이라고 도깨비가 예견하는 이유는 무엇이며, 하필이면 도깨비가 그 역할을 맡고 있는가에 대한 해명작업이 주를 이룰 것이다. 또 다른 관점에서는 이들 이야기가 갖는 한계,

---

4 趙東一, 『人物傳說의 意味와 機能』, 嶺南大學校 出版部, 1979, 394쪽.

5 여기 예시된 인물들 중에서 손상룡만 제외하고 인명사전에 수록되어 있다.

주인공들의 어린 시절에만 나타나는 이유 또한 논의의 대상으로 삼고자
한다.

2. 도깨비가 주목한 인물들과 그 표현방식

현재까지 전해지는 이야기 속에서 도깨비가 어린 시절에 나타나 큰
인물이 될 것임을 알려준 인물로는 마천목과 허적, 권이진, 손상룡, 이
헌경 등이 있다. 이들 중에서 가장 많은 이야기가 전해지는 인물로 일명
손병사라고 하는 손상룡이지만, 다른 사람들의 이야기는 대개 1편에 불
과할 만큼 희소하다. 또한 이들 이야기는 주로 그 인물들이 성장했던
고장을 중심으로 전승되어 왔다는 점에서 전설의 한 특징인 향토성을
갖추고 있음도 확인된다.

하지만 이들을 주인공으로 삼은 이야기에서 도깨비가 나타나 행동하
는 방식들은 각각의 인물에 따라 차이가 있다. 그러면 위에 예시한 인물
들이 도깨비와 어떤 방식으로 관계를 맺고 있는 지에 대해 이야기를 통
해서 살펴보기로 하자.

1) 馬天牧-어장을 막아준 도깨비

먼저 시대로 볼 때 가장 앞서는 사람은 마천목인데, 고려 말에서 조선
초기의 무신으로 조선의 개국공신이라고 한다. 태조 때 대장군에 올랐
으며, 判右軍都摠制府事에까지 오른 인물이다.[6] 마천목과 관련한 이야

---

6 『한국민족문화대백과사전』 7권, 한국정신문화연구원, 1990, 588-589쪽.

기는 매우 희소하지만, 도깨비와 관련한 이야기가 그가 성장기에 살았던 고장인 전남 곡성에서 전해진다.

① 마천목의 아버지가 고기를 좋아해서 강에서 매일 잡아 봉양을 했다.
② 마천목이 20세 때 낚시를 갔다오다가 푸른빛의 돌을 주웠다.
③ 그날 밤 도깨비들이 몰려와 돌이 대장님이기 때문에 돌려만 주면 대감님이 시키는 일이 무엇이라도 다하겠다고 말했다.
④ 마천목이 아직 관직에 오르지 않아 대감이 아니라고 정색을 하자, 도깨비들은 부원군이 될 것을 알고 있다고 말했다.
⑤ 순자강에 어전의 설치를 부탁했는데, 얼마 후 도깨비들이 돌아와 설치를 끝냈다고 하였다.
⑥ 마천목이 확인하고 돌을 돌려주면서 수고했다고 메밀죽을 주었다.
⑦ 메밀죽이 적어 한 도깨비가 맛도 보지 못해 화가 나서 한쪽을 헐어버렸다고 한다.[7]

이 이야기에서 마천목이 효자라는 점을 부각하고 있다. 즉 효자를 도와준 존재로 도깨비를 등장시키고 있는 것이다. 이것은 호랑이나 하늘

---

7 『全南의 傳統文化(下)』, 전라남도, 1983, 367-368쪽 축약.
   그런데 이와 유사한 이야기가 李德懋의《靑莊館全書》卷68〈魍魎防築〉으로 실려 있어 흥미롭다. 그 원문은 다음과 같다.
   魍魎防築
   任實縣梧原 有魍魎防築 世傳馬府院君 微時 嘗釣魚于野川 得一異石 五色玲瓏 歸而寶藏 夜半有魍魎累萬 蒲伏哀乞曰 鬼王失符 足下得之 願還亟贈 馬曰 符是何物 鬼曰 俄者所得 異物 是也 馬愈益不許 鬼曰 足下如有所欲 爲謹當恭命 火速如願 馬曰 汝若一夜之間 以石 築梧原大川 可還汝符 鬼唯唯而退 明朝見之 衆石磊磊 築若繩裁 其夜 群鬼累集 馬遂還石 符 又燎黃豆一斗 以酬鬼勞鬼 分食各一箇 而最末一箇不足 一鬼攫不得食 怏怏而去 因毁 拔築中間石數尺許 馬遂聚石補其缺 年年霖雨 至于令四百年 築不壞如新 惟人補處 隨補 隨壞 盖此築 爲任宋南原之大利 可灌田數千頃馬府院君 似是開國功臣馬天牧也.

이 도와준다고 하는 일반적인 효행담과는 달리 도깨비를 등장시킨다는 점에서 차이가 있다. 도깨비는 그런 점에서 효를 완성시키는데 도움을 주는 존재이다.[8]

하지만 이덕무의 《靑莊館全書》의 기록을 보면 마천목이 효자라는 사실은 생략되어 있다. 또한 낚시질을 갔다오면서 異石을 하나 주웠는데, 이것은 鬼王의 符라는 것이다. 그리고 팥죽 대신에 콩을 볶아서 준 것으로 되어 있다. 내용을 비교하면 이 이야기의 변화양상을 확인하는데, 주목되는 것이 몇 가지 있다. 첫째는 도깨비들이 세웠다는 방죽이 전남 곡성이 아닌 전북 任實의 梧原이며, 원래는 마천목이 한가로울 때 고기잡이를 다녔던 것이 아버지를 봉양하기 위해서 고기잡이를 다녔다고 하는 식으로 변화되었다. 두 번째는 異石이 鬼王의 符인데, 도깨비왕의 신체로 표현되고 있다. 세 번째는 팥죽을 제공한 것이 아니라, 콩 한말을 볶아서 준 것으로 되어 있다. 그리고 네 번째는 방죽의 한 귀퉁이가 무너져 있다고 하지만, 이 이야기에서는 마천목이 돌로 메웠기 때문에 4백년이 이르도록 방죽이 무너지지 않고 있다고 하는 것이다.

이런 변화를 보면 마천목에 대한 도깨비의 예지능력을 수용한 사례는 후대에 형성되었을 가능성을 엿볼 수 있다. 도깨비에게 준 콩이나 異石, 그리고 한미한 시절 취미로 했던 낚시질이 부친에게 공양하는 방식으로 변화된 것은 분명 후대의 일이기 때문이다. 그런 관점에서 효를 강조하는 이야기로의 전환은 이 이야기가 형성되고 나서도 한참 후대에 만들어진 것임을 알 수 있다.

---

8 1918년 丁秀泰 등에 의해 편찬된 《谷城郡誌》의 인물조에는 '鴉子江下流使鬼役築杜浦川防漁箭'라고 하여 귀신으로 기록하고 있다.

도깨비에게 준 콩의 문제도 세심한 검토가 필요한 부분이다. 일반적으로 도깨비에게 주는 제물은 메밀묵이나 범벅으로 제시된다. 하지만 《靑莊館全書》의 기록은 콩으로 나타나 있다. 《靑莊館全書》卷 68 〈寒竹堂涉筆〉은 경남 함양의 察訪 시절의 견문기인데, 이 시기는 1781년에서 1791년 사이다. 즉 18세기의 기록에서는 마천목이 효자라는 관점에서 서술되지 않고 있기 때문에 후대에 만들어진 이야기의 구성과는 차이가 있음을 확연하게 보여준다.

도깨비는 마천목의 미래를 예견하는 능력과 세우기 힘든 어전을 하룻밤에 완성할 수 있는 능력을 보여준다. 이러한 두 가지 능력이 동시에 나타나는 것은 일반적인 도깨비이야기에서 찾아보기 어려운 것이다. 첫 번째 인물의 미래를 예견하는 능력은 다른 유형의 이야기에서는 거의 나타나지 않는다. 대개 도깨비이야기에서는 부를 가져다주는 존재로 부각되기 때문이다. 그럼에도 불구하고 豫見能力을 갖추게 된 것은 도깨비의 능력을 확대시키는 결과를 갖게 되었다. 이 점은 도깨비가 사람을 홀린다는 능력을 귀신과 함께 양분했다는 사실과도 밀접한 관련이 있는 것으로 보인다. 즉 귀신의 능력을 도깨비에게 같이 부여했다는 점이다.

마천목은 태어났을 때부터 신이한 행적을 보여준다는 이야기도 전해진다. 마천목을 낳은 어머니가 우물에서 물을 긷고 있는데, 나뭇잎 하나가 물을 뜨지 못하게 방해했다는 것이다. 한참만에 물을 길어왔기 때문에 시아버지에게 야단을 맞았다. 그래서 자초지종을 이야기해서 같이 우물로 가보았더니 정말 나뭇잎이 있었다. 나뭇잎을 건져 보니 天牧이라는 글씨가 있어 아이의 이름을 천목이라고 했다는 것이다.[9]

9　『韓國口碑文學大系』6-12, 韓國精神文化研究院, 1988, 889-890쪽.

전남 보성에서 전해지는 이 이야기를 통해보면 어린 시절부터 범상하지 않은 인물이었음을 알 수 있다. 이런 사실과 함께 도깨비가 어전을 세워주면서 대감이라는 호칭을 사용했다는 것은 마천목이 평범하지 않은 사람이라는 것을 부각하려는 의도가 담겨있다고 보겠다. 물론 여기에는 마천목이 효자였기 때문에 도깨비 대장이 둔갑한 이상한 돌을 줍게 되는 복선이 깔려 있기는 하지만 말이다.

2) 許積 – 가마를 태워준 도깨비

허적(1610-1680년)은 광해군에서 숙종 대에 걸친 문신으로 영의정까지 올랐다. 하지만 서자였던 堅의 역모사건으로 인해 賜死되었으며, 숙종 때 억울하게 죽었음을 알게 되어 다시 관작을 추복하였다. 남인으로서 송시열과 친교가 있었다고 한다.[10] 그러면 허적에 대해 도깨비가 어떤 방식으로 대응하고 있는지 이야기를 통해 살펴보기로 하자. 그런데 허적과 관련된 이야기는 매우 드문 편이다.

① 허적은 어릴 때 집에서 약 40리가 떨어진 서당을 다녔다.
② 그와 동문수학하던 신선비의 집은 20리 정도였는데도 항상 먼저 도착해 있었다.
③ 신선비가 궁금해서 이유를 묻자, 내가 서당에 오는 고개 입구에 오면 항상 꽃가마가 대기하고 있는데 내가 타면 순식간에 산을 넘어 도착한다고 하였다.
④ 신선비가 괴이하게 생각하여 다음날 내가 대기하고 있다가 가마를

이하 韓國口碑文學大系를 인용할 경우 大系, 年度, 쪽수만 표시하도록 함.
10 『한국민족문화대백과사전』 24권, 724-725쪽.

타고 오겠다고 하였다.

⑤ 다음날 고개입구에 가보니 과연 가마가 있어 다가서자, 두 사나이가
나타나 타라고 하였다.

⑥ 가마가 가는 도중에 멈추더니 말하는 소리가 들렸는데, 가마가 예전
과 달리 가벼워져 확인해야겠다면서 가마의 발을 들어 올려 보더니
사람이 바뀌었다고 말하였다.

⑦ 그러면서 허적은 장차 나라의 領首가 될 사람이라 天意에 따라 모셔
드리는 것인데, 당신은 그렇지 못하니 내리라고 하였다.

⑧ 이때 가마를 대령하는 사람은 바로 도깨비라고 하며, 허적은 도깨비
가마를 타고 다녔다는 소문이 지금까지도 전해지고 있다.[11]

허적이 서당을 다닐 때의 일이라는 점과 함께 도깨비가 모신다고 하
는 대화를 근거로 하면 크게 될 인물은 하늘이 돌보고 있다는 것을 암시
하고 있다. 따라서 도깨비는 하늘의 뜻에 따라 움직이는 심부름의 역할
을 수행하고 있는 것이다.

이 이야기의 주제는 허적을 서당에 모시는 도깨비인데, 왜 허적을 모
시게 되었는지 등의 이유는 하나도 제시되지 않고 있다. 하늘의 뜻이라
는 표현만이 가장 큰 이유일 뿐이다. 하지만 도깨비가 단지 심부름꾼으
로의 기능을 하는 것은 아니다. 신선비가 자신의 미래는 어찌 될 것인가
를 물었을 때 察訪정도는 하겠다고 답해 주었기 때문이다. 이것은 도깨
비가 미래의 운명을 읽어낼 수 있는 능력을 보여주는 좋은 예인 것이다.

---

11 『忠州中原誌』, 忠州文化院, 1985, 969-970쪽.

3) 權以鎭 – 강을 건네준 도깨비

권이진(1668–1734년)은 헌종에서 영조에 걸쳐 살았던 문신이다. 권시가 할아버지이며, 송시열이 외할아버지다. 즉 송시열의 딸이 어머니인 셈이다. 벼슬은 호조판서와 평안도 관찰사까지 역임하였다.[12] 권시와 송시열은 사돈지간인데, 말년에는 송시열의 성품 때문에 사이가 벌어졌다고 한다. 이러한 사정이 반영되어 나타난 이야기가 있는데, 그 내용을 간략하게 살펴보면 다음과 같다.

① 권시의 며느리가 송시열의 집안이었는데, 며느리와 손자가 같이 친정에 갔다.
② 손자가 옆에서 자고 있는데, 외조부인 송시열이 "此兒凶"이라고 말했다.
③ 그 말을 들은 손자가 벌떡 일어나 "外祖父言極凶"이라고 하곤, 어머니에게 집으로 돌아가자고 하였다.
④ 어머니가 오늘 너무 늦어 내일 가자고 하였으나, 손자는 혼자 돌아가겠다고 하였다.
⑤ 손자가 도중에 있는 강으로 가까이 오니까, 토째비가 나타나 "권정승온다."고 말하면서 업어 강을 건너게 해주었다.[13]

권이진과 외조부인 송시열 간의 대화는 너무나 간단하다. 외조부가 외손자를 보고 어떤 이유에서 흉하다고 했는지 알 수 없다. 오히려 권이진이 외조부에게 말대꾸한 내용을 보면 매우 똑똑한 아이였다고 추정된

---

12 『한국민족문화대백과사전』 3권, 1990, 952쪽.
13 大系 7–6, 1981, 52–53쪽 축약.
　이 이야기의 제보자는 앞 부분에서 권시의 며느리가 송시열의 딸이라고 하고 있는데, 나중에는 손자인 권정승의 이름이 권시라고 하는 착각을 보여주고 있다.

다. 그리고 이 대화는 손자가 혼자 집으로 돌아가기 위한 이유를 만드는 계기가 된다. 이런 과정에서 도깨비를 만나게 되는데, 도깨비가 정승이라는 벼슬을 말한 것은 하나의 암시에 불과하다.

권시와 송시열의 갈등은 후일 예송문제로 대립하게 된다는 역사적 사실과 직접적인 관련이 있다. 즉 외조부 입장에서 본다면 자신과 대립하는 사돈의 손자가 마음에 들지 않았기 때문인지도 모른다. 그러나 이 이야기에서 나타나 있는 것처럼 도깨비가 권이진을 도와준다는 것은 매우 의미심장하다. 이것은 당대의 민중들이 도깨비라는 존재를 통해 권시 쪽을 더 지지하고 있다는 것을 알려주는 것으로도 볼 수 있기 때문이다. 다시 말하자면 권씨와 송씨 집안의 갈등에 대해 직접적으로 말할 수 없는 상황에 의해 도깨비를 활용한 것이라고 하겠다. 우리에게 더 잘 알려진 인물이 송시열이라는 점에서 이러한 사정은 매우 흥미로운 대목이 아닐 수 없다.

4) 밀양의 孫兵使

손병사이야기는 경상도의 밀양을 중심으로 여러 지역에서 두루 전해진다는 점에서 민중들에게 흥미있는 인물이었음을 알 수 있다. 특히 손병사의 어머니까지 이야기의 주인공으로 설정되어 있는 것으로 보아 이 집안이 밀양의 주변지역에서는 주목받고 있었던 것으로 보인다. 손병사의 어머니가 행실이 바르지 않았다는 이야기나, 집안에 모셔둔 신체들을 태워버려 귀신의 장난으로 아이의 목숨을 빼앗겼다는 등의 여러 가지 유형이 전해진다.[14]

하지만 손병사의 주인공인 손상룡은 영·정조 때의 무관이었지만, 인

---

14 정상박, 『전설의 사회사』, 민속원, 2000, 193-207쪽 참조.

물사전에도 수록되어 있지 않다. 다시 말하자면 兵使라는 벼슬에까지
이르렀으나, 역사에 등장시킬 만큼 뛰어난 인물은 아니었던 듯하다.

경북 밀양의 산외면 다죽리에는 孫兵使古宅이 있는데, 원래 병사 孫
鎭民이 초창했지만, 그 아들인 병사 孫相龍이 택지를 확장한 것이라고
한다. 병사라는 벼슬로 볼 때는 이들 두 사람에게 모두 해당되나, 주인
공은 손상룡을 의미한다. 특히 손상룡과 관련한 정조 때 일화가 전해지
는 것으로 보아 손병사일 가능성이 높다. 이때의 일화는 다음과 같다.

正祖 때 孫相龍兵使가 많은 재물을 동원하여 99간의 호사스러운 집을
짓고 산다는 모함이 있었다. 이에 정조가 내사해보니 모략으로 밝혀졌
다. 정조는 그 사건 이후 손병사를 더욱 신임하고 아첨하지 않는 사람이
라고 하여 '不求媚之室'이라는 당호까지 하사했다고 한다.[15] 손병사와
관련한 도깨비이야기는 월성과 밀양에 채록된 내용이 대표적이다.

① 어린 시절 조실부모하여 두만강 근처로 이사가서 살았다.
② 해마다 곡식이 익을 무렵 도깨비들이 나타나 훼방을 놀아 수확을 못
  했다.
③ 사람들이 고민할 때 손총각이 밭을 지키겠다고 나갔는데, 밤늦게 도
  깨비들이 나타나 오늘은 병사 나리가 와서 못놀겠다고 하였다.
④ 한 도깨비가 일년에 한번 이곳에 모여 노는데, 손병사 때문에 못놀고
  있다고 말했다.
⑤ 손총각은 오늘부터 내 장소이니, 너희들이 놀 수 없다고 하였다.
⑥ 도깨비들은 내기를 해서 장소의 주인을 정하자고 하였는데, 손병사
  가 이겨 수확을 할 수 있었다.[16]

---

15 『密陽誌』, 密陽文化院, 1987, 399쪽.

① 손병사가 열 살 때 강가 옆 금시당에서 밤마다 책을 읽었다.
② 어느날 밤 창고지기가 고기를 잡으러 강에 갔는데, 여러 사람이 이야기하는 소리가 들렸다.
③ 세 도깨비가 강가에서 잡은 고기를 네 몫으로 나누고는 한 몫을 글 읽고 있는 손병사에게 주어야 한다면서 말하곤 사라져 버렸다.
④ 창고지기가 한 몫을 갖고 손병사에게 와서 토찌비가 한 말을 전하고 고기를 주었다.[17]

앞의 이야기에서 손총각이 조실부모하였다는 내용은 사실과 다르다. 두만강 근처로 이사를 갔다는 내용도 이야기를 흥미롭게 만들기 위해 새로 꾸며낸 것으로 보인다. 또한 월성의 손병사는 조실부모하여 두만강 근처까지 유랑한 것으로 묘사되지만, 밀양의 경우는 공부를 열심히 하고 있는 인물로 묘사되는 차이가 있다. 이 점은 뒤의 이야기의 배경이 밀양이라는 점에서 보다 사실적인 대목으로 보인다. 실제로 손병사가 손진민의 아들 손상룡을 주인공으로 하고 있다는 점에서 손상룡이 어린 시절을 밀양에서 보냈을 것으로 추정하는 것은 어렵지 않기 때문이다.

두 이야기는 손병사가 병사의 벼슬에 오를 것을 도깨비들이 예지하고 행동도 함부로 하지 못했다는 점이 강조된다. 그러나 월성 이야기는 손병사가 지혜로운 자라는 것을 알려주지만, 밀양 이야기는 단지 공부하는 존재로만 제시된다. 이러한 차이는 이야기꾼의 창조력에 기인한 문제이나, 손병사가 큰 인물이라는 것을 도깨비가 알고서 미리 받들어 모신다는 점을 부각하려는 의도가 더 강하다고 하겠다.

---

16 大系 7-3, 1980, 152-154쪽 축약.
17 大系 8-7, 1983, 76-78쪽 축약.

월성의 이야기는 손상룡의 지역을 벗어났기 때문인지 활동범위를 두 만강으로 확대하고 있다. 이런 사정은 손병사 이야기의 전파과정에서 부분적인 변화양상을 확인하는데 도움이 되지만, 이 지역을 후대에 지키는 병사의 벼슬을 하였다는 연결고리로 사용하고 있다는 점에서 의미를 지닌다. 하지만 밀양의 이야기는 그 지역의 인물이기 때문에 큰 변화를 갖지 못하고 단순하게 도깨비가 손병사를 알아모신다는 관점만 수용되어 있다.

5) 李軒卿 – 가난했던 시절에 알아본 도깨비

이헌경은 이들 인물 중에서 가장 후대에 등장하는 문신이다. 조선 말기에서 개화기에 걸쳐 생존했던 인물인데, 1909년 신사유람단의 일원으로 일본을 시찰한 바 있다. 현감 演光의 아들로 演參의 집에 입양되었다고 한다.[18] 이러한 사실의 기록과 달리 이야기 속에서는 그다지 부유하지 못한 농사꾼의 아들로 묘사된다는 점에서 차이를 보인다.

① 이헌경이 밤중에 아버지와 같이 염전일을 하러 나갔다.
② 길 옆에서 친척이 일하다가 이들을 보니 이헌경의 앞에서만 도깨비들이 "판서나리 나가신다."하고 굽신거리고 있어 이상한 일이라고 생각하였다.
③ 얼마 후에 이헌경이 서울 판거집으로 양자를 갔는데, 여기서 공부를 열심히 하여 판서벼슬에 이르렀다.[19]

---

18 『한국민족문화대백과사전』 18권, 346쪽.
19 李薰益, 『仁川地方鄕土史談』, 仁川地方鄕土文化硏究所, 1990, 246-247쪽 축약.

이헌경과 관련한 이야기는 매우 짧은 편이다. 하지만 이 인물은 가난한 농부 집안 출신으로 판서의 벼슬까지 오른 입지전적인 인물이다. 특히 가난한 시절에 도깨비들의 눈에 판서로 불렸던 것은 친척의 눈에도 매우 이상스럽게 여겼을 것임이 분명하다. 하지만 이러한 도깨비의 행동을 이헌경이 깨닫지 못하고 옆 사람의 눈에만 보인다는 점은 다른 인물들에서 보여준 도깨비와는 차별성을 갖는다.

이헌경과 관련한 이야기는 매우 축약된 모습을 띠고 있다. 그것이 공부와 관련된 것도 아니고, 또 도깨비가 주인공의 앞에 나타나 어떤 특이한 행동을 하는 것도 아니다. 단지 이헌경의 앞에서 판서라는 벼슬만을 부른다는 내용을 갖고 있다. 농부에서 판서로까지의 출세하는 이유를 설명하기에도 부족한 면이 많다. 그것은 이헌경이 양자로 들어간다는 사실을 옹호하려는 의도가 담겨있는 것인지도 모르겠다. 즉 자신의 가문이 미천했기 때문에 양자로 들어갈 수밖에 없다는 점을 강조하기 위한 것이다. 이헌경을 양자로 보내기로 결심한 이유가 서울로 가면 잘살 수 있다고 생각했기 때문이고 하는 것도 그것을 설명하기 위한 장치라고 하겠다. 여기서의 잘 살 수 있다는 대목은 출세가 아니라 생활의 풍족을 의미한다는 점에서 출세는 도깨비와 밀접한 관련이 있다는 것을 암시하고 있는 것이다.

3. 도깨비와 인물간의 상관성과 등장이유

도깨비가 어린 시절에 나타나 벼슬길에 오를 인물이라고 알려주는 이야기는 매우 희소하다. 대개 1편-2편의 각 편이 존재할 뿐이다. 이 점은

도깨비의 예지적인 능력에 대한 의문을 담고 있기 때문이기도 하지만, 일반적으로 알려져 있는 도깨비의 능력을 한정해서 수용하려는 전승집단의 심리와도 무관하지 않다.

그리고 이들 인물은 전쟁의 영웅들도 아니며, 한국의 역사에서 두드러지게 나타나는 인물들도 아니다. 임진왜란과 관련한 전쟁영웅들의 전설이 많이 발생한 이유는 무엇보다도 이들이 민중들의 뇌리에 깊이 각인되어 있다는 사정과 밀접한 관련이 있다. 특히 지배층이 아닌 인물들의 활약상이 두드러지게 나타나는데, 이것은 위정자들의 무능을 비판하는 동시에 능력있는 천민들이 등용될 기회마저 박탈하고 있는 신분제도의 모순을 임진왜란이란 전쟁을 통해 제시하고자 하는 의도가 담겨 있다고 한다.[20]

하지만 도깨비가 주인공으로 선정한 인물들은 이런 사정과는 완전히 다른 인물이다. 오히려 이들은 지배계층에 속해 있는 인물이기 때문에 사회적 모순을 내세우려는 의도도 없다. 자신들의 학문적 노력에 따라 출세는 보장되어 있기 때문이다. 이와 같은 인물들을 도깨비가 채택한 이유는 무엇인가에 대한 관심도 있을 만하나, 그것을 계기로 삼을 만한 이야기도 남아있지 않다. 이야기 속에서 전개되는 주인공들의 능력이 탁월한 점을 내세울 만한 것도 없다. 또한 이들이 민중의 편에 서서 어떤 혜택이나 은혜를 베푼 인물들도 아니다. 평범한 인물들로 나타나며, 단지 도깨비에 의해 미래에 출세할 인물이라는 점만이 이야기될 뿐이다. 그렇기 때문인지는 몰라도 도깨비가 예지적으로 제시한 인물담의 구조는 매우 간단하다. 허적과 손병사의 경우는 학습과정을 도와주는

---

20 임철호, 『설화와 민중의 역사의식』, 집문당, 1989, 312쪽.

과정에서 큰 인물이 된다는 식으로 서술된다. 마천목과 관련해서는 특이한 사건이 전개되지만, 권이진은 어떤 길을 가다가 만나 도와주는 방식으로 설명되고 있다. 이헌경은 이들보다도 더 간략한 내용을 갖고 있는데, 아버지와 지나가는 길에 도깨비들이 나타나 판서라는 벼슬을 말할 뿐이다.

왜 도깨비들이 나타나 그런 행동을 하는가에 대한 문제제기도 전혀 없다. 이들은 성장과정에서 어떤 적극적인 노력을 통해 입신양명을 했는지도 구체적이지 않다. 단지 도깨비들은 어린 시절에 만난 인물들에게 가장 상승할 수 있는 벼슬의 명칭을 불러줄 뿐이다. 이러한 명칭은 주인공들이 한창 공부할 시기라는 점에서 깨우침을 주기 위해 불러준 것으로 추정해 볼 수 있다.

그러나 아무런 사건이나 계기가 설정되어 있지 않다는 점에서 도깨비의 예지능력은 매우 한정적이다. 즉 인물들이 가장 높이 출세하는 벼슬의 명칭만을 알 수 있으며, 그 사람이 어떻게 죽는가에 대해서는 전혀 관심이 없다는 것이다. 즉 허적처럼 사약을 받고 죽을 운명인데도 불구하고, 영의정까지 오르는 것에만 관심을 두고 있다. 이것은 도깨비가 알아보는 사람이 출세할 인물이지만, 반대로 어떤 삶을 살다가 죽었는가를 알지 못한다는 것을 말하는 것에 다름 아니다. 이러한 관점으로 이야기를 살펴볼 경우 이를 전승시킨 집단의 관심은 출세지향적인 특징이 두드러진다.[21]

---

21 임재해에 의하면 '반촌지향적인 동성촌에서는 혈연에 의한 종속적 유대를 통해서 마을과 가문의 번영을 이루려고 훌륭한 선조들의 이야기를 의식적으로 전승'하려는 의도가 강하다고 한다.(『민족설화의 논리와 의식』, 지식산업사, 1992, 113쪽) 이러한 관점에서 본다면 도깨비를 주인공의 하인 정도로 표현하고 있는 이들 이야기도 그런 의도와 밀접한 관련 하에서 형성되었을 가능성이 높다고 하겠다.

이런 출세지향의 틀은 지역적인 긍지문제와 맞물려서 전승되었을 가
능성을 엿볼 수 있다. 즉 우리 고장에서 훌륭한 인물이 태어났다는 것을
자랑스럽게 이야기하는 방식이다. 여기서 훌륭한 인물이란 난세를 극복
한 인물이라면 더욱 좋겠지만, 그렇지 못할 경우 이들 인물의 활동상은
벼슬로서 제시될 수밖에 없다. 이러한 벼슬의 제시는 일반 사람들에게
출세를 은연중에 강조하게 되며, 이것은 실상 한국인의 일반적인 정서
이기도 하다.

이들 이야기 중에서 흥미로운 것은 마천목 이야기의 변화양상이다.
처음에 전승되던 마천목의 이야기는 매우 단순구조를 갖고 있다. 이러
한 양상을 변화시켜준 것은 바로 孝라는 주제 때문이다. 한적한 시절에
낚시를 다니던 마천목이 아버지를 위해 고기를 잡는 효자로 나타나며,
그런 일상생활 속에서 도깨비를 만나 어전이나 방죽을 세우게 된다. 즉
도깨비를 만나는 단순구조가 효를 계기로 해서 이야기의 확장이 이루어
지며, 주제 자체도 선명하게 나타나도록 만들었다.

하지만 이런 사정은 마천목에 한정된다. 손병사의 경우 두만강으로
이주해서 만나게 되는 도깨비와의 재치담을 통해 머리가 비상하다는 것
을 알려주는 경우가 있지만, 이것은 새로운 이야기의 창출이라는 점에
서 차이를 갖는다. 오히려 밀양에서는 간단한 이야기가 전해지기 때문
이다. 손병사가 공부하고 있는데 도깨비들이 잡은 고기 중에서 자신의
몫을 떼어 바쳤다고 하는 내용이 전부다.

도깨비들이 선별한 인물들에 대해서 살펴본다면 지역성을 강하게 띠
고 있음을 알 수 있다. 대개 이야기의 배경은 주인공들이 성장과정에
살았던 지역으로 제시되고 있음은 이를 확인하는데 도움을 준다.[22] 이것
은 바로 이야기의 전승지역이 한정되어 있음을 보여주는 것이기도 하

다. 이러한 전승의 한정된 이유는 이들을 주인공으로 삼은 이야기가 타 지역에서는 호응을 받기에 어려운 사정이 있었음을 엿보게 한다. 이들 이야기는 흥미로운 부분보다 대개 간략한 줄거리를 갖고 있다. 그러한 이야기가 전승되기 위해서는 흥미로운 대목이 담겨있거나 교훈성이 강하게 드러나야 하는데, 이들 이야기는 그런 특징을 거의 갖지 못한다. 다만 이 지역에서 출생한 인물이 중앙정부로 진출하였다는 점을 자랑으로 내세울 뿐이다.

또한 한 인물의 출생과 성장과정에서의 경험적인 요소를 반영하고 있는데, 여기에서 왜 도깨비가 등장하는가는 문제도 논의대상이어야 한다. 여기에는 두 가지 측면으로 논의할 수 있다. 첫째는 공부를 열심히 해야만 출세할 수 있다는 점이다. 이것은 도깨비의 역할이 주인공의 깨달음을 주기 위한 것에 있다는 점에서 이해될 만하다. 두 번째는 출세할 인물들은 태어날 때부터 미리 점지되어 있다고 하는 운명관이다. 손병사의 어머니와 관련한 이야기는 그런 측면을 잘 보여준다.

손병사의 모친은 미신을 믿지 않았다. 태어나는 아기의 목숨을 귀신을 가져가겠다고 위협해도 모친은 굴복하지 않았다. 첫째와 둘째 아기는 그래서 목숨을 잃었지만, 손병사는 귀신이 목숨을 취할 수 없었다. 이 역시 하늘의 뜻이기 때문이다. 오히려 모친은 그 아기들의 목숨이 짧았기 때문이라고 하여 운명관으로 치부해 버리고 있다.[23] 이러한 사정은 허적이 영의정에 오를 인물이며, 天意를 쫓아 도깨비들이 도와주

---

22 다만 권이진의 경우에는 차이가 있다. 이 이야기가 채록된 지역은 경북 영덕군 창수면이다. 그러나 권이진의 외가는 충북 옥천이며, 권이진의 출생지는 공주이라는 점에서 지역을 바탕으로 한 이야기로 보기는 어렵다.

23 大系 7-15(1987, 159-161쪽)과 大系 8-1(1980, 349-350쪽)을 참조.

고 있는 것이라는 이야기에서도 그대로 반영되어 있다.

또 다른 점에서 이들 인물들은 역사 속에서 존재하는 인물들이기는 하지만, 대개 어린 시절의 이야기이기 때문에 사실의 경험인가의 여부는 불확실하다. 하지만 그런 고난의 경험을 통해 입신양명을 할 수 있다는 것을 전달한다는 점에서 이야기판의 교훈적 속성을 잘 드러낸다. 그러나 주인공이 대개 사대부계층이라는 점에서 전승집단의 한계를 갖고 있기 때문에 이야기의 전승이 미약했을 가능성도 높다고 하겠다.

이와 달리 이야기의 주제가 전환되는 과정을 잘 보여준다는 점에서 마천목의 이야기를 주목할 필요가 있다. 《청장관전서》에 나타난 것처럼 성장한 후에 부원군이 될 것이라는 도깨비의 예언만이 강조된다. 하지만 후대에 만들어진 이야기에는 마천목을 효자로 만들었기 때문에 도깨비왕의 신표인 異石을 줍게 되는 계기가 마련된다. 즉 단순한 인물 중심의 사건이 효자이기 때문에 좋은 결과를 얻게 된다는 식으로의 전환이 이루어져 있다. 이것은 앞선 이야기와 후대에 만들어진 이야기의 시대적 사회상의 차이 때문이다. 효를 강조하는 것이 조선시대의 윤리적인 규범이었던 것은 익히 알려져 있다. 하지만 앞선 이야기에서는 중시되지 않던 내용이 후대에 와서 중심주제로 등장한 것은 사회적인 관심과 함께 이야기의 효용성을 활용한 결과가 아니었을까 생각해볼 수 있는 것이다. 즉 이 시점에서 민중들에게 효의 도덕적 가치를 전파시키려는 작업이 가장 활성적으로 이루어졌을 가능성이 높다고 하겠다.

허적을 가마에 태워준 도깨비의 사례는 매우 흥미로운 점을 보여준다. 즉 "나라의 領首가 될 사람이라 天意에 따라" 모신다고 하는 대목이다. 이 말은 나라의 최고 벼슬인 영의정에 오르는 것 자체가 하늘의 뜻에 달려있다고 한 조상들의 인식을 보여주는 것인데, 도깨비는 그렇기

때문에 심부름꾼에 불과하다. 하지만 신선비의 미래를 점쳐준다는 점에서 하늘의 뜻으로 허적을 모시기는 하나 사람의 운명을 예지하는 능력이 도깨비에게 있음을 알게 한다.

이처럼 사람들의 미래를 알아본다는 것은 도깨비의 능력을 확대시키는 요소이다. 일반적인 도깨비이야기나 신앙에서 찾아볼 수 있는 주된 능력은 재물생산에 초점을 맞추고 있다. 하지만 여우나 귀신들의 홀리기 능력[24]과 함께 풍수지리와 豫知力까지 부여함으로서 도깨비를 차별화 시킬 수 있는 독자적인 변별성의 범위에서 점차 벗어나게 된다. 예컨대 도깨비에게 홀렸을 때의 치유방식이 마치 귀신에게 당했을 때와 마찬가지로 굿 등을 통해 해결된다는 이야기들은 도깨비와 귀신에 대한 구별이 모호해지고 있음을 보여주는 좋은 예이다.[25] 이 점은 음택풍수를 잘 아는 존재로 명당 자리를 점지해준다는 이야기들도 마찬가지다.

이러한 도깨비 능력의 확대는 이야기가 전승되어 오는 과정에서 이루어진 첨가현상 때문이다. 따라서 도깨비가 하나의 능력을 통해서 자신을 알리는 방식보다 더 많은 능력을 보여주는 상황은 도깨비를 상상하고 있는 전승집단에 의해 수용된 결과라 하겠다. 왜 이러한 이유가 발생했는가 하는 문제는 한국 내에서의 귀신이라는 존재를 도깨비와 차별하지 않고 불러왔기 때문이다. 즉 엄격하게 구별하여 이름을 부른 것이 아니라, 막연하게 귀신이나 도깨비라는 명칭으로 사용한 때문이다. 따

---

24 이 문제에 대해서는 본인의 앞 책(136-140쪽)을 참조할 것. 여기에서는 귀신에 의한 홀리기보다는 여우에 의한 홀리기, 특히 남자를 주로 홀리는 대상이 여우라는 사실을 중심으로 거론하였다. 또한 도깨비의 홀리기 행위는 도깨비의 본질과 판이한 요괴적인 속성을 불어넣는데 중요한 요인이 되었다는 사실을 언급한 바 있다.

25 김종대, 「한국 도깨비담의 유형과 구조특징」, 『설화연구』(태학사, 1998), 162쪽.

라서 귀신의 속성을 갖고 있음에도 불구하고 도깨비의 행위라고 생각하며, 도깨비의 행위를 귀신으로 보는 경우가 없지 않다. 그러한 사정과 함께 귀신보다는 도깨비를 보다 친근하게 여기고 있는 한국인의 심성도 거론할 필요가 있다.[26] 도깨비가 나타나 인물의 미래형을 제시하는 방식은 동시에 도깨비의 능력을 점차 확대시키는 결과까지 얻게 된 것으로 볼 수 있다.

4. 도깨비를 이용한 인물전설의 의미지향

도깨비가 인물과 결부되어 나타난 이야기는 도깨비가 예지적 능력을 갖추고 있다는 점을 보여준다. 이것은 명당자리를 가르쳐준다는 이야기 형태와도 밀접한 관련이 있다. 즉 도깨비의 능력이 단지 재물을 증가시켜주는 것으로 국한된 것이 아니라는 사실을 밝히는데 보탬을 주기 때문이다.

하지만 도깨비가 한 인물의 어린 시절에 나타나 최상으로 오를 벼슬의 명칭으로 부르는 사례는 매우 희소하다. 손병사 만을 제외하고 인물들의 각 편들도 1편이 대부분이다. 이러한 인물전설의 한계는 광범위한 지역에서의 전승되지 못하고, 성장기에 살았던 지역에서만 찾아볼 수 있다는 점이다. 이것은 지역과 인물을 연결한다는 점에서 전설적인 면모가 강하다.

---

26 하지만 유독 양만용의 경우에는 귀신으로 표현하는 독특함을 보이고 있다. 그럼에도 불구하고 제목을 도깨비로 정한 이유는 귀신보다 도깨비가 더 높은 인지도를 확보하고 있기 때문으로 생각된다. 『광주의 전설』(광주직할시, 1990, 277쪽)을 보면 이야기의 내용은 귀신이 등장하는데, 제목은 〈도깨비가 알아준 양한림〉으로 되어 있다.

이들 인물전설은 내용이 너무 빈약한 것이 특징이다. 하나의 사건을 통해 이야기가 전개되는 것은 마천목의 경우로 한정된다. 대부분의 인물들은 도깨비가 나타나 신분상승이 이루어질 것이라는 예언적인 말과 함께 도움을 주거나 단순히 등장할 뿐이다. 그렇다면 도깨비가 왜 나타나 그 사람의 벼슬을 부르며, 도와주는 것일까 하는 의문이 남는다.

권이진의 사례를 제외하고는 모두 고향을 이야기의 무대로 삼고 있다. 이것은 바로 자신들의 조상의 위업을 높이기 위한 의도와 연결될 수 있다. 도깨비도 그런 조상숭배를 위해서 등장시킨 존재일 뿐이다. 귀신 등 異物을 제외시키고 도깨비를 선택한 이유는 매우 간단하다. 도깨비란 존재가 인간과 친숙해 있기 때문이다. 도깨비의 삶이 사람들과 어울려 살고자 하는 의지를 보이고, 또한 여러 이야기들 속에서 사람들과의 만남을 추구하고 있는 것은 도깨비에 대해 애정을 갖고 있기에 가능한 것이다.

그런데 이런 이야기에서 도깨비를 주인공의 한 축으로 삼고 있기 때문에 도깨비의 성격도 첨가되는 현상을 빚게 된다. 즉 도깨비가 예지능력을 갖게 된 것이다. 이러한 현상의 본질은 도깨비를 생각하는 사람들의 관심도가 매우 높다는 사실과 깊은 관계에 있다. 도깨비가 만약 귀신의 한 유형이라고 할 경우 그와 같은 친밀도는 한계에 도달할 수밖에 없다. 귀신은 일반적으로 원한을 갖고 죽은 존재로 생각하기 때문이다. 예컨대 처녀귀신이 나타나 인물을 모신다는 상상은 어렵다. 그렇기 때문에 도깨비에 대한 관념은 사람들에게 더욱 친밀하다고 해도 과언이 아니다.

그러나 도깨비가 예지력을 갖는 존재로 나타나는 이야기는 그다지 많지 않다. 도깨비를 이용해 인물의 미래를 알아보는 이야기를 만든 전승

집단이 활성적이지 않다는 의미와 같다. 이런 사정은 매우 국지적으로 이야기가 전승되고 있는 사정을 고려하면 쉽게 알 수 있다. 또한 인물의 예지력을 보여주는 도깨비이야기의 서사구조도 매우 미약하다는 점도 이런 전승과 관련이 있는 것으로 보인다. 한정된 지역과 사람들에 의해 수용된 도깨비의 예지력은 그런 점에서 향후 더 지속적인 논의가 필요하다고 하겠다.

도깨비譚의 構造的 變異樣相에 대한 考察

全羅道 海岸地方을 중심으로

1. 序言

민담의 변이형태를 구체적으로 예시하는 작업은 간단하지 않다.[1] 과거의 이야기가 현재 어떤 형태로 전승되고 있는지를 알기 위해서는 일정지역에 대한 통시적인 조사가 진행되어야 한다. 또한 전파양상의 문제도 광범위한 지역을 조사대상지로 선정하여 각지역의 동일유형에 대한 비교 및 검토가 이루어져야만 그 면모를 거론할 수 있는 초보적 단계에 이를 수 있다. 특히 구연자의 인생사(Life History)와 그 이야기의 근원, 혹은 전승의 출발지에 대한 확인작업도 병행되어야 한다.

이러한 지역적 전파와 통시적인 민담의 전승, 또는 잔존의 문제는 지속적인 현지조사가 실행되면서 그 가능점을 찾을 수 있게 된다. 그러나 현재까지 이런 방향으로의 연구는 전무한 실정이며, 문헌과 연관시켜

1　敍事民謠를 토대로 전승의 차이를 살펴본 趙東一은 그 근거를 傳承根源, 唱者, 環境의 차이라고 한 바 있다. 이 중에서도 가장 중요한 작용을 하는 것은 唱者의 차이에 있다고 보았다.(『敍事民謠研究』, 啓明大學校 出版部, 1983, 130-131쪽)

현재 조사된 전설과의 비교연구한 예가 있기는 하나 이 역시 쉬운 일은
아니다.[2]

특히 도깨비이야기의 경우는 그런 측면에서 접근할 수 있는 대상물의
빈약함 때문에 구비전승되는 이야기를 중심으로 논의가 전개될 수밖에
없는 취약함을 드러낸다.[3] 이 글의 전개도 위에서 언급한 논의방법과
대상의 취약함에 의해 논의 결과의 적정성 여부가 문제될 수 있다. 그러
나 기존의 도깨비論 등이 단순한 구조양상이나 이를 바탕으로 한 도깨
비의 심성추출 등, 이야기와 도깨비 자체만으로 한정된 논의가 대부분
이었다. 이러한 한계를 극복하기 위한 의도로써 도깨비譚의 전파와 변
이양상을 구명하려는 이 글은 따라서 시론적인 경향이 두드러질 수밖에
없다고 생각된다.

이 글에서는 세 가지 측면에서의 변이양상으로 구분해서 살펴볼 예정
으로 있다. 첫째는 일정지역 내에서 동일유형의 이야기가 어떤 모습으
로 전승되고 있는가를 비교 검토하겠다. 둘째는 다른 지역 간에 존재하
고 있는 동일구조의 이야기적 변이 및 계승양상에 대한 것으로서, 한
지역에 정착하면서 각기 다른 면모를 취한 유형들의 검토작업이다. 셋
째로는 한 유형의 이야기적 구조차이에 대한 논의이다. 이것은 뚜렷한
전파 형태적 모습보다는 이야기 자체의 내용탈락과 첨삭현상, 그리고
발생 요인들을 주목할 필요가 있기 때문이다.[4]

---

2 이런 방면의 연구로는 曺喜雄의 『韓國說話의 類型的 研究』(韓國研究院, 1983)와 林在
   海의 「說話의 現場論的 研究」(嶺南大學校 大學院 博士學位論文, 1986)를 참고할 필요
   가 있다.
3 물론 成俔의 『慵齋叢話』나 柳夢寅의 『於于野譚』 등의 조선 문헌설화에서도 그 흔적을
   찾아볼 수 있지만, 그것이 도깨비와 관련한 이야기로 보기에 모두 적합한 것은 아니다.
   이에 대한 논의는 추후 전개할 예정이다.

결국 이 글이 목적하는 전라도 해안지방의 도깨비譚 변이양상 구명은 지역적 한정을 바탕으로 체계화시키려는 것에 있다. 도깨비를 인식하는 것은 지역마다 차이가 있다. 그런 점에서 도깨비신앙 등의 수용이 가장 뚜렷한 지역인 전라도 해안지방에서 전승되는 이야기를 토대로 할 때 이야기의 모습도 보다 확실하게 나타날 수 있을 것이다. 또한 그런 전승 형태가 가장 활발할 수 있다는 사실도 이야기의 전승과 변이양상을 구명하는데 보다 효과적일 것으로 생각되어 전라도 해안지방에서 전승되는 도깨비이야기를 논의자료로써 선정하였다.

2. 同一地域 內에서의 變異樣相

한 지역 내에서 동일한 유형의 이야기가 채록된 곳은 흑산면으로 〈도깨비와 대결하기〉와 〈도깨비에게 홀리기〉가 있다. 동일지역 내에서의 동일유형은 줄거리의 유사성이 두드러지며 내용상으로 약간씩 차이를 보여준다. 그것은 張德順의 견해처럼 전달자의 태도나 기억에 의해 이야기의 전파진행이 다르기 때문이다.[5] 이런 측면에서 본다면 한지역 내의 동일유형의 이야기가 차이를 보여주는 것은 전달자의 기억이 가장 큰 비중을 차지한다고 해도 크게 틀리지 않을 것이다. 그러면 각기의 유형들에 대한 변이양상 및 구조 형태적인 차이를 살펴보자.

---

4 成者說에 의하면 민담의 전이에서 야기되는 민담의 원형변화는 motif의 변화보다는 'motif를 둘러싸고 있는 外形的 構造 내지는 등장하는 主人公의 變異를 초래'하는 경향이 강하다고 하였다. (「民譚의 韓國化 變異樣相」, 『口碑文學』 3號, 韓國精神文化硏究院, 1980, 39쪽)

5 張德順, 「民譚」, 『韓國民俗大觀·6』, 高麗大學校 民族文化硏究所 出版部, 1982, 157쪽.

1) 흑산면의 〈도깨비와 대결하기〉[6]

흑산면 내에서 조사된〈대결하기〉유형은 가거도라는 동일지역에서 채록된 것으로, 두 자료는 모두 바다에 살고 있는 도깨비의 행위에 의한 것이다. 즉 밤중에 바다에서 장어낚시를 하고 있는데 도깨비불이 나타나 무서워 육지로 도망을 쳤다. 도깨비가 계속 쫓아오자 냇가를 건너 이를 물리쳤다는 내용을 보인다. 이 지역에서는 도깨비가 민물의 개울을 건너지 못한다는 통설이 있다. 그러나 두 자료간에는 이야기의 전달과정에서 나타나는 구체적인 사실물과 행위의 차이가 극명하다. 이들 자료의 행위구성은 다음과 같다.

〈자료-1〉 ① 밤에 바다에서 장어낚시를 했다.

② 바다 쪽에서 도깨비불이 다가왔다.

③ 무서워서 육지로 피했다.

④ 도깨비가 계속 쫓아오자 냇물을 건너 피했다.[7]

①의 행위

②의 행위   ①의 행위에 대한 경고(도깨비의 도전)

③의 행위   ②의 행위에 따른 도피행위

④의 행위   ③의 행위에 대한 갈등해소

---

6   이하〈도깨비와 대결하기〉는 〈대결하기〉로, 〈도깨비에게 홀리기〉는 〈홀리기〉로, 〈도깨비 이용해 부자되기〉는 〈부자되기〉로 줄여서 사용하겠다.

7   『韓國口碑文學大系』6-7, 韓國精神文化研究院, 1985, 596-597쪽. 이하 『大系』로 약칭함.

〈자료-2〉 ① 넓덕여에서 장어낚시를 했다.

② 낚시에 걸린 것을 건져 보니 사람의 머리카락이었다.

③ 불길한 예감이 들어 바다에서 철수하여 산으로 올랐다.

④ 낚시하던 곳을 도깨비불이 한바퀴 돌더니 주인공을 추적하였다.

⑤ 냇가를 건너 피했더니 도깨비불이 내를 건너지 못하고 사라졌다.[8]

①의 행위

②의 행위 ①의 행위에 대한 경고(혹은 도깨비의 도전)

③의 행위 ②의 행위에 대한 암시

④의 행위 ③의 암시에 의한 도피행위

⑤의 행위 ④의 행위에 대한 갈등행위

가거도에서 조사된 두 자료를 비교할 때 매우 재미있는 사실을 제공한다. 즉 〈자료-2〉에서는 명확한 장소의 제시와 사건의 계기를 구체적으로 예시하여 경험의 사실성을 강화하고 있다. 그러나 〈자료-1〉은 막연한 장소설정과 사건발생의 계기를 충분히 설명하지 못하기 때문에 단순한 해명에 불과하다. 또한 〈자료-2〉는 사건의 전개에 충실하고 있어 흥미의 유발이 가능하다. ①의 행위는 바다도깨비의 영역을 인간이 침입한 결과이다. 이에 대한 경고행위와 암시는 이야기의 내용에 보다 충실하고자 하는 전달자의 의지와도 관련이 있다. 또한 도피행위 자체도 이러한 관점에서 사실적인 묘사가 이루어지고 있기 때문에 이야기의 흥

---

8 위의 책, 614-615쪽.

미를 끌고 있다고 생각된다. 이와 달리〈자료-1〉은 이야기 자체가 막연하다. 낚시행위에서 도깨비불의 등장, 그리고 공포심에 의해 육지로의 도망, 냇물을 건너 도깨비를 퇴치한다는 기본적인 줄거리를 개괄적으로 전달하고 있을 뿐이다.

〈대결하기〉의 두 자료를 비교할 경우 주목해야 할 것은 이야기의 계승양상 및 전이 형태에 대한 것이다. 이 점은 이야기의 계승이 창조적인가 퇴보적인가를 규명하는데 있어서 핵심요소로 작용하고 있기 때문이다.[9]

〈자료-1〉의 제보자는 가거도 향리에 사는 김안순으로 1984년 조사 당시의 나이가 55세이며,〈자료-2〉의 제보자는 가거도 대리에 사는 고의숙으로 62세이다. 趙東一의 견해처럼 연령에 의한 전승과정이 큰 영향을 줄 수 없다는 점을 상기한다면,[10] 양 자료의 전승에서 어떤 쪽이 활발한 계승을 하고 있는 지를 판단하는 것이 쉽지 않다. 하지만 대리가 가거도의 중심지라는 점과 고의숙씨가 향토사연구에 깊은 관심을 갖고 있다는 사실에 근거할 때,[11]〈자료-2〉가 긍정적이며 발전적 계승을 추구하고 있는 것으로 보인다. 대개의 지방이 그러하듯이 지역의 향토사가는 나름대로의 조사수집과 자료의 확보에 노력하고 있으며, 자신의 지식이 일반 마을사람들에 비해 월등함을 강조적으로 드러내는 경향이

---

9 여기서 먼저 용어개념의 정립이 요구된다. 즉 張德順은 민담의 전승을 창조적 방향과 파괴적 방향으로 구분한 바 있으나(「民譚」, 157쪽), 趙東一은 창조적 계승과 퇴보적 계승으로 말한 바 있다. (「傳統의 退化와 繼承의 方向」, 『創作과 批評』 1966년 여름호, 357-380쪽) 그러나 민담의 전승을 방향성으로 지칭하기보다는 전승을 강조한다는 의미에서 후자의 견해를 따르기로 한다.

10 趙東一, 『敍事民謠研究』, 135쪽.

11 『大系』 6-7, 498쪽

뚜렷하다.[12] 또한 자기 지방의 이야기 수집에도 남다른 면이 있기 때문에 다른 이야기에 대한 접촉이 잦았을 것으로 생각된다. 따라서 자신이 제공한 이야기의 형태를 완전하다는 자부심으로 표현하는 경향이 다분하다는 점에서〈자료-2〉가 긍정적으로 계승했다고 볼 수 있다.

결국 가거도 내에서 조사된 이야기일지라도 이야기 전달자의 구연태도나 기억에 의해 상충된 전파과정을 한다는 사실을 알 수 있다.[13] 또한 이야기 자체도 구연자에 의해서 그 내용과 줄거리의 창조적인 계승이나 퇴보적인 계승을 근본적으로 좌우하고 있음을 확인할 수 있었다. 그러나 이런 이야기의 전승 자체도 과거와 같은 민담의 역할을 상실하고, 특히 이농현상으로 민담의 전승이 끊길 가능성이 높기 때문에 퇴행화현상은 현재보다도 심하게 나타날 것으로 예상된다.

2) 흑산면의 〈도깨비에게 홀리기〉

〈홀리기〉의 유형은 크게 육지와 바다에서 일어나는 사건으로 구분된다. 이 중에서도 동일유형으로 조사된 이야기는 흑산면 예리의 〈자료-3〉과 심리의 〈자료-4〉가 대표적이다. 이들에 대해 각 행위를 중심으로 전반적인 흐름을 비교 검토하겠다.

---

12 본인이 현지조사를 했을 때도 이런 경향을 확인할 수 있었다. 한 예를 들어보겠다. 1991년 2월28일 강원도 횡성군 강림면에서 산간신앙을 조사했는데, 대담자였던 김모 노인(1914년생)은 자신이 국민학교도 나오지 못했지만 많은 것을 알고 있다고 자랑했다. 또한 한학도 어느 정도 능했는데, 독학으로 공부한 것임을 누누이 강조했다. 그날 마을에서 서낭제를 드렸는데, 이때 그가 주도적으로 제의를 이끌었으며 축문 등 제의준비도 그의 지휘 하에 이루어졌다.

13 여기서의 전승양상은 구체적으로 예시되지 못했다. 이유는 본인이 현지조사로 채록한 자료가 아님이 가장 큰 요인이기도 하지만 글에서는 자료의 비교와 계승 형태만을 주목했기 때문이다.

〈자료-3〉 ① 밤에 낚시질을 하러 갔는데 계속 빈 낚시가 걸렸다.

② 신경질이 나서 낚싯대를 올려놓고 있는데 큰 고동이 올라 왔다.

③ 고동이 사람의 주위를 돌길래 칼로 치니까 피가 나왔다.

④ 그러나 고동은 낚시 끝으로 가서 사람이 앉아 있던 자리를 쇠스랑으로 긁으라고 시켰다.

⑤ 만약에 고동의 말대로 했다면 사람을 끌고 갔을 것인데, 영리한 사람이라 칼로 긋고 피해 나왔다.[14]

〈자료-4〉 ① 밤에 낚시를 갔는데 고동이 걸렸다.

② 고동이 땡쳐 버리고 그 위로 올라가니까 소시랑도깨비가 되어 사람이 있던 자리를 긁었다.

③ 그러면 사람이 날뛰며 죽는다고 한다.[15]

두 자료의 전체적인 흐름은 동일하다. 이야기의 내용을 근거로 할 때 고동을 도깨비의 한 유형으로 인식하고 있음을 알게 하며, 고동의 말에 따라 인간은 고통을 받는다. 이와 같은 고동의 도깨비화는 그 지역주민들의 도깨비에 대한 관념을 반영한 결과이며, 특히 바다를 생활의 터전으로 삼고 있는 어민들에게는 공포의 대상으로 나타난다. 또한 고동의 행위로 볼때 일종의〈대결하기〉유형과 의미적인 면에서 유사함을 보여주고 있다.

두 자료에서의 차이는 이야기적 긴장이나 사건을 이끌어 가는 각 소

---

14 許慶會,「黑山島의 口碑文學資料」,『島嶼文化』 6輯, 목포대학교 도서문화연구소, 1988, 293-294쪽.

15 위의 책, 297쪽.

재들의 연결상황에서 뚜렷하다. 〈자료-3〉의 경우 사건의 복선화를 위해 빈 낚시행위가 제시되어 있으나, 〈자료-4〉는 그런 내용이 탈락되어 있다. 또한 고동의 행위로 보면〈자료-4〉는 타율적으로 고동이 등장한다. 이러한 발단의 차이는 이야기의 전개에서도 뚜렷하게 보이고 있다. 이를 행위중심으로 표시하면 다음과 같다.

　　〈자료-3〉 ①의 행위
　　　　　　　②의 행위　①의 행위에 의한 고동의 도전(능동적)
　　　　　　　③의 행위　②의 행위에 대한 대립
　　　　　　　④의 행위　③의 행위에 대한 재도전
　　　　　　　⑤의 행위　④의 행위에 대한 갈등해소

　　〈자료-4〉 ①의 행위
　　　　　　　②의 행위　①의 행위에 대한 고동의 도전(타율적)
　　　　　　　③의 행위　②의 행위에 대한 결과

　　〈자료-3〉은 도전과 대립의 반복행위로 이야기를 전개하고 있기 때문에 연속된 긴장을 지속한다. 이러한 반복적 대립에 대해 趙東一은 '고난과 행운이 교체되는 현실 생활 자체를 반영하면서' 발생한 것으로 보았다.[16] 민담의 일반적인 형식은 고난과 행운의 연속이라고 할 수 있겠으나, 도깨비이야기에 있어서는 도전과 대립(고난)의 행위가 강화된 형태를 취하고 있다. 이것은 도깨비이야기의 특징적 성격으로써 도깨비와 인간의 대립상황이 특이한 형태로 제시된 때문이다. 이런 의미에서〈자

---

16 趙東一, 『구비문학의 세계』, 새문사, 1980, 134쪽.

료-3〉의 이야기적 긴장은 보다 풍부한 편이다. 이에 비해〈자료-4〉는 도전행위로 발생된 사건의 결과가 바로 나타나고 있기 때문에 하나의 모티브로 구성된 단순체계를 갖고 있다. 따라서 양자료는 상대적으로 전승형태가 상충됨을 알게 하는데, 〈자료-3〉이 보다 창조적인 계승을 이끌고 있다고 할 수 있다.

이와 같이 한 지역 내에서 유사한 구조의 이야기가 전승되고 있음은 다른 지역에서 유입된 것인가, 아니면 자체 발생구조인가로 유인의 제시가 가능하다. 그러나 고동도깨비형태의 이야기가 다른 지역에서 찾기가 용이하지 않다는 측면에서 본다면 자생적으로 발생하였다는 근거를 마련한다. 따라서 이야기는 흑산도를 중심으로 전파된 것으로 판단되며 두 자료의 비교도 그런 의미망 속에서 논의할 수 있다.

먼저〈자료-3〉은 이야기로서의 내용을 충실히 보여주며, 事實譚의 형태로 이야기되는 특징이 있다. 그러나 〈자료-4〉는 이야기로 볼 수 있을 만한 구체적 행위의 근거가 존재하지 않는다. 이것은 이야기에 대한 신뢰를 떨어뜨리는 요인으로써 중요한 작용을 한다. 그러한 이유로는 이야기의 전이가 불명확했거나 아니면 구연자의 구연상황이 미흡했기 때문으로 볼 수 있다. 따라서 〈자료-4〉는 민담의 일반적인 전승양상에 속한다고 하기보다는, 한 지역 내에서 공통적으로 알려진 이야기를 간략히 요약해 말해 준 것에 불과하다는 생각이다.

도깨비이야기를 전승된 내용으로 판단하면 허구보다는 경험을 토대로 한 특징을 강하게 드러낸다. 또한 인간에 의해 사건이 주도된다기보다는 도깨비의 도전이 갈등발생을 야기하는 직접적인 요인이 된다. 여기에는 어떤 요소, 즉 사건발생의 계기가 제시될 경우 이해가 쉬워지나 첨예한 대립형태가 서두부터 등장하고 있기 때문에 이야기 전체를

긴장으로 이끌어 나가는 것이 가장 큰 특징이다.

3. 他 地域間의 變異樣相

여기서의 타 지역은 대개가 근접되어 있거나 또는 한 개의 군내로 거리상 근접되어 있는 지역을 설정했다. 따라서 상호영향 하에 있거나 또는 일방적인 전파에 의해 계승되었을 것으로 추정되지만, 그것이 어떤 방향으로 전개되었는 지를 밝혀 내기란 쉽지 않다. 육지에서 해안으로 전파된 경우도 있으나, 해안에서만 경험할 수 있는 독특한 상황이 제시될 경우에는 반대의 현상도 찾아볼 수 있다. 자료로는 무안군 해제면과 신안군 지도읍의 〈부자되기〉, 보성군 문덕면과 고흥군 고흥읍의 〈부자되기〉, 신안군 하의면과 암태면의 〈암시하기〉유형이다. 〈부자되기〉의 경우에는 옛날이야기의 형태로 되어 있으나 〈암시하기〉는 주인공이 그 지역의 주민으로서 직접 경험했던 내용과 함께 허구적인 요소가 결합되어 있다.

1) 〈도깨비 이용해 부자되기〉-A

해제면과 지도읍은 같은 반도 내에 위치하고 있다. 이들 지역에서 조사된 〈부자되기〉는 바다에 거주하는 도깨비이야기로서, 사건의 발생장소도 바닷가의 갯펄이다. 특히 주인공은 고기잡이를 생업으로 삼고 있기 때문에 풍흉어는 자신의 삶과 직결되어 있다. 이러한 풍흉어를 도깨비가 관장하고 있다는 믿음을 바탕으로 이야기가 형성되었다고 추정된다. 해제면 도리포 정희채씨 부인의 제보내용을 보면 구체적으로 알 수 있다.

도깨비는 사람의 말을 알아듣고, 사람처럼 말을 할 수 있다고 한다. 사람과 비슷한 형상이나 다리가 하나이고 올려다보면 무한히 크고 내려다보면 무한히 작으며 성은 김가이고, 메물(밀)떡을 쩹쩹소리를 내면서 즐겨먹는다. 또 나타날 때는 물이 빠지고 뽕뽕소리를 내면서 나타난다는 것이다. 고기를 많이 잡는 날에는 꼭 나타나는데 "자? 먹소"하고 뒤로 고기를 던져 주면 따라오지 않고 이후에 고기를 많이 잡게 해준다고 한다.[17]

이와 같은 도깨비에의 보편적 인식태도는 〈부자되기〉유형의 발생과 밀접한 관계를 맺고 있다고 생각된다. 도깨비를 어떻게 모시는가에 따라서 자신의 삶을 풍족하게 할 수 있는 지가 결정되기 대문이다. 이러한 현지 주민들의 도깨비에 대한 사고 체계는 바로 도깨비 이야기의 사실성에 충실한 반영이며, 이야기 자체는 과거라는 시간대를 갖고 있지만 보다 현실감을 지니며 전승된 것이다. 이런 면에서 육지에서의 〈부자되기〉와는 상이한 점이 많다. 자료는 무안군 해제면과 신안군 지도읍에서 조사되었다. 각기의 내용은 다음과 같다.

〈자료-5〉 ① 갯펄의 고랑에서 그물을 쳐 고기를 잡았다.
② 하루는 고기가 안잡히길래 지켜보고 있으니까, 뻘에서 뽕뽕 소리가 나고 불빛만이 있었다.
③ 소리를 지르고 쫓아가니 불빛이 사라졌다.
④ 도깨비의 짓으로 생각하고 다음날 메밀묵을 만들어 갯펄에 뿌렸다.
⑤ 다음날부터 고기가 잘 잡히자 보름날마다 고사를 지냈다.[18]

---

17 『내고향 해제고을』, 해제면지발간위원회, 1988, 252쪽.
18 위의 책, 272쪽.

〈자료-6〉 ① 도깨비를 위한 밥과 떡을 해주고 잘 사귀면 고기를 많이
잡게 해주었다.
② 그러나 잘못하면 도깨비가 고기를 갯펄에 묻어 버려 못 잡
게 했다.[19]

위의 두 자료를 비교하는 것은 거의 무의미하다. 〈자료-6〉은 이야기
의 체계를 갖춘 것이기보다는 바다도깨비의 능력과 성격을 언급한 것에
불과한 것이다. 이러한 사실은 이 지역 주민들의 바다도깨비 인식태도
를 잘 보여주는 것이며, 특히 해제면처럼 도깨비를 달래서 풍어를 얻고
자 하는 '어장고사'가 있는 것도 이와 무관하지 않다고 생각된다.[20] 즉
도깨비가 풍어신으로의 신격을 갖추고 있다는 점이다. 고사의 장소도
어장이 있는 해변가로서 도깨비의 영역이 갯펄을 중심으로 한 근해임을
알 수 있다.[21]

〈자료-5〉는 일종의 고사기원설화에 가깝다. 갯펄에서의 고기잡이는
도깨비에 의해 좌우된다는 사실을 알게 된 주인공이 도깨비가 좋아하는
메밀묵을 공양하여 고기를 많이 잡게 되었는데, 이후부터 보름마다 도깨
비에게 고사를 드리게 되었다는 줄거리를 갖고 있다. 그러나 여타의 이야
기와는 달리 도깨비와 인간의 갈등이 첨예한 대립으로 전개되는 대신에
도깨비의 심술이나 변덕이 두드러진 특징을 보인다. 이러한 도깨비의

---

19 許慶會, 「智島의 口碑大學資料」, 『島嶼文化』 5輯, 목포대학 도서문화연구소, 1987,
337쪽.

20 『내고향 해제고을』, 252쪽.

21 이러한 사실은 제주도와 충남지역에서 전승되고 있는 도깨비고사나 참봉고사에서 확
인이 가능하다. 이에 대해서는 拙稿, 「濟州道 도깨비本풀이의 形成樣相에 대한 考察」
(『學術研究發表論集』 5輯, 文化財研究所, 1991, 345-347쪽)을 참조할 것.

심술은 인간에게 절대적인 위협상황과 결부된다. 고기잡이로 생계를 영위하는 어민에게 있어서, 어획량의 감소는 생활의 연속을 끊어 버리는 방해행위에 해당되기 때문이다. 따라서 내용으로 볼 때 행위자의 양면성이 뚜렷하며, 그것 때문에 도깨비고사가 기원했다고 풀이할 수 있다.

사건의 전개양상으로 본다면 주체행위자는 도깨비라고 할 수도 있겠지만, 전체적인 내용으로는 인간의 행위가 사건을 이끌어 가는 직접적인 요인이 된다. 도깨비의 행위가 단지 암시적인 측면이 농후한 것도 이런 사실을 반영한 결과이며, 암시를 통해 인간이 실질행위를 주도하고 있다. 다시 말하자면 도깨비는 음식을 제공받고자 하는 의사만을 표현했을 뿐이며, 구체적으로 인간에게 도전한다든지 위해하는 행위를 감행한 것으로 볼 수는 없다. 결국 앞서 언급한 것처럼 인간에게는 현실적으로 삶의 영위문제이기 때문에 도깨비에게 음식을 제공함으로써 이 위기를 극복(혹은 긴장해소)하고자 하는 것이다. 이러한 면모가 인간의 정신적 사고로 연결되면서 도깨비는 신격화되는 과정을 통해 不位神格을 부여받은 것이라고 할 수 있겠다.

양 자료의 전승양상은 상대적인 측면에서 볼 경우 〈자료-5〉에서 〈자료-6〉으로 이행되는 과정, 또는 전파의 한 형태로 인정된다. 하지만 이런 전이형태가 과연 절대적일 수 있는가 하는 점은 명확하지 않다. 무엇보다도 이 지역의 주민들이 갖고 있는 도깨비신앙으로 볼 때 더욱 그러하다. 이런 의미에서 두 자료는 도깨비에 대한 믿음의 양상을 표현한 것으로 볼 수 있다.

〈자료-5〉는 허구성을 토대로 사실과 같은, 그리고 사실로 여겨지는 이야기의 줄거리를 갖고 있다. 따라서 전설의 특징 중 하나인 사실적 의지를 극명하게 보여주는 흥미로운 점이 확인된다. 그러나 〈자료-6〉은

이야기로서의 구조나 흥미가 퇴행된 상태이다. 다만 바다도깨비의 신통력, 혹은 바다를 관장하는 초월적 능력을 소지한 신격에 대해 믿음과 신뢰를 보여주고 있다. 이런 면에서 두 자료의 비교는 제보자의 표현기능에 주안을 두어야 할 것이다. 즉 〈자료-5〉는 제보자가 이야기를 흥미 있게 이끌어 가려는 의지가 강한데 비해서, 〈자료-6〉은 이야기의 전달행위에 대한 뚜렷한 의미부여가 상실되어 있으며 단순하게 도깨비를 신성한 존재로 믿어 왔다는 자기주장에 불과하다.

민담의 계승양상으로 볼 때 〈자료-6〉은 거의 퇴화된 형태로 잔존하고 있기 때문에 퇴보적 계승을 보여준다. 〈자료-5〉는 반대로 이야기의 줄거리나 '한 人物의 행동을 時間의 흐름에 따라 계속 이야기하는 單線的 進行'을 하는 민담의 기본형식을 잘 갖추고 있다.[22] 이런 의미에서 〈자료-5〉는 보다 활발한 내용전승을 추구한다고 평가하기는 어렵지만, 〈자료-6〉에 비해서는 긍정적이며 창조적인 계승을 하는 것으로 보아도 큰 무리가 없을 것이다.

2) 〈도깨비 이용해 부자되기〉-B

보성군 문덕면과 고흥읍에서 조사된 이 유형은 〈부자되기〉-A와는 내용상으로 큰 차이가 있다. A유형은 어업을 생업으로 삼고 있는 사람들에게 해당되는 내용으로서, 일종의 경험담에 근접한다. 그러나 B유형은 옛날이야기 형태로서 주제 자체도 도깨비의 어리석음, 혹은 성격의 단순함을 강조적으로 나타내는 내용을 갖고 있다. 각기의 내용을 살펴보면 다음과 같다.

---

22 張德順·趙東一·徐大錫·曺喜雄, 『口碑文學槪說』, 一潮閣, 1971, 63쪽.

〈자료-7〉 ① 도깨비를 이용해 부자된 사람이 논을 샀다.

② 도깨비가 귀찮아지자 말가죽을 울타리에 널어놓고 대문에 피를 발랐다.

③ 이를 괘씸하게 여긴 도깨비가 논에 자갈을 채웠다.

④ 주인이 이를 보고 자갈 때문에 농사가 잘되겠다고 했다.

⑤ 이 말을 들은 도깨비는 자갈 대신에 소와 말의 똥을 쌓아 놓았다.

⑥ 주인은 논에 와서 거짓으로 농사를 망쳤다고 했다.[23]

〈자료-8〉 ① 도깨비가 젊은 과부에게 욕심을 품고 정을 통했다.[24]

② 도깨비가 갖다 준 돈으로 땅을 많이 샀다.

③ 과부가 처음에는 도깨비인 줄 몰랐으나, 정을 통하고 나서 알았다.

④ 만족할 만큼 재산을 모으자, 도깨비를 떼어버리고자 했다.

⑤ 도깨비에게 제일 무서운 것이 무엇인가 물어 보니 말 피라고 했다.

⑥ 과부는 말 대가리를 대문에 걸고 집 사방에 말 피를 뿌렸다.

⑦ 도깨비는 과부 집에 들어가지 못하고 "여자는 믿지 못할 존재"라고 외치고 다니다가 사라졌다.[25]

두 자료는 이야기의 전개와 결과에서 유사함을 보이고 있지만 세부적인 면으로는 상이함이 주목된다. 상이함의 원인은 이야기의 원형이 전

---

23 『鄕土文化遺蹟調査』 6輯, 鄕土文化開發協議會, 1986, 119쪽.

24 거창읍의 주필득이 제보한 '도깨비와 처녀'에서는 과부 대신에 처녀가 주인공으로 등장한다. (『大系』 8-5, 1981, 170-172쪽 참조)

25 『大系』 6-3, 1984, 48-50쪽.

승과정에서 변질된 것으로 추정되지만, 어떤 것이 선행하는 유형인지는 구체적으로 밝히기 어렵다. 해남군 삼산면에서 조사된 이야기의 경우는 〈자료-7〉과 〈자료-8〉이 결합된 내용을 갖고 있다는 점에 주목될 만하다. 즉 〈자료-8〉의 전반부와 〈자료-7〉의 후반부가 결합된 형태이다. 그 전개양상을 세단락으로 구조분석해 보면 표 〈도깨비 이용해 부자되기 유형비교〉와 같이 나눌 수 있겠다.

〈도깨비 이용해 부자되기 유형비교〉

유형	줄거리			채록지
	발단	대립	결말	
1	어떤 사람이 도깨비와 친교를 맺어 부자가 됨.	도깨비와의 대립 (말피와 말대가리)	도깨비의 보복→ 주인공의 기지 (도깨비를 이김)	보성군 문덕면
2	과부가 도깨비와 정을 통해 부자가 됨.	"	"	해남군 삼산면
3		"	도깨비의 패배	고흥군 고흥읍

세 유형 중에서 둘째는 첫째와 셋째의 절충형태로 평가할 소지가 많으나, 오히려 원형에 근접된 것일지도 모른다. 그러나 구조적 배경을 통해서 보면 첫째형태가 가장 원형에 가까운 것일 가능성도 있다. 또한 '계기부여→대립→패배'의 단순구성보다는 내용면에서 풍부한 느낌을 주고 있음도 간과할 수 없는 요인이다. 셋째유형의 도깨비 패배행위는 도깨비의 어리석음을 강조적으로 나타내려는 의도가 담겨져 있지만, 반대로 여자의 교활성−또는 기회주의적 근성−을 역설적으로 나타내는 것이다. 첫째와 둘째 유형은 계기부여의 차이, 즉 남자는 친교를 맺고 여자와는 정을 통한다는 차이를 제외한다면 글의 줄거리는 동일하다. 도

깨비와의 대립형태로 표현된 말 피와 말 대가리라든지, 도깨비의 보복으로 농사를 망치게 되자 주인공의 기지로 이를 극복한다는 내용도 같다. 셋째유형 만이 도깨비의 완전한 패배로, 자신과 정까지 통했는데 변심해서 쫓아 버리는 극단적인 반전을 보여준다.

이와 같은 내용상의 차이는 전승의 문제로 귀결될 소지가 많다. 기본적인 골격은 일치하고 있기 대문이다. 도깨비와의 갈등양상과 이의 해소과정이 말 피와 말 대가리로 상징화되는 형태 자체도 위의 내용을 이해시키는데 도움된다. 결국 도입단계에서의 여자와 남자의 차이, 결말부 도깨비의 행위양상 등은 전승자에 의해 이루어지는 이야기의 부연작용 때문으로 풀이할 수 있다.[26]

도깨비는 말 피와 말 대가리 등 말과 관련해서 상극적인 관계에 있다. 따라서 도깨비의 침입을 방지하기 위해서는 말 피를 뿌리고 말 대가리를 대문에 걸어 놓는 행위가 요구된다. 이것을 모티브로 삼고 어떤 방향으로 이야기를 전개시키는 가에 따라서 서두와 결말은 차이를 갖게 된다. 특징적인 것은 도깨비를 쫓아내는 행위와 이로써 인간이 승리한다는 내용을 갖고 있는 유형은 〈도깨비 이용해 부자되기〉-B에서만 찾아볼 수 있다는 점이다. 또한 도깨비를 이용해 부자가 된다는 결말부의 일치도 특징적인 것이다. 따라서 그 전승형태는 도깨비와의 갈등을 기본 골격으로 하여 도입부의 대립주체인 남자와 여자, 결말부 도깨비의 영역에서 해소되는 형태적 차이로 구분 지을 수 있다.

도입부에서 남자가 도깨비와 대립주체이면 친교형태를 보이며, 여자

---

26 이에 대해서는 姜恩海의 「한국 도깨비 담의 形成・變化와 構造에 關한 研究」(西江大學校 大學院 博士學位論文, 1985, 26쪽)를 참조할 것.

가 주체라면 통정의 내용으로 전개된다. 이것은 도깨비가 남자임을 뜻하는 것이다. 그리고 친교와 통정단계에서 진전하여 부를 획득하고, 이런 목적이 달성되면 인간은 도깨비를 쫓아 보낼 계략을 수립한다. 말피와 말 대가리로 상징되는 해결점이 바로 그것이다. 이러한 대립의 결과는 도깨비의 보복행위로 이어지는데, 다음 단계의 내용이 요구되는 예와 바로 도깨비가 패배함으로써 이야기가 마무리되는 형태를 보인다. 후자의 경우는 이야기의 새로운 전환이 필요 없는 단순구조를 취하고 있지만, 전자는 새로이 사건의 반전을 야기하는 모티브의 부여가 요구되는 것이다. 따라서 이야기가 보다 확대될 수 있는 계기가 주어지며, 이런 결과로 이야기의 흥미성을 높이는 구조적 발전을 갖게 되는 것이다. 이들 이야기의 내용상 전개로 본다면 동일유형인 둘째와 셋째유형 중에서 앞의 것이 이야기적 흥미나 민담의 구조적 확대부연이 이루어지고 있음에서 창조적 계승을 하고 있다고 할 수 있다.

3) 〈암시하기〉

〈암시하기〉유형은 크게 두 가지의 구조적 특징을 보인다. 첫째는 인간에게 가해질 피해를 암시해 주는 형태와 둘째는 명당자리를 제시하여 부자로 만들어 주는 것이다. 여기서의 〈암시하기〉는 후자의 것으로 신안군 내외 하의면과 암태면에서 채록된 것이다.

한국인에게 있어서 풍수 지리적 영향은 매우 지대한 것이다. 한 마을의 입지조건도 앞에는 강이 있고 뒤에는 산이 있어야 하는 背山臨水의 형국을 중시하여 왔다. 또한 사람의 생과 죽음도 풍수와 밀접한 관계를 맺고 있다고 믿어 왔다. 그런 대표적인 예가 都邑風水의 陽宅說과 墓地

風水의 陰宅 明堂說이다. 이러한 풍수사상은 삼국시대에 중국으로부터
전래되어 우리 민족의 정신·생활·문화 등 전 분야에 영향을 끼쳤으며,
설화나 소설 등의 문학에서도 풍수와 관련한 내용이 자주 다루어져 왔
다.[27] 따라서 풍수는 우리 민족의 정신적 지주로 존속하여 왔으며, 앞으
로 전승되어질 것이라고 해도 틀림이 없다.

도깨비이야기의 〈암시하기〉유형에서 명당 찾기와 관련한 내용을 보
면 풍수 지리적 해석 등 직접적으로 언급되지는 않는다. 대개 명당을
암시해 주는 양상으로 나타나며, 암시된 묘자리를 씀으로써 부자가 되
었다는 줄거리를 갖고 있다. 전라도 지방에서 채록된 도깨비이야기도
그런 한계를 벗어나지 않는다. 그러면 이야기의 줄거리를 보자.

〈자료-9〉 ① 곽진원씨 조부는 선량한 사람이었으나, 가세가 곤궁하였다.

② 추석날 양식이 떨어져 고기와 쌀을 사 오겠다고 장에 갔으
나, 술만 얻어먹고 돌아오게 되었다.

③ 돌아오는 도중 술에 취해 길바닥에 들어 누웠다.

④ 잠자다 보니까 몇 사람이 다가와서 사람이 죽었으니 매장해
야겠다고 하면서 이고 갔다.

⑤ 바구니섬의 재(고개)에 도착해서 말하길, 이 사람에게는
분에 넘치는 자리니 쌍개머리에 묻어 밥이나 먹게 해주자고
말했다.

⑥ 쌍개머리에 묻으려고 할 때 조부가 악을 써서 도깨비들을
쫓았다.

⑦ 다음날 부모의 묘를 재에 묻었더니 가세가 넉넉하게 되

---

27 최근 호남지방에서 채록된 風水說話의 연구가 李樹鳳에 의해 시도된 바 있다. (『百濟文
化圈域의 喪禮風俗과 風水說話研究』, 百濟文化開發研究院, 1986, 133-340쪽)

었다.[28]

〈자료-10〉 ① 진변에서 술장사를 하는 서광탈씨가 있었다.

② 하루는 길을 가다 세 사람을 만났는데, 다짜고짜 그를 붙들고 갯펄로 돌아 다녔다.

③ 밤새 다니다가 새벽이 되자, 진변의 한 모퉁이에 던지며 "대명당이니 죽거든 거기 묻어라"라고 말했다.

④ 자식들이 나중에 그 자리에 묘를 썼더니 부자가 되어 잘 살았다.[29]

도깨비로부터 명당을 암시 받아 부자가 되었다는 이들 유형은 모두 경험담이며, 이를 증거 할 만한 경험자의 이름도 구체적으로 제시되어 있다. 〈암시하기〉유형에 나타나고 있는 도깨비의 행위는 뚜렷한 의미부여가 가능하지만, 이야기 전체를 이끌어 갈 만한 구조적 갈등은 거의 존재하지 않는다. 따라서 도깨비의 암시행위와 이를 받아들이는 경험자의 행위-묘자리를 쓰는 행위-만이 두드러지게 나타나고 있다. 대립의 상실은 이야기의 홍미를 반감시키는 작용을 할뿐이며, 동시에 이야기의 전개도 호기심을 유발하는데 뚜렷하지 못하다. 오히려 도깨비와 같은 예견적 존재에 대한 기대심리가 강조될 뿐이다.

두 자료가 채록된 지역은 섬이다. 그러나 제보자가 이야기를 전달받은 곳은 목포와 진변이라는 육지에서이다. 따라서 이야기의 구연상황은 어느 정도 파악할 기회가 부여된다는 점에서 좋은 사례로 생각된다.

〈자료-9〉는 제보자가 진도에 거주하고 있는 곽진원씨로부터 목포에

28 『대계』 6-5, 1985, 624-626쪽.
29 위의 책, 670-671쪽.

서 들은 것이다. 그런 사실로 보면 이 이야기는 진도에서 목포로, 다시 하의면으로 전파되었다는 전승과정을 추적할 수 있다. 세 지역으로 전 승하는 동안에 이야기적 작위행위가 개입되었을 여지는 충분하다. 이 이야기에서 모티브가 될 수 있는 것은 술이다. 술에 의해 도깨비-이야 기 상으로는 낯선 사람-를 만날 수 있었던 것은 경험이지만, 이들의 경험이 확실하다고 말할 수는 없다. 따라서 사건의 상황은 이야기를 전 달하는 사람에 의해서 주관적인 개입작용이 이루어졌을 가능성이 높다.

이야기의 전개상황으로 볼 때 〈자료-9〉의 구연내용이 보다 풍부하며 구체화된 면모를 보여준다. 예컨대 〈자료-10〉에서는 서광탈씨가 낯선 사람과 만나는 계기가 불명확하지만, 〈자료-9〉는 술취한 결과 길에 누 워 있는 상태에서 도깨비를 만난다고 하는 확실한 정황이 제시되어 있 다. 또한 그 이전의 상황도 〈자료-9〉는 곽진원씨 조부의 생활상이나 사건발생이 추석 때라는 매우 구체적인 표현을 하고 있다. 사건이 발생 한 장소도 확실한 지명을 언급하여 이 이야기가 진실된 것처럼 느끼게 한다. 이러한 민담의 전개양상, 즉 전설과 같이 있었던 사실로 정착하려 는 민담의 전개방향은 원래 민담의 본질로서는 적확한 것이 아니다. 도 깨비譚 들의 내용 자체가 경험담이라고 주장하는 것도 이런 사실과 크 게 다르지 않다. 또한 〈자료-9〉는 경험을 바탕으로 한 이야기이기는 하나, 어느 정도의 허구성이나 구연자의 작위성이 개입되어 있는 것도 사실이다. 그러나 허구성이 강화될 경우에는 이야기를 듣는 사람들에게 단순한 흥미거리에 불과하게 될 소지가 많으며, 특히 나이가 많은 노년 층에게는 공감대의 형성과 설득력을 충분히 발휘하기가 어렵다.

의식의 차원에서 가공적으로 지어낸 이야기로 받아들여지는 것은 표 현과정에서 그럴듯하게 이야기된다. 왜냐하면 거짓으로 꾸며낸 이야기

로 여겨지는 것이 사실을 떠난 허황함에 바탕을 두고 표현된다면 그것
은 단순한 말장난에 그칠 가능성이 있어 예술적 형상화가 불가능할 뿐
만 아니라, 전승자의 문학적 관심을 끌 수 없게 되어 설화로서의 전승력
을 잃게 될 것이기 때문이다. 따라서 허구로 의식되는 이야기는 현실성
에 근거를 둔 그럴듯한 표현양식에 담기어져서 이야기되어야 청중의 문
학적 흥미를 자극시키고 화자 자신의 표현욕구를 만족시킬 수 있는 설
득력을 확보해서 이야기로서의 전승력을 지닐 수 있게 된다.[30]

　임재해의 견해는 〈자료-9〉의 구조적 형태를 규명하는데 보다 명확한
근거를 제공한다. 즉 〈자료-9〉가 긍정적으로 전승될 수 있었던 이유는
바로 이야기가 지니는 사실적 면모가 강하기 때문이다. 앞서 언급했던
것처럼 사건의 체험자, 사건의 발생이유, 발생장소 등이 확실하게 제공
되어 청중들의 관심을 끌 수 있게 되며, 또한 이야기가 추구하는 의도를
쉽게 이해할 수 있게 됨으로써 이야기의 전파에도 보다 효과적이다. 그러
나 〈자료-10〉이 민담적인 특징을 잘 나타낸다고 할 수도 있겠지만, 민담
의 개연성에 집착하지 않는다면 전승양상은 〈자료-9〉에 비해 현격한
원형변질의 과정에 있다고 평가된다. 이런 점에서 〈자료-9〉는 구체화된
전승과정을 잘 드러내고 있을 뿐만 아니라, 지역적 전파와 사실적인 내용
을 수용하고 있기 때문에 창조적 계승을 보이고 있다고 할 수 있다.

---

30 임재해, 「설화의 존재양식과 갈래체계」, 『구비문학』 8호, 韓國精神文化硏究院, 1985,
　116쪽.
　하지만 이 글이 민담의 현재적 진화·발전 단계적인 측면에서 접근하고 있는 것은 분명
　히 아니다. 오히려 현존하는 민담들의 내용적 현상만을 토대로 논의되었다고 볼 수
　있기 때문이다. 따라서 이 글은 기존 민담의 본질을 정의한 것과는 차이가 있다.

4. 同一類型의 變異樣相

〈도깨비방망이 얻기〉유형이 조사된 지역은 보성군 문덕면과 진도군 지산면, 함평군 신광면이다. 이들 지역은 상호간 이야기의 교류가 있었을 것으로 추정할 만큼 근접된 곳은 아니다. 이야기 내에 구성상의 차이가 드러나고 있음도 이와 같은 지역적 괴리에서 기인하고 있는 것으로 생각된다. 조사된 자료들은 모두 뚝딱방망이를 얻음으로써 부자가 된다는 것이며, 혹떼러 갔다가 혹붙이고 오는 이야기는 채록되지 않았다. 도깨비방망이를 얻는 것과 혹떼러 갔다 붙이고 오는 이야기는 구조적으로 유사형태를 보이고는 있지만, 중요한 차이는 혹을 떼고 붙이는 행위가 존재하는 지의 여부에 달려 있다. 그러나 이 지역에서는 혹을 떼고 붙이는 행위가 결합된 이야기는 없었는데, 이것이 지역적인 차이 때문인지는 규명되지 못한 실정이다. 그러면 각 자료가 보이는 구조적 차이에 대해 살펴보겠다.

각 자료에서 명확한 차이는 재상황이 존재하는 지의 여부에 달려 있다. 〈자료-11〉과 〈자료-12〉는 첫째 상황과 둘째 상황이 대립된 반복구조를 보이고 있으나, 〈자료-13〉은 단일형태의 구조로 끝난다. 이것은 구연자의 행위에 의해 발생된 구조결과이다. 즉 병치된 상황이 단일화되어 하나의 에피소드로 끝난 것은 원형의 퇴보나 축소화현상 때문이다. 그러나만약 구연자가 인과응보적 내용을 강조하기보다는 단일테마로서 도깨비방망이의 신통력에 매력을 갖고 있다면 그 나름대로의 의미를 지닌다고할 수도 있다. 이러한 행위의 개연성은 보다 타당한 상황—예를 들면구연자 자신의 전승자적 역할 등—을 도출할 경우에만 논의가 가능하기때문에 이 글에서는 이야기 자체에 대해서만 언급하고자 한다.

<도깨비방망이 얻기>의 구조적 차이[31]

차이＼자료	11(보성군 문덕)	12(진도군 지산)	13(함평군 지산)
주인공의 가족	열댓명	어머니와 형제	어머니, 형수, 아들
열매	개금(가족수)	은행	깨금
노숙상황	저녁에 소나기 만남	저녁	없음
노숙처	헛간	절	절
방망이 명칭	요술망치	뚝딱방망이	뚝딱방망이
내부상황	헛가래	벽장	다락벽장
대립인물	이웃사람	동생	없음
재상황	매맞고 집안이 망함	육체적 고통	없음
결말	주인공만 부자가 됨	동생의 참회	주인공이 부자됨

〈자료-11〉과 〈자료-12〉의 구조는 모티브상의 차이가 뚜렷하다. 표를 참고로 하면 전체적인 구조는 유사한 것 같지만 일치되는 모티브는 거의 없다. 주인공의 가족들도 〈자료-11〉은 열댓 명이나 되는 대가족이지만 〈자료-12〉는 형제와 어머니만이 있다. 이와 같은 주인공의 선정은 대립인물을 부각시키려는 의도와 함께 이야기의 교훈적 기능을 명쾌하게 드러내기 위한 것이다. 〈자료-11〉은 이웃사람과 대립상태에 있으며, 착한 사람은 복을 받고 악한 사람은 벌을 받는다고 하는 권선징악적 인과응보가 강조된다. 〈자료-12〉는 형제간의 대립상황이 제시되어 있는데, 인과응보적 내용도 엿보이나 형제간의 우애가 주제이다.

〈도깨비방망이 얻기〉에서 착한 사람에게 주어지는 결과물은 부의 획득에 있다. 부의 획득은 〈부자되기〉에서도 나타나기는 하지만, 이런 사

---

31 〈자료-11〉:『鄕土文化遺蹟調査』6輯, 120-121쪽.
　　〈자료-12〉:『大系』6-1, 1980, 402-405쪽.
　　〈자료-13〉:『大系』6-2, 1981, 717-718쪽.

실은 도깨비 이야기가 형성되거나 새로운 모티브가 삽입된 당대의 상황
과도 무관하지 않는 것으로 보인다. 즉 주인공의 출신성분은 대개 하층
민이거나 하층계급에 속하는 나무꾼으로 등장하는데, 이들에게 가장 절
실한 문제는 생활을 영위하는 기초요건인 의식주의 해결이다. 이것이
해결될 수 있다면 바로 행복한 삶이라고 생각했던 당대의 의식구조가
반영되어 현재 전승되고 있는 도깨비이야기를 형성하게 되었다고 볼 수
있다.[32]

〈도깨비방망이 얻기〉 유형은 산이라는 발생장소와 밤이라는 시간적
공간을 동일하게 제시하고 있다. 또한 단독의 도깨비에 의한 상황전개
가 아니라, 군집된 상태의 도깨비와 만나면서 사건이 발생한다. 이러한
도깨비의 군집성은 다른 이야기유형이 단독으로 등장하고 있음과 차이
를 보이며, 일본의 鬼(おに)도 산에 거주하고 군집형태로 나타난다는 점
에서 상호관련이 유추된다.[33] 특히 경험담의 형태를 취하는 도깨비이야
기는 대부분이 단독의 도깨비가 등장하는 경향이 강하게 나타나는 것도
이러한 사실을 해명하는데 도움을 줄 것으로 생각된다.

산이라는 발생장소와 함께 노숙처가 헛간이나 폐허가 된 절간으로 상
징화되고 있음도 흥미 있는 점이다. 먼저 헛간 형태는 사냥꾼들의 임시
막(거처)이나 화전민 등의 폐가일 가능성이 다분하다. 그러나 폐허가 된

---

32 姜秦玉은 설화의 광역화된 전승은 인간이 희구하는 부귀와 영화라는 현실적 영달을
   주제로 삼고 있다는 사실과 밀접한 관계에 있는 것으로 본 바 있다. (「韓國傳說에 나타
   난 傳承集團의 意識構造 研究」, 梨花女子大學教 大學院 碩士學位論文, 1980, 11쪽)
   위의 내용에 따른다면 도깨비이야기 중에서 〈도깨비방망이 얻기〉유형이 전국적인 분
   포를 보이고 있다는 사실은 방망이를 통한 부의 추구가 주제로 나타났다는 내용과 무관
   하지 않은 것으로 보아진다.
33 馬場あき子, 『鬼の研究』, 三一書房, 1971, 111쪽.
   이 글에 의하면 다리와 성문에 출현하는 おに는 단독으로 활동한다.

절간의 등장은 시대적 배경이나 역사적 사건 이후에 야기된 결과로 추
정할 수도 있다. 즉 임진왜란이나 병자호란 등의 대 사건 이후에 각종
사원이 소실되거나 폐허가 되는 예가 허다하기 때문이다. 이외에 또다
른 계기부여가 가능한 것은 중세 이후의 잦은 농민항쟁이 주목된다. 그
러나 이 시기의 농민 항쟁은 농민들의 고립적이며 분산된 형태로써 자
연발생적인 일회성의 특성을 갖고 있었다.[34] 보다 강력한 투쟁적 모습
을 보이는 것은 19세기 중반부터 三政의 문란으로 농민들에 대한 가혹
한 수탈행위가 자행되면서 발생한 민란들로써, 1862년 발생된 진주민
란이 시발적이며 대표적인 사건이다.[35] 민란의 결과로 농민층의 사회의
식에 대한 각성과 이에 따른 약간의 개혁이 시도되기는 했지만, 농민들
의 기본생활에 큰 변화가 일어났다고 보기는 어렵다.[36] 오히려 이들은
생활기반의 상실로 타 지방으로 유랑, 산적 등의 신분적 몰락을 초래하
게 되었을 뿐이다.[37] 폐허가 된 절간은 이런 사람들의 노숙처나 근거지
로 변했을 가능성이 농후하다.

이러한 상황전개를 근거로 할 때, 주인공이 만난 것은 도깨비가 아니
라 산적의 유형으로 보는 것이 사실에 근접한다.[38] 즉 밤중에 산적들이
약탈한 재물과 음식으로 즐기고 있을 때, 주인공이 깨끔을 물어 집이

---

34 宋讚燮, 「1862년 진주농민항쟁의 조직과 활동」, 『韓國史論』 21號, 서울大學校 國史學
  科, 1989, 317쪽.

35 金鎭鳳, 「民亂」, 『韓國史論·4』, 國史編纂委員會, 1976, 119쪽.

36 윗 글, 129쪽.

37 이러한 역사적 사회적 배경을 토대로 창작된 대표적인 소설 洪命熹의 『林巨正傳』을
  들 수 있다.

38 이와 유사한 내용을 馬場あ子의 『鬼の硏究』에서도 찾아볼 수 있다. 즉 산에서 출몰하는
  귀신을 소규모의 도둑집단이나 체제이탈집단으로 추정하고 있다.(11쪽)

무너지는 줄 알고 산적들이 도망을 치자 주인공이 여기서 얻은 재물로 부자가 되었다는 형식으로 이야기 구성요인을 추정할 수 있다. 또한 도깨비방망이의 문제는 주인공의 재물획득을 합리화시키는 장치로서 완벽하다는 점을 들 수 있다. 이것은 도깨비가 부의 생산자라는 기본인식을 바탕으로 했을 때 가능하다.

〈도깨비방망이 얻기〉의 중심인 1차 에피소드의 내용은 이러한 원형소에 의해서 형성되었으며, 재상황은 내용이 부연·확장하여 현재의 구조를 갖추게 된 것으로 짐작된다. 이와 같은 가설이 용납된다면 〈도깨비방망이 얻기〉유형은 임진왜란 이후에서 조선 말기에 발생한 것으로 추정될 수 있으며, 주인공의 경험담과 결부되면서 다양한 이야기거리를 형성하게 된 것으로 평가할 수 있겠다.

전라도지방에서 조사된 〈도깨비방망이 얻기〉의 결말은 죽음에까지 이르는 것은 없다. 〈자료-11〉은 매를 맞고 집안이 망했다는 형태의 징벌로 끝나며, 〈자료-12〉는 육체적·고통을 받음으로써 자신의 과오를 뉘우치고 참회하는 것으로 마무리된다. 〈자료-13〉의 경우는 착한 아들이 보답을 받는다고 하는 내용만이 있을 뿐이며, 재상황이 설정되지 않는다. 하지만 경상북도 지방에서는 특수한 내용의 결말로 인해 이야기가 새롭게 전개되거나, 혹은 죽음으로 끝나는 경우가 많다. 특수한 예로는 주로 영덕과 봉화에서 조사된 것으로 남자의 성기가 길어지는 고통을 받거나, 또는 이런 신체적 이상함을 받아들일 수 있는 여자를 만나 같이 산다는 식으로 새로운 상황을 설정하는 이야기들이 있다.[39] 결말의 지역적 차이는 지역적 향토성이 반영된 결과이기도 하지만, 이야기가 추구하

---

39 『大系』7-6의 76-78쪽과 475-478쪽, 그리고 『大系』7-10의 521-523쪽 참조할 것.

는 교훈성에 의해 변형되기도 한다.[40] 따라서 전라도 지방의 〈도깨비방망이 얻기〉 유형은 극단적인 인과응보를 표현하기보다는, 인화와 개과천선의 당위성을 앞세운 교훈성이 부각되는 특징을 찾아볼 수 있다.

5. 結語

이 글은 이야기의 채록지가 전라도라는 점에서 그 한계가 분명하지만, 이야기의 변이가 어떤 형태로 진행되고 있는가를 살펴보는 것도 민담의 전승이라는 면에서 논의가 요구된다는 나름대로 의미를 부여할 수 있다. 여기서는 세 가지 양상에 주목해서 논의하였다. 첫째는 동일지역 내에서의 변이이며, 둘째 다른 지역 간에 존재하는 동일구조의 이야기, 셋째는 한 유형에 대한 구조적 차이와 발생 등에 관한 것이었다.

도깨비이야기의 변이양상 구명은 비단 도깨비이야기에 국한된 것이 아니라, 모든 민담에도 동일하게 적용이 가능하다. 이 글에서 살펴본 결과에 의하면 동일유형의 이야기라 할지라도 지역적 전승과 제보자들의 차이가 가장 큰 작용을 하는 것으로 나타났다. 또한 경험담을 토대로 구성된 이야기는 허구성이 보다 확장되어 이야기를 흥미 있게 이끌어가는 면모를 보이지만, 사실이라는 점을 강조하려는 경향이 강하다. 즉 전설을 사실로 드러내기 위해 지명이나 실존인물을 동원하는 특징이 경험담을 토대로 한 도깨비담에서도 동일한 경향을 보여주고 있다는 점이다.

---

40 결말처리양상의 차이에 대해서는 拙稿, 「도깨비방망이 얻기의 構造와 結末處理樣相」(『韓國民俗學』 24號, 民俗學會, 1991, 37-43쪽)에서 主題와 口演者의 性別로 나누어 검토한 바 있다.

한 유형에 대한 구조적 차이를 살펴본 〈도깨비방망이 얻기〉의 경우는 지역에 따라 결말의 차이가 뚜렷하다는 특징을 갖고 있다. 전라도 지방에서는 혹을 붙이고 혹을 떼는 행위가 삽입된 이야기를 찾아볼 수 없는 대신에 결말의 단순성이 뚜렷하였다. 하지만 경북지방에서는 결과 때문에 이야기가 확장되는 특징을 보여준다. 예를 들어 영덕이나 봉화지방에서는 2차 상황의 결말로 성기가 늘어나는 벌을 받게 되었는데, 이를 해결하기 위한 이야기가 확대부연되고 있다.

이상으로 도깨비담의 특징과 변이양상에 대해 살펴보았다. 이 글에서는 무엇보다 현지조사에 의한 이야기의 채록이 아니라, 발표된 조사자료를 논의대상으로 삼았다는 것에 빈약함이 있다. 그러나 전승형태를 주목한 것이 아니라 어떤 변이결과를 야기하고 있는 가에 대한 비교양상을 중시했다는 점에서 나름대로 의의를 지닐 것으로 생각된다. 추후 현지조사를 확대하여 이런 결함을 극복하고자 한다.

또한 도깨비담에 대한 지역적 차이와 이의 원인을 규명하려는 노력이 미흡했는데, 이야기의 채록지를 전국적으로 확대한다면 논의가 현재보다 충실해질 것이다. 앞으로 이런 점들을 보완해서 도깨비담의 총체적인 위상을 밝히는데 노력하고자 한다.

漁業과 도깨비譚의 關聯樣相에 대한 小考

1. 序言

도깨비는 일반적으로 동화속에서 구연되는 주인공으로 알려져 있다. 이러한 도깨비는 따라서 우리의 세계와는 괴리된 세계에서 살고 있는 존재로 인식되어 왔으며, 그러한 삶의 형태는 우리와 아무런 관련이 없다는 식으로 생각하여 왔던 것이다.

그러나 도깨비는 동화의 주인공이라는 의미보다는 더 포괄적인 존재로 우리 민족에게 인식되어 왔으며, 특히 어업을 생계로 하는 어민들에게 신앙적인 대상물로 모셔져 왔던 특이한 존재라는 점에서 주목된다. 이에 대한 논의는 이미 張籌根과 玄容駿 등의 선학에 의해 거론된 바 있지만, 대개 제주도나 경남 남해안 등 지엽적인 지역에서 조사된 내용을 논의대상으로 삼고 있다.[1] 그러나 본인이 살펴본 바로는 서해안과 남해안을 중심으로 도깨비와 관련한 풍어기원의 신앙형태가 집중적으

1　張籌根,「部落 및 家庭信仰」,『韓國民俗綜合調査報告書』(慶尙南道篇), 文化財管理局, 1972, 185쪽.
　　玄容駿,『濟州島巫俗硏究』, 集文堂, 1986, 238-239쪽.

로 전승되고 있었음을 알게 되었다.[2]

이러한 도깨비신앙의례와 결부되어 다양한 도깨비담들이 서해안과 남해안을 중심으로 채록되고 있어 주목된다. 이들의 이야기 속에는 도깨비를 통해 어민들이 얻고자 하는 기원의 형태도 제시되어 있다는 점에서 우리 민족에게 보편적으로 알려져 있는 도깨비와는 다른 관념과 의미를 지닌 존재로 도깨비가 전승되어 왔음을 보여주는 것이기 때문이다.

그럼에도 불구하고 현재까지 이러한 이야기형태를 주목한 논의는 거의 찾아볼 수 없는 실정이다. 이것은 지금까지 巫에 의한 풍어제와 뱃고사 등의 풍어기원을 위한 제의형태들만을 집중적인 연구대상으로 삼아 왔다는 학문적 편중성과도 무관하지 않다.[3] 결국 순수하게 어민들에 의해 도깨비를 믿음의 대상으로 삼았던 고유의 신앙형태는 전승이 단절되는 과정에 들어서 있는 상태이지만, 그 본질적인 내용 자체는 아직도 명쾌히 해명되지 못한 실정임을 알 수 있다.

따라서 이 글에서는 어업과 관련한 도깨비담의 유형과 그 구조적인 양상을 통해서 도깨비가 어민들에게 어떤 의미상징을 갖고 있는 지를 살펴보고자 한다. 이것은 도깨비의 본질해명을 위한 기초적인 작업에 불과한 것이기는 하지만, 원초적으로는 도깨비의 속성이 훼손되고 있는 현 시점에서 매우 요구되는 일이 아닐 수 없다.

---

2 김종대, 『한국의 도깨비연구』, 국학자료원, 1994, 192-212쪽 참조.

3 이들에 집중된 어촌신앙의례의 한계는 무엇보다도 어업양상의 변천에 의해 소멸과정에 있는 대상들을 이제 우리의 기억으로는 밝혀낼 수 없다는 비극과도 무관하지 않다. 이 글에서 다루고 있는 도깨비신앙의 형태도 부분적으로 조사된 예가 있지만, 그것이 어촌신앙의례의 보편적인 한 유형으로 주목한 예는 찾기 어려운 실정이다. 즉 지엽적으로 특이한 제의사례로 다루었기 때문인데, 이것은 무엇보다도 도깨비가 갖고 있는 의미상징, 혹은 문제인인 자아로써의 영역을 국한하는 경향에 기인한다.

도깨비에 대한 해명작업은 기존에 알려진 왜곡된 도깨비의 본질을 올바르게 알리는데 있다. 한국을 대표하는 고유적인 존재물로 정착된 것으로 보이지만 도깨비만큼 굴절과 왜곡의 점철을 밟으면 변화되어 온 것도 찾기 어렵다. 여기에서는 주로 기존에 채록된 도깨비담과 본인이 조사한 내용을 기초자료로 삼고자 하며, 동시에 풍어기원의 대상으로 자리하고 있는 도깨비신앙도 곁들여 논의될 것이다.

2. 漁業關聯 도깨비譚의 類型과 構造

도깨비와 관련한 이야기의 유형은 대개가 실제로 존재하지 않는 허구적인 존재물을 주인공으로 삼아 형성되어진 것으로 알려져 왔다. 그러나 이와 같은 내용을 갖고 있는 보편적인 민담, 즉 도깨비방망이를 얻어 부자가 되었다고 하는 유형의 이야기와는 달리 바닷가에 연해 있는 어촌민들에게는 하나의 신앙적인 대상물로 나타나는 경우가 많다. 도깨비가 신앙의 대상으로 자리잡는 경우는 막연한 기원형태와 성취가 얻어지는 것보다는 실질적인 어물의 획득으로 나타나고 있다는 점에서 매우 구체적인 존재물이라는 의미로 이야기된다. 그러나 이러한 신앙적 대상물로 좌정된 도깨비가 풍어를 가져다주는 존재로 표현되는 이야기 뿐만 아니라, 도깨비가 어업을 생업으로 삼고 있는 인간에게 어떤 영향을 주는 내용 등 다양한 이야기를 전승하고 있는 것으로 밝혀진 바 있다.

이야기의 채록지도 대개가 해안가로서 현재까지 조사된 내용을 통해서 살펴볼 때 주로 서해안과 남해안에 집중하는 특징을 보여준다. 이야기가 채록된 지역적 특수성은 무엇보다도 이들 지역이 갖고 있는 어로

형태적 특징과도 무관할 수 없다. 그것은 물론 도깨비가 출현할 수 있는 출현공간이 확보되어야 한다는 것을 전제로 하고 있으며, 그러한 무대공간으로 갯벌이 있다. 즉 어업과 관련해서 채록된 도깨비이야기의 형태는 출현공간이 대개 갯벌이라는 어로활동지역으로 나타난다는 것이다.[4]

도깨비와 어업의 상관성은 도깨비의 활동공간과 밀접한 관련이 있음을 보여주는 것이기도 하지만, 구체적으로는 도깨비의 생성공간이 육지보다는 바다쪽에 그 비중이 있었던 것이 아닐까 추정된다. 무엇보다도 육지쪽에서의 도깨비는 생산의 풍요라는 의미보다는 우연한 획득의 풍요가 강조적으로 나타나고 있기 때문이다. 이와 달리 바다에서는 고기를 잡고자 하는 인간의 행위와 많이 잡기를 원하는 욕망이 일치되는 접점 위에 도깨비가 존재한다는 점에서 뚜렷한 차이를 읽을 수 있다.

어업적인 속성을 반영하고 있는 도깨비의 존재는 크게 풍어를 가져다

4　이러한 갯벌의 한정된 공간은 무엇보다도 도깨비의 활동공간이라는 사실과 부합되며, 다음과 같은 도깨비의 출현을 알리는 상징적인 표현은 그러한 갯벌공간의 특징을 잘 설명하고 있다.(『내고향 해제고을』, 해제면지발간위원회, 1988, 273쪽)
　물가는 법도 배우고, 밭일도 배우고 하였으나 고기가 안잡혔다. 꼭 한달이 되어 가는데, 저녁에 배를 타고 다니다가 손바닥만한 것을 하나 잡았다. 그 영감이 '요놈은 제찬(제사 지낼 찬)으로 썼으면 좋겠지만 그러기에는 너무 자오'하는 것이었다. 마침 물이 덜 들어와서 배를 대놓고 있던 참이라 고기가 더 물리기를 바라고 있었는데, 영광 염수 닭머리쪽에서 웬 불이 번쩍거리는 것이 아닌가. 더구나 그 불이 뿡뿡뿡 소리를 내면서 갯가를 걸어서 점점 다가오는 것이었다.
　이외에도 본인도 1994. 9. 1.에 전남 무안군 해제면에서 이러한 사례를 조사한 바 있다.
　(제보자 : 김용후, 남, 65세, 어업, 전남 무안군 해제면 만풍리 신풍)
　보통 사람들이 조개주스러 온 줄 알고, 조개를 주서. 그 사람들이 돌아다니니깐 그래 나는 그 사람들인 줄 알았단 말이지. 그러니 든든허제, 마음이도. 그런데 안나가. 수백 개가 되어가지구 천지가 되어 버렸단 말이여. 뻘이 뿡뿡 빠는 소리만 난시. 그런데 가만 본께 쳐다본께 사람은 안 같아. 그런데 삐삐하니 노랑내가 나지. 코에는 노랑내가 팍 질러뿌러. 그러믄 도깨비같이 냄새가 독허게 나, 노랑내가.

주는 신적 개념이나 山望이라고 불리우는 불의 형태로 제시된다.[5] 도깨
비의 출현방식은 도깨비 그 자체일 경우도 있으나, 도깨비불로 상징화
되는 경우가 만만치 않은 것은 그 출현시간이 밤이기 때문이다. 이러한
도깨비불의 출현은 좋고 나쁜 징조의 두가지 상황이 설정되어 있으며,
이에 따른 사건전개도 다양한 양상을 취한다.

어업과 직접적인 관련을 보여주는 도깨비담들은 기존의 자료나 본인
이 현지조사로 찾아낸 자료는 18편 정도가 있다. 이들 자료의 유형은
크게 도깨비와 도깨비불의 출현으로 구분되지만, 이야기의 전개양상으
로 볼 경우 네가지로 나눌 수 있다.[6]

---

5 김종대, 「海岸地方 도깨비信仰의 傳承樣相에 대한 考察」, 『韓國民俗學』25號, 民俗學
   會, 1993, 159-165쪽.
   여기서의 '山望'이라는 명칭은 주로 경상남도의 해안지방에서 불리우는 도깨비불과 관
   련한 점세를 의미한다. 따라서 전국적으로 보편화된 명칭이라고 할 수 없다. 다만 다른
   지역에서는 이를 부르는 특별한 명칭이 없기 때문에 이 명칭을 도깨비불과 관련한 占歲
   行爲의 보편적인 개념으로 사용하고자 한다.
6 이에 대한 자료의 출전은 다음과 같으며, 자료목록은 뒷장에 별첨한 내용을 참조할 것.
   『내고향 해제고을』, 해제면지발간위원회, 1988.
   『民譚民謠誌』, 忠淸北道, 1983.
   『蝟島의 民俗』, 國立民俗博物館, 1985.
   『韓國口碑文學大系』6-3, 6-7, 6-12, 8-2, 韓國精神文化研究院, 1980-1988.
   『全南의 傳統文化(下)』, 전라남도, 1983.
   『濟州島傳說誌』, 濟州道, 1985.
   〈현지조사〉
   - 1991. 4. 23. 전남 완도군 노화읍 이포리.
   - 1992. 6. 9. 충남 태안군 소원면 의향리.
   - 1992. 9. 3. 전남 여천군 소라면 사곡리 3구.
   - 1994. 2. 23. 경기 강화군 화도면 동막리.
   - 1994. 9. 1. 전남 무안군 해제면 만풍리 신풍마을

A. 도깨비 덕에 고기잡기
B. 도깨비불을 보기
   b-1. 도깨비불을 보기(占歲)
   b-2. 도깨비불이 인도하기
   b-3. 배도깨비

이러한 유형구분은 현재 조사된 결과를 토대로 한다는 점에 확장될 가능성은 항상 내재되어 있다. 특히 도깨비가 사람을 괴롭히는 유형이 육지쪽에서 많이 채록되고 있는데 비해서 해안지방에서는 별로 없다는 사실은 또다른 유형의 이야기들이 생산될 수도 있는 여지를 마련할 수 있기 때문이다. 그러나 이들 유형은 현재적인 시점에서 어민들의 도깨비 인식양상을 살펴볼 수 있는 자료라는 점에서 나름대로의 당위성은 확보될 수 있을 것으로 생각된다.

1) 도깨비 덕에 고기잡기

이 유형은 도깨비가 풍어기원의 신격으로 좌정하게 된 과정을 설명하고 있다는 점에서 부분적으로는 신화적인 속성을 지니고 있는 것으로 평가된다. 그러나 그러한 신앙적인 사실은 물론 역사적으로 소급되기 어려울 뿐만 아니라, 신화적인 신성성이 훨씬 미약하다는 점과 내용적으로 경험적인 요소가 강하게 반영되어 있다는 특징 때문에 신화적인 상승을 허용하지 않는 직접적인 요인으로 작용하고 있다.[7] 따라서 개인

---

[7] 특히 신화의 일반적인 특징이라고 할 수 있는 신성성의 빈약함은 그런 요인의 대표적인 사례이다. 그러나 무엇보다도 신으로의 좌정형태가 신적인 요소를 갖추지 못하고 오히려 인간적인 면모가 강한 것이 이들 이야기의 특징이라는 점에서 신화로 다루기가 적합

고사의 시원양상을 설명하는 유래담의 형식으로 보는 것이 오히려 합당할 듯하다. 그 이야기의 중심구조와 각 변이형태를 간략하게 제시하면 다음과 같다.

① 장승만한 김서방(도깨비불)을 만나 고기(고사떡)을 주기
② 고기가 많이 잡히자 계속 메밀 등을 주기
③ 도깨비고사를 지내게 되기
    a. 계속 도깨비에게 메밀묵을 주어 고기를 많이 잡기
    b. 제물을 안 주었더니 도깨비가 고기를 쫓아 잡지 못하기
    c. 제물을 안 주었더니 고기 뿐만 아니라, 목숨도 겨우 건지기

이러한 유형들은 대개 도깨비고사를 올리게 된 유래를 설명하는 식으로 전개되는데, 주로 전라남도와 제주도의 해안지방에서 채록되고 있어 주목된다. 특히 이 지역은 갯벌에 막이나 덤장을 설치해서 고기를 잡는 어로방식이 성행한다는 사실과도 무관하지 않다.[8]

덤장의 어로형태는 설치자의 능력이나 욕구와 상관없이 고기를 잡는 것은 운이 따라야만 한다. 즉 어선을 이용해서 잡는 경우는 어군의 이동을 따라가서 그물을 설치하며, 이에 따라 어획량도 차이가 있다. 그러나 덤장 등을 설치했을 경우에는 누군가 고기떼를 몰아주어야만 많은 어획

하지 않은 듯하다.

8 이러한 막이나 덤장의 형태는 원래 '돌살'이라고 하는 돌로 쌓은 원시적인 어로방식에서 출발했을 것으로 보인다. 현재 조사된 내용으로 보면 주로 서해안과 제주도에 집중적으로 설치하여 해안지역의 중요한 어로방식이었으나, 1940년대 이후 동력선의 등장과 어구의 발달 등으로 사양상태에 들어서게 되었다.(鄭然鶴, 「傳統 漁獵 '돌살'에 대하여」, 『比較民俗學』11輯, 比較民俗學會, 1994, 583-605쪽 참조)

이 가능한데, 그러한 역할을 도깨비가 한다고 믿어왔던 것이다.

> 한 사람이 거기서 어장을 하고 있었다. 〈중략〉 어부는 옛날부터 도깨
> 비가 메밀떡을 좋아한다는 얘기를 생각해 내었다. 그는 집에 돌아온 다
> 음 곧 바로 부인에게 얘기해서 맷돌에 메밀을 갈아 죽을 쑤었다. 다음날
> 배를 타고 나온 어부는 배를 타고 다니면서 준비해 온 메밀죽을 갯벌에
> 뿌렸다. 배부르게 먹고 고기를 잘 몰아 많이 잡게 해 달라고 빌면서,
> 그런 뒤에 다시 생메밀을 뿌렸다.
> 이런 다음부터는 고기가 다시 잘 잡히게 되었고, 서무셋날이나 열무
> 셋날 쯤 보름에 한 번꼴로 고사를 지내어서 풍어를 빌게 되었다.[9]

도깨비가 고기를 몰아준다는 믿음은 따라서 도깨비고사를 형성하는
데 직접적인 요인이 되었던 것으로 생각된다. 이러한 믿음과 고사의 형
성은 경험적인 속성이 강한 것으로 보이는데, 제보자들이 구연하고 있
는 내용을 참고한다면 쉽게 이해될 수 있다. 그러나 그런 예는 모두 3-a
의 경우로 마무리되어야 함에도 불구하고 b나 c의 형태로 제시되는 예
도 있기 때문에 결말의 다양성을 확인할 수 있다.

결말의 다양성은 무엇보다도 도깨비의 신격화를 형성하는데 구체적
인 믿음을 지니도록 하는 역할을 한다. 즉 단선적으로 도깨비에게 제물
을 주었더니 고기를 많이 잡게 되었다고 할 경우 믿음의 확신은 약할
수 밖에 없다. 그러나 반대적인 사실을 통해 사실성을 증폭할 경우 그
믿음은 강한 현실감을 지닐 수 있게 될 것이다. 예를 들어 도깨비에게
제물을 주어 많이 잡게 되자 제물을 바치지 않고 바다일을 했다가 죽을

---

9 『내고향 해제고을』, 272쪽.

뻔했다는 식으로 이야기되는 경우가 그러하다.[10] 인간은 단순한 믿음에
는 회의를 느끼는 존재이기 때문이다. 이러한 이야기의 구조는 따라서
도깨비신에 대한 일종의 신화적인 속성을 지니고 있다고 할 수 있다.

도깨비당본풀이가 제주도에서 전승되고 있는데, 그 구조골격에서는
도깨비를 '오소리 잡놈'이나 '만고 오입쟁이'라는 식으로 표현된다.[11] 이
것은 본풀이가 巫祖神話라는 관점에서 적절한 표현이기 보다는 도깨비
를 비하시킨 존재로 나타내고 있는 예이다. 그러나 이러한 존재표현은
인간의 범주에서 보았을 때 도깨비가 신이라고 하기에는 부적절하지만,
도깨비가 신의 속성을 부여받았다는 측면을 고려할 경우 그러한 유형의
신으로 받아들일 수 있다고 본다. 특히 이러한 표현이 도깨비를 상징화
시키는 것이라면 도깨비가 인간적인 성격을 강하게 드러내고 있는 것에
다름아닐 것이다.

도깨비의 인간적인 면모는 한반도 전체에서 나타나고 있는 특징이라
고 볼 수 있다. 이것은 제주도의 도깨비본풀이에만 뿐만 아니라, 육지의
서남해안에서 전승되고 있는 도깨비담에서도 잘 나타난다. 위에 제시된
내용에서 메밀 등의 제물을 계속 주지 않았더니 도깨비가 고기를 못잡
도록 훼방을 놓는 것도 신으로의 품격보다는 인간의 보편적인 심성을
바탕으로 한 행위라고 할 수 있다.

2) 도깨비불 보기

이들 유형은 도깨비불이라고 하는 형체에 의해 전개되는 사건이나 그

---

10 『濟州島傳說誌』, 195-197쪽 참조.

11 秦聖麒, 『南國의 巫歌』, 濟州民俗文化研究所, 1960, 829-831쪽 참조.

결과를 보여주는 이야기로 크게 세가지를 들 수 있다. 먼저는 도깨비불을 통해서 그 해에 고기가 많이 잡힐 지점을 예견하려는 속신적인 내용이다.

우리가 어려서는 그런 일이 많았었어. 여기 저 도흑살(독살 : 바다에 물고기 등을 잡기 위해 돌로 쌓아놓은 뚝)이, 배 있는디 밑이가 도흑살이었어. 헌데 불이 막이여. 저기서(산쪽을 가리키며) 쪼옥 오더니 도흑살로 가더니 말이어. 도흑살로 오더니 불이 꺼지더라구. 그란디 도깨비불이 꺼지면 재수가 좋다잖아. 그래고 난는데, 막 불이 꺼지고 나서 물이 써가지구 독이 난는디, 고기가 완전히 찼었어.[12]

충남 태안에서 조사된 이 이야기는 도깨비불이 꺼진 자리에서 고기가 많이 잡힌다는 점을 잘 보여준다. 그러나 전남북과 경남의 해안지방에서는 섣달 그믐에서 정월초 사이 밤중에 산에 올라가서 도깨비불이 나타나는 곳을 살펴보는데, 도깨비불이 난 자리가 고기가 많이 잡힌다고 해서 그물을 치거나 어장으로 자리하는 예도 있다. 특히 경남의 욕지도나 사량도 도서지방에서는 이것을 산망(山望)이라고 부르는데, 산에서 둘러본다는 뜻이다.

섣달 그믐에 산에 올라가서 "山望"을 하고 도깨비불이 있는 쪽을 봐주었다가 그 해에 거기 가서 漁場을 設定하면 豊漁가 된다. 이는 主로 메루치 漁場을 하는 이들이 많이 하는 일이나, 그러나 其他 魚種인 경우도 마찬가지이다.[13]

---

12 제보자 : 박영준(남, 1941년생, 어업, 충남 태안군 소원면 의향리), 1992.6.9. 현지조사.

이것은 도깨비불과 멸치와의 상관성을 보여주는 자료로써, 이외에도 전북 위도와 전남 여천지방에서도 유사한 산망풍속이 있다. 그러나 이들 내용은 민담의 형태를 잘 갖춘 줄거리를 온전하게 유지하고 있기 보다는 속신적인 경향이 강하게 나타난다. 따라서 속신을 바탕으로 이야기가 형성된 것으로 볼 수 있다.

이들의 이야기군은 〈도깨비 덕에 고기잡기〉유형에 비해 그 서사구조가 매우 빈약하며, 다만 속신적인 의미가 강하게 드러나는 특징을 갖고 있다. 그것은 점세적인 속신형태가 대체로 속신의 기원을 설명하는 이야기를 갖추지 못하고 있다는 사실과도 무관하지 않다. 점세가 자연현상을 중심으로 하여 그 해의 흉풍을 점친다는 현상적인 드러남을 기준으로 삼고 있기 때문이기도 하지만, 그런 현상을 구체적으로 설명하는 경우는 별로 없기 때문이다.

두번째의 유형은 밤중에 길을 잃은 배가 도깨비불의 인도로 살아나게 되었다는 내용이다. 이들 사례는 많이 채록된 것은 아니지만 경기 강화와 전남 완도에서 조사된 바 있다.

> 도깨비가 있다고는 하두만요. 불을 키구, 불을 키구 나오고 그랬다고 하던데. 저희 증조부 양반이 그 전에 어업을 하셨는데, 그때 당시에 바다를 갈 적에는 도깨비가 불을 키구. 들어갔다 나올 적꺼정 도깨비가 바래다주고 그래구선 도깨비불이 꺼지구 그랬답니다.[14]

---

13 張籌根, 앞 책, 184-185쪽.

14 제보자 : 한승렬(남, 농업, 55세, 경기도 강화군 화도면 동막리, 현이장), 1994. 2. 23. 현지조사.

이러한 이야기는 도깨비불이 은혜를 주었다고 한 내용이라는 점에서 도깨비불에 홀려 고통을 당하는 일반적인 유형과는 차이가 있어서 주목된다. 대개의 도깨비불은 인간을 괴롭히거나 홀리는 형태로 나타나기 때문에 인간에게는 두려운 대상이 된다.[15] 그러나 바다를 생업의 바탕으로 삼고 있는 어민들에 있어서 도깨비불은 또다른 의미, 즉 어민에게 이로운 존재로 나타나고 있다.

도깨비불의 대립적 속성은 육지와 바다라는 출현공간의 차이에서 야기된 것이기는 하지만, 보다 근본적인 문제는 바다쪽에서는 도깨비가 신앙형태로 상승되어 있다는 사실과도 밀접한 관련이 있을 것으로 보인다.[16] 즉 도깨비가 인간에게 풍어를 가져다주는 존재로 나타나고 있다는 사실은 어민들 자신에게 이로운 의미를 지니고 있다고 인식할 수 있기 때문이다. 그러한 관점에서 도깨비불이 야간에 작업하는 배를 유도하는 등대의 불과 갖은 의미를 지니는 역할의 확대가 이루어진 것이다.

도깨비불의 또다른 유형은 배도깨비를 들 수 있다. 이들의 경우는 어민들에게 매우 위험한 상황을 야기한다는 점에서 배를 인도하는 도깨비불과는 상반적인 역할을 한다.

그래 날이 비가 오고 구름이나 찌이고(끼이고) 마 번개나 치고 노성벽력이 이라몬 혹인(혹은) 사람이 뭐 허(虛)해 지는 기지. 그러니 배도채비가 뵈답니다. 뵈에몬 그 배로 가고만 아닌 말로 싸질러 그 배로 다시 박치기로 해주몬 괜찮은데, 그 배를 피할라 카몬 자꾸만 그 배가 따라와

---
15 『한국의 도깨비 연구』, 95쪽.
16 물론 바다에 나타난 도깨비에게 쫓겨간다는 이야기도 있지만, 극히 단편적인 사례이다. 또한 이때의 출현형태는 도깨비불이 아니라 인물형이라는 차이가 있다.

요. 따라와 가이고 고만 욕을 뵈이는 참이라. 욕을 뵈면 뭐 뭐 배에 물퍼
는 바가지 그 놈을 말이지 어떤 사람은, 기험(경험)이 많이 있는 사람은
밑구영으로(밑구멍을) 빼 삐리 가이고 그래 주몬 그 배가 그날 저녁에
욕을 좀 설(덜) 보고 그래 인자 그 밑구영으로 안 빼고 주 놓으몬 그 배가
말이지 배가 욕을 많이 본답니다.[17]

　이러한 배도깨비의 존재는 일종의 헛배이다. 이러한 유형은 朴桂弘에
의해서 충남 보령의 원산도에서도 다양하게 채록된 바 있는데, 인간의
기가 허할 경우 헛배를 쫓아가 배를 나쁜 상황으로 유도한다는 것이
다.[18] 또한 헛배의 출현은 한국적인 특징이 아니라, 일본의 어민들 사이
에서도 구전되고 있는데 이를 幽靈船이라고 부른다. 이들도 역시 어민
들의 경험을 바탕으로 형성된 것이기 때문에 민담적인 구조특징을 충실
히 보여주기 보다는, 사실에 대한 설명형식을 취하고 있다.
　바다에서 출현하는 도깨비불의 예조형태는 이야기적인 의미에서 평
가하기 보다는 그 내용이 제시하고 있는 사실을 바탕으로 하여 사람들
에게 이야기되어 왔다는 측면으로 의미부여가 가능할 것이다. 예컨대
경험의 사실성에 그 바탕을 두고 있는 형성과정의 특징에 의해 민담적
흥미를 갖고 있을 만큼 구체적인 골격을 확보하기가 어렵기 때문이다.
　그러나 이들 유형은 배도깨비를 제외하고는 어민들에게 풍어나 이로
운 존재로 나타나고 있다는 점에서 〈도깨비 덕에 고기잡기〉의 영향에
근거하여 형성된 것으로 볼 수 있다. 육지에서 채록된 도깨비이야기들
은 도깨비를 크게 부신성과 나쁜 귀신의 속성을 지닌 존재물로 평가하

---

17 『大系』 8-2, 142-143쪽.
18 朴桂弘, 『韓國民俗學槪論』, 螢雪出版社, 1983, 361-362쪽.

고 있다는 점에서 어민들의 인식과는 차이가 있는 것이다.

따라서 바다에 출현하는 도깨비불은 어민들에게 일종의 길조역할을 하고 있음을 알 수 있다. 이러한 인식의 정착은 특히 서해안과 남해안 지방에서 갯벌에 그물을 설치해서 고기를 잡거나 멸치잡이를 하는 어민들에 의해 주도적으로 이루어지고 있다. 이러한 전승지역과 전승민들의 한계는 갯벌이라는 생업공간과 밀접한 관계를 맺고 있어 주목된다.

3. 漁業에서의 도깨비譚 存在意味

어업과 관련한 도깨비담은 대개가 경험적인 바탕을 통해 형성되어졌다는 특징을 갖는다. 이것은 도깨비담이 단순한 이야기거리에 불과한 것이 아니라, 어업신앙의 형성을 해명하는 주요한 단서임을 명쾌히 보여주는 것이다.

앞에서 살펴본 것처럼 어업과 관련한 도깨비담은 도깨비가 풍어를 상징하는 존재물로 나타나고 있음을 쉽게 알 수 있다. 이러한 존재표현은 두 가지로 나타나는데, 첫째는 도깨비가 인간형태로 등장하는 경우이며, 둘째는 도깨비불로 알려진 예들이다.

먼저 도깨비가 풍어를 가져다주는 존재물로 표현되는 이야기들은 도깨비와 인간 사이에서 벌어지는 내용을 중심으로 한다. 특히 인간적인 면모를 바탕으로 한다는 점에서 도깨비가 인간적인 심성을 지닌 한 신격체임을 보여주고 있으며, 이러한 심성은 풍어를 얻고자 하려는 어민들의 일반적인 인식형태로 자리잡고 있었음을 알 수 있다. 이것은 도깨비와의 관계유지가 다른 上位神格體인 용왕 등에 비해서 제의절차 등이

복잡하지 않으며, 그러한 특징에 의해 하위신격이기는 하지만 어민들의 풍어신으로 좌정할 수 있었던 것으로 생각된다.

어민들이 풍어제 등을 거행할 때 드는 경비나 수고에 비해서 도깨비고사는 큰 부담을 주지 않는다. 따라서 어선이 없이 어로작업을 하는 이들에게는 풍어제 등의 제의형태보다는 단순한 도깨비고사를 통해 자신들의 기원을 해결하는데 효과적인 제의로써 전승되어 왔다고 할 수 있다. 이러한 사실은 어촌의 주민들에게 있어서 도깨비가 또다른 의미를 갖고 있는 독립된 자아로써 인식되어 왔음을 보여주는 것이다.[19]

도깨비가 독립된 자아로 자기의 위치를 확보할 수 있었음을 잘 드러내는 것은 특히 풍어기원의 대상으로 좌정된 경우이다. 따라서 어촌에서 채록된 도깨비 관련담들은 본격적인 민담의 구조를 갖추고 있기 보다는 경험적 사실담의 형태로 이야기된다는 특징을 갖는다. 이것은 신앙이나 점세현상의 믿음을 이야기로 전달하여 왔다는 형성과정의 특이성 때문이기도 하다.

어업관련 도깨비담의 형성은 결국 전승되어오던 도깨비신앙을 바탕으로 그 내용을 전달하고 있는 것으로 볼 수 있다. 따라서 다른 유형의 설화와 달리 이들 이야기는 신화의 한 부분에 속할 수 있으며, 또 다른 관점에서는 신앙담의 한 유형으로 전승된 것으로 평가된다. 그러한 예로는 전남 무안군에서 채록된 자료가 좋은 예이다.

---

19 '독립된 자아'라는 표현은 본격적으로 어민들에게 모셔지는 신성개념으로서의 신격체가 아니면서 동시에 인간의 범주 속에도 수용되지 못한다는 관점에 따른다. 즉 신이나 인간의 속성을 공유하고 있기는 하지만 어느 한편에 완전히 소속시키기에는 어렵기 때문이다. 따라서 본인은 도깨비가 별개의 독립된 존재물로써 자기 나름대로의 삶과 사고방식을 갖고 있다는 사실에 주목하여 이 명칭을 사용하고자 한다.

옛날에 물암 앞 바다와 연결되는 고랑이 갯벌에 연결되어 있었다. 이 고랑은 물이 들 때 그물을 쳐 두었다가 물이 빠지면 그 고랑 속에 빠진 고기를 그물로 건져내기도 했던 곳이다. 보통 이 고랑을 개맥이라고 불렀다.

한 사람이 거기서 어장을 하고 있었다. 그 사람은 배를 타고 다니면서 고기를 많이 잡았는데, 물이 썰어서 그 곳에 빠진 고기를 통으로 건져내면 보통 많이 잡혀 나왔다. 그런데 하루는 그 많은 고기가 하나도 잡히질 않았다. 이상히 여긴 그 사람은 다시 그물을 치고 배에 앉아서 혹시 누가 훔쳐간 것이면 지켜서 잡아야겠다고 생각했다. 그런데 뻘 저만치서 무엇이 뽕뽕 빠지는 소리가 나면서 형체는 안 보이는데 불빛이 보이는 것이었다. 그가 이제야 잡았다고 생각해서 소리를 버럭 지르고 쫓아가 보니, 도망가는 것도 없이 불빛이 사라져 버리는 것이었다. 문득 그 사람은 어떤 이상한 생각이 들었다. '그렇다 도깨비가 틀림없다!' 이렇게 생각한 그 어부는 집으로 돌아왔다.

어부는 옛날부터 도깨비는 메밀떡을 좋아한다는 얘기를 생각해 내었다. 그는 집에 돌아온 다음 곧 바로 부인에게 얘기해서 맷돌에 메밀을 갈아 죽을 쑤었다. 다음날 배를 타고 나온 어부는 배를 타고 다니면서 준비해 온 메밀죽을 갯벌에 뿌렸다. 배부르게 먹고 고기를 잘 몰아 많이 잡게 해 달라고 빌면서, 그런 뒤에 다시 생메밀을 뿌렸다.

이런 다음날부터는 고기가 다시 잘 잡히게 되었고, 서무셋날이나 열무셋날 쯤 보름에 한 번꼴로 고사를 지내어서 풍어를 빌게 되었다.[20]

---

20 『내고향 해제고을』, 272쪽.

이 이야기는 도깨비고사를 지내게 된 유래를 설명하고 있다. 특히 어장을 설치해서 고기를 잡는 어로방법이 성행하다가 고기가 안잡히게 되자 나중에 고사를 지내게 되었다는 점을 알려준다. 다시 말하자면 갯벌에 그물을 설치해서 고기를 잡는 어장형태의 방식은 그 이전부터 전해져 내려오던 것임을 알 수 있으며, 이러한 어로작업과 결부되어 풍어를 기원하는 방편으로 도깨비고사를 지내게 되었다는 것이다. 여기에서는 형체는 안 보이고 도깨비불로 상징되고 있지만, 또 다른 사례에서는 '노랑내가 진동을 하고, 얼른 비춰 보이기로 장승만한 놈'으로 표현되고 있다.[21]

이와 같은 도깨비고사 유래담의 형식은 경험을 바탕으로 사실과 같이 이야기되며, 그러한 경험자들은 한 두명의 특정인에 국한되는 것은 아니다. 도깨비담의 형성과정 상의 특징을 고려한다면 처용신앙의 정착과정과도 유사한 양상을 보여주고 있다.

처용과 관련한 대목에 대해서는 다양한 해석이 이루어지고 있기는 하지만, 끝 대목만을 본다면 그것은 문배속의 습속을 보여주는 예이다.[22] 즉 처용과 역신간의 사건이 마무리되면서 제시된 僻邪俗이 신라인들에 의해 하나의 풍속으로 자리잡게 되었다. 이러한 처용의 문배신앙 정착화과정은 도깨비고사에서도 일치되는 양상을 보여주고 있다.

처용신앙이나 도깨비신앙의 정착과정과 그 전승형태적 특징이 유사하다는 사실은 민간신앙의 보편적 특징 중에 하나이다. 그것은 신앙의

---

21 위의 책, 273쪽.
22 一然, 『三國遺事』, 卷第二, 處容郎 望海寺條.
　　誓今己後 見畵公之形容 不入其門年
　　因此國人門帖處容之形 以僻邪進慶

기원에 대한 사실적인 설명이 없을 경우 일반인들의 믿음을 형성하는데 반감요인으로 작용한다는 사실과도 무관할 수 없다. 만약에 도깨비고사를 지냈는데도 고기를 못 잡는다고 한다면 그러한 고사의 전승은 단절될 것이다. 따라서 고기를 많이 잡게 되었다는 점을 강조할 필요가 있으며, 특히 제주도에서 채록된 내용 중 고사를 안지내 고생을 했다는 사실이 부각되어 있는 것도[23] 이러한 점과도 밀접한 관계 하에 있다.

도깨비고사 뿐만 아니라 도깨비불을 보고 어장의 자리로 선정하는 산망습속도 위와 같은 믿음을 바탕으로 이루어진 것이다. 도깨비불이 형광플랑크톤에 의해서 발생한 것이기 때문에 고기떼가 모이는 것은 당연하다고 하는 과학적인 주장을 제외한다고 하더라도, 그 자리에서 고기가 많이 잡힌다는 경험의 중첩화가 이루어져서 발생된 것이기 때문이다.

산망은 대개 섣달 그믐이나 정월초 사이에 이루어진다. 이때는 달이 거의 없는 상태이기 때문에 바다에서 비추어지는 불빛의 관찰을 용이하게 만든다. 즉 달빛에 의해 얼비추어지는 바다의 물결이 아니라, 빛이 없는 상태에서 형성된 불빛이라는 점에서 어민들의 믿음을 강하게 만드는 계기를 부여했다고 할 수 있다. 이 빛을 도깨비불로 인식하도록 한 것은 물론 도깨비고사로 형성된 도깨비의 능력이 선행적으로 존재하고 있었기 때문이다.

따라서 도깨비의 존재가치는 고기를 몰아다 준다는 탁월한 능력에서 찾아볼 수 있다. 그러나 그 영역은 바다 전체를 관장하는 것이 아니라, 육지와 근접되어 있는 갯벌로 한정된다. 이것은 본인이 현재까지 조사한 도깨비담의 채록지를 지도로 표시하면 보다 쉽게 이해될 것이다.

---

23 『濟州島傳說誌』, 196-197쪽.

　지도에서 나타나는 것처럼 이들의 이야기는 대개 바다와 접한 어촌에서 채록되고 있으며, 이들 지역은 대개가 갯벌이라는 어로현장을 접하고 있는 지역적 특수성을 갖고 있다. 따라서 도깨비가 관장하는 영역의 한정은 도깨비의 신격이 하위개념에 놓인다는 것을 의미하며, 동시에 인간의 보편적인 심성이나 행동을 보여주는 특징이 있다. 이것은 도깨비가 신과 인간의 양면을 부분적으로 공유하고 있지만, 어느 한 쪽에 속하지 못하는 존재임을 보여주는 것이다. 따라서 도깨비는 신과 인간의 중간에 위치하는 독립된 자아로 자신의 삶을 살고 있으며, 그러한 삶은 인간에게 풍요를 가져다주는 행동으로 나타나 이야기 속에서 표현되고 있다.

　도깨비가 인간에게 고기를 몰아주는 존재로 인식된 것은 도깨비고사를 통해서 보다 활발하게 이루어졌다. 또한 산망이라는 점세속도 이러한 도깨비의 속성이 결합되면서 서해안에서 남해안에 걸친 광범위한 지역으로 전파될 수 있었다. 도깨비관련 신앙형태는 어민들에게 또다른 이야기를 형성하는데 유효한 영향을 끼친 것으로 보이며, 그러한 사실들은 육지쪽의 도깨비이야기와 달리 바다에서의 이야기는 도깨비의 풍어신적 능력이 월등하게 나타나는 것으로도 쉽게 이해된다.

　결국 어민들에 의해 전승되어 왔던 도깨비담들은 자신들의 신앙적 측면을 적극적으로 반영한 것이라고 할 수 있다. 그것은 자신들의 삶과 밀접하게 결부된 생업의 풍성한 결과를 얻기 위한 것이기 때문에 도깨비에 대한 절대적인 믿음을 바탕으로 한다. 따라서 이들 도깨비담은 어민들에게 사실적이며 진실되다는 믿음을 지니며 전승되어 왔음을 알 수 있다.

4. 結語

　이상으로 어업과 관련한 도깨비담의 형성 및 전승양상에 대해 간략하게 논의하였다. 어업과 관련한 도깨비담의 유형은 크게 풍어를 가져다 주는 도깨비신앙의 정착형태를 이야기하는 경우와 산망으로 상징되는 도깨비불의 점세속을 들 수 있다. 이들의 이야기는 무엇보다도 어업이라는 생업과 결부되어 있으며, 또한 풍요를 얻고자 하는 어민들의 생존방식과도 밀접한 관련을 맺고 있다.

　도깨비담은 단순하게 민담으로만 처리하기가 어렵다. 이들의 이야기는 대개 경험담의 형태를 취하고 있으며, 그러한 경험의 중첩화에 의해 형성된 특징을 갖고 있기 때문이다. 이러한 도깨비담의 형성과정은 신앙습속이나 점세속의 전승과정과 일치한다. 그러나 전승지역이 생업과 결부되어 서해안과 남해안으로 전승공간의 한계를 보여주는데, 대개 갯벌을 중심으로 어전(살)을 설치해서 어로행위를 하는 마을 중심으로 전승되어 왔다.

　결국 어업과 관련이 있는 도깨비담의 존재는 어민들의 신앙형태나 점세양상 등을 밝히는데 중요한 단서를 제공하고 있다. 이것은 도깨비담이 단순한 이야기거리가 아니라, 하나의 믿음으로써 전승되어 왔음을 보여주는 것이다. 따라서 이야기를 형성하게 된 것은 도깨비고사나 산망 등의 습속이 정착되고 전승과정을 거치면서 이루어진 것이라고 할 수 있다.

〈어업관련 도깨비담목록〉

번호	제목	줄거리	조사지역	출전
1	도깨비불 보기	도깨비불이 꺼진 곳에서 고기 많이 잡히기(사실담)	충남태안	현지조사, 92.6.9.
2	도깨비와 떡	도깨비에게 떡을 주기로 하고 고기를 많이 잡기 → 약속을 어기자 도깨비가 고기도 못잡게 하고, 입까지 삐뚜러지기	충북영동	民譚民謠誌 忠北, 1983, 283.
3	배도깨비	날씨가 궂은 날 배도채비가 나타나 부딪쳐야 괜찮기 → 피하면 자꾸 따라와 욕보이기(사실담)	경남거제	大系, 8-2, 142-143.
4	어장 도깨비불	섣달 그믐날 목욕재계한 후 높은 산에 올라 도깨비불 보기 → 도깨비불이 나타난 곳에 어장을 치면 고기 많이 잡기(사실담)	〃	〃 144-145.
5	도제봉과 도깨비불 이야기	도제봉에서 제사를 모시고 난 후 도깨비불 보기 → 그곳에서 조기가 많이 잡히기(사실담)	전북부안	蝟島의民俗 民博, 1985, 51-52.
6	도깨비불이 인도하기	어두운 밤에 항해를 하는데, 목적지까지 도깨비불이 인도를 해주고 사라지기	전남완도	현지조사 91.4.23.
7	도깨비불 보기	뱃제사를 모신 후 저녁에 도채비 불이 나타난 자리에 어장(덤장)을 치면 풍어되기(사실담)	전남여천	현지조사 92.9.3.
8	도깨비에게 고사 지내지 않아 죽기	제보자 처의 조부가 배를 타는데, 고사날을 잡고 도깨비한테 고사를 안지냈더니 며칠 있다가 죽게되기(사실담)	〃	〃
9	도깨비와 어장 (①)	어장을 치고 고기를 잡는데, 하루 고기가 하나도 안잡히기 → 그날 밤에 보았더니, 도깨비불이 나타나 쫓아가기	전남해제	내고향 해제고을, 88, 272.

번호	제목	줄거리	조사지역	출전
		→ 다음날 메밀묵을 만들어 어장에 뿌렸더니 고기가 많이 잡히기 → 그후 서무셋날과 열무셋날 보름에 한번씩 고사를 지내게 되었다.		
10	도깨비와 어장 (②)	고기가 잡히지 않았는데, 장승만한 김서방을 만나 고기를 주었더니 큰 고기가 잡히기 → 다음날 제보자의 신발에 김서방이 똥누기 → 그날 고기를 많이 잡고, 돈도 많이 벌게 되기(사실담)	〃	〃 272-273.
11	마천목(馬天牧) 과 도깨비전(箭)	고려 때 사람인 마천목이 고기잡이를 갔다가 푸른 돌을 하나 줍기 → 그날 밤 도깨비들이 몰려와 부원군이 될 것을 예견하면서 돌을 돌려주면 원하는 일을 해준다 하기 → 고기를 많이 잡이 잡도록 강에 어전(漁箭)을 만들어 달라고 하기 → 도깨비들이 어전을 만들어 놓자 돌을 돌려주면 메밀묵을 쑤어주기 → 한 도깨비가 메밀묵을 못먹어 어전의 한쪽을 허물어놓기	전남곡성	전남의 전통문화, 366-368.
12	도깨비의 보은	창녕에서 증도로 이사와 고기잡이를 한 사람이 있기 → 섣달 그믐 뱃고사를 지내고 오는데, 도깨비를 만나 고사술과 떡을 나누어 먹기 → 정월보름날 밤 도깨비가 와서 밭에 거름을 잔뜩 뿌려주기 → 고기잡을 때도 항상 풍어가 되어 삼년 안에 부자되기	전남고흥	대계,6-3, 563-565.
13	도깨비불 꺼뜨린 양반	한 사람이 밤중에 소실댁을 가려고 뻘을 건너는데, 도깨비불이 불을 밝혀 무사히 건너기	전남신안	대계,6-7, 384-385.

번호	제목	줄거리	조사지역	출전
		→ 다리에 묻은 뻘흙을 닦고 있는 도깨비불이 다가오길래 불을 꺼뜨리기 (사실담)		
14	도깨비는 내를 못 건너	밤중에 장어낚시를 가서 도깨비불이 쫓아오기 → 무서워 피할 때는 꼭 민물의 내를 건너면 못쫓아온다고 하기	전남신안	대계, 6-7, 598-597.
15	바다 도깨비 이야기	풍선을 타고 고기잡이를 갔는데, 도깨비불이 홀리기 → 도깨비배는 육지쪽으로도 갈 수 있기 때문에 잘못하면 침몰하기	전남보성	대계, 6-12, 567-568.
16	도깨비(Ⅰ)	고기가 안잡혀 도깨비가 잘 나타나는 곳에 수수범벅을 올리고 오기 → 고기가 많이 잡혀 부자가 되기 → 부자가 되자 도깨비에게 수수범벅을 올리지 않기 → 꿈에 도깨비가 나타나 약속을 안지킨다고 질책하자, 도깨비가 나타나는 언덕에 가서 큰소리를 치며 나무막대기로 마구 후려갈기기 → 돌아와서보니 집에서 불이 나기	제주구좌	제주도 전설지, 195-196
17	도깨비(Ⅱ)	멸치를 많이 잡기 위해 그물접계원이 도깨비에게 제물을 바치기 → 다음날 그물을 치고 있는데, 마바람이 불어 멸치가 바다로 나가자 갑자기 도깨비불이 나타나 첨벙대며 멸치떼를 몰아주어 풍어되기 → 다음해에는 도깨비를 안믿는 계원이 뽑혀 제물을 안올리기 → 멸치잡이를 갔는데, 먼바다로 떠밀려 나가 겨우 목숨만을 건지기	제주구좌	〃 196-197.

도깨비신앙의 유형과 전승양상

1. 序言

한국에서 전승되고 있는 민속신앙 중에서도 가장 논의가 미약한 부분은 가신신앙이나 부적, 그리고 도깨비 등의 분야로 생각된다. 물론 이들에 대한 사례조사 등에 대해서는 어느 정도 수준에 도달한 것으로 볼 수 있다.[1] 특히 가신신앙의 경우 김명자에 의해 정밀한 조사가 추진되고 있어 향후 가신에 대한 민속문법의 틀을 제공할 것으로 예상된다.[2]

그러나 도깨비나 부적 등의 신앙적 형태에 대해서는 매우 미진하다. 특히 도깨비라는 존재를 동화 속의 주인공 정도로 치부하고 있는 일반적인 경향이 연구를 어렵게 하는 요인이 되기도 한다. 무엇보다도 문제는 이들 신앙형태가 전승의 단절단계에 와 있다는 사실이다. 따라서 현시대에 조사하고 이들에 대한 논의를 활성화하지 못할 경우 그것은 역사 속에서 사라지고 말 것이 분명하다.

---

[1] 김종대, 「가신민속」, 『한국민속학의 새로운 인식과 과제』, 집문당, 1996, 357–371쪽 참조.

[2] 김명자에 의해서 조사된 가신신앙의 사례도 사실은 경상북도에 집중되어 있어 향후 전국적으로 조사지역을 확대하는 작업이 필요하다.

도깨비에 대한 논의는 이야기를 대상으로 한 것이 대부분이다. 이러한 사정은 도깨비가 이야기라는 작중세계에서 벗어나지 못하는 존재물로 전락되는 결과를 낳았다. 도깨비를 신앙 대상으로 삼은 민간의 전승을 부정하기도 하며, 개인적인 신앙체로만 한정시키는 인식태도에 의해 그 존재 자체를 부정하기도 하였다.

그러나 도깨비신앙은 서해안과 남해안의 어촌지역과 전라도의 내륙지역, 그리고 제주도에서 다양한 신앙물로 전승되어 왔음을 보여주는 사례가 많다.[3] 이러한 사실은 도깨비를 신격으로 모시는 제의적인 속성이 한반도에서 다양하게 전승되어 왔음을 추정하는데 보탬을 준다. 특히 현재 전승되고 있는 지역이 한반도의 서쪽지역으로 치중되어 나타나고 있지만, 이들 이외의 지역에서도 그 전승의 가능성을 유추해 본다면 도깨비신앙의 면모는 대표적인 한국적 토착신앙으로 평가해도 무리가 없을 것이다.

현재까지의 도깨비신앙에 대한 논의는 문무병이나 김종대에 의해서 부분적으로 개진되었을 따름이다. 또한 조사지역도 한정적이라는 점에서 도깨비신앙의 전체적인 본질을 해명하는 단계에까지도 오르지 못한 실정이라고 하겠다. 특히 문무병의 경우 제주도만을 한정지어서 논의하고 있기 때문에 육지와의 상관성이나 형성과 전파양상 등에 대해서 한계를 보이고 있음도 부정하기 어렵다.[4] 김종대의 논의도 현재 전승되고 있는 지역을 토대로 조사를 실시하고 이를 논의대상으로 삼고 있지만, 그것이 전승지역 전체를 조사한 것이 아니라는 점에서 한계가 분명하다.

---

3 김종대, 『한국의 도깨비연구』, 국학자료원, 1994, 189~247쪽 참조.
4 文武秉, 「濟州島 堂信仰硏究」, 濟州大學校 大學院 博士學位論文, 1993, 172~211쪽 참조.

조사지역의 한계는 도깨비신앙의 전승양태를 총체적으로 살펴볼 수 없을 뿐만 아니라, 부분적으로 전승되는 내용을 갖고 논의하고 있다는 점에서 논거의 취약성이 분명하게 드러난다. 따라서 도깨비신앙에 대한 포괄적인 조사와 함께 이들에 대한 전승목적이나 양상을 명쾌히 밝혀야만 할 것이다.

이 글도 이런 한계를 갖고 있기는 하지만 현재까지 조사된 도깨비신앙을 총괄적으로 살펴보고자 한다. 그러한 의도는 분명하다. 즉 도깨비가 허구화된 존재로서만 생존하는 것이 아니라, 신적인 존재로서 자기 세계를 갖고 전승되어 왔음을 밝히고자 하는 것이다. 특히 전북지방에서는 도깨비불을 화재의 원인으로 생각하고 이를 방지하려는 목적으로 도깨비제를 지내 왔는데, 이에 대해서 주목한 논의는 거의 없었던 것으로 보인다. 이에 대해서도 도깨비불이야기와 병행하여 그러한 신앙형태가 형성되게 된 이유 등을 살펴볼 예정이다.

따라서 이 글은 단절과정에 있는 도깨비신앙의 진면목을 총괄적으로 규명하여 우리 민족에게 도깨비가 과연 어떤 의미를 부여받아 왔는가를 밝히는데 진정한 목적을 두고자 한다. 다만 이 글에서는 제주도와 북한을 제외한 남한지역을 대상으로 한다. 북한의 경우는 도깨비신앙에 대한 자료가 거의 없다는 점 때문이다. 제주도의 경우에는 영감놀이나 개인적인 치성대상인 도깨비가 복합적인 양상을 보인다는 점에서 육지쪽과 차이가 있으며, 이 점은 육지의 도깨비신앙을 총체적으로 검토한 후에 제주도의 것을 다루는 것이 올바른 절차로 생각한 때문이다.[5]

---

5   제주도의 도깨비신앙에 대해서는 문무병의 글이 주목되며, 이외에도 김종대에 의해서도 논의된 바 있다.
    김종대, 「濟州島의 도깨비信仰」, 『한국의 도깨비 연구』, 225-247쪽.

2. 內陸地方의 도깨비信仰과 그 傳承

1) 疫神으로서의 도깨비신앙

도깨비를 돌림병을 가져다주는 역신으로 인식한 제의형태로는 전북 순창 탑리의 도깨비굿과 전남 진도의 도깨비굿이 있다. 이들 제의는 여성들의 참여로만 이루어지는 순수한 여성제의라는 점에서 주목된다. 물론 진도의 도깨비굿은 남성들에 의한 여제가 따로 존재한다는 점에서 제의의 이중성을 띠고 있기는 하지만, 민간에서 전승되던 본래의 모습은 여성들이 중심된 도깨비굿에 있다. 이와 유사한 성격을 보이는 병귀적인 속성을 띠고 있는 것으로 심방들에 의해서 전승되어 오는 제주도의 영감놀이도 이 유형에 넣을 수 있을 것이다.

(1) 순창 탑리의 도깨비굿[6]

전북 순창의 탑리에서는 오래 전부터 도깨비굿이 전승되어 왔다. 이 제의는 남성들에 의한 당산제가 정월 보름에 거행되고 난 후 이틀 뒤인 17일에 행해져 왔다. 특히 이 마을은 순창에서 전주로 올라가는 길목에 위치한 특성 때문에 주막이 성했으며, 마을 호수도 약 150여호가 될 정도로 큰 마을이었다고 한다. 이러한 지리적 특징은 외지인들의 출입이 잦았다는 사실과 밀접한 관련이 있다는 점에서 돌림병의 유입도 잦았을 것으로 추정된다.

탑리에서 행해지는 도깨비굿은 순수하게 여성들에 의해서 치루어진

김종대, 「제주도 영감놀이에 대한 일고찰」, 『민속놀이와 민중의식』, 집문당, 1996, 267-292쪽.

6 이와 관련한 내용은 본인의 『한국 도깨비의 연구』(214-216쪽)를 참고할 것.

다는 특성을 갖고 있다. 이러한 현상은 탑리 뿐만 아니라, 도깨비굿이 행해지는 곳은 대개 여성들에 의해서만 행해진다는 점에서 특징적이다. 이것은 여성과 도깨비간의 대립관계, 혹은 도깨비를 쫓아낼 수 있는 능력이 여성에게 부여되어 있다는 사실을 확인하는데 중요한 고리로 작용하고 있다.

이곳의 제의장소는 마을로 들어오는 동서남북의 네곳인 철륭(마을 뒷산의 송곳바우)·동네산(초장골)·아랫당산(마을 남쪽의 입구)·동네방죽(북쪽) 등이다. 일반적으로 당산제가 행해지는 곳과 달리 마을의 주입구를 제의장소로 삼고 있다는 점은 도깨비의 출입을 원천적으로 막아 보려는 사람들의 인식을 바탕으로 한 것이다.

제의장소에 차리는 제물은 네 곳이 모두 동일하며, 주된 제물로 메밀묵을 들 수 있다. 또한 한곳에서 다른 곳으로 이동할 때 여성들에 의해 구성된 굿패들이 풍물을 울리면서 간다는 것도 특징적이다. 물론 남성들의 참여는 금하고 있는데, 방죽에서 제의를 드릴 때나 이러한 금기는 풀린다.

탑리의 도깨비굿은 진도와 달리 정월 초에 그해의 돌림병이 들어오기를 막으려는 의도로 행해진다. 이러한 제의적인 주술성은 정월초에 당산제 등의 마을공동체신앙을 통해서 그 해의 농사가 풍년이 되기를 기원하는 주술적인 목적과 일치한다. 이때의 기원 대상은 풍요를 가져다주는 신격들이기보다는 역신적인 모습을 갖고 있는 도깨비이며, 이들을 잘 먹어 보냄으로서 한 해가 병이 없이 평안하게 지낼 수 있도록 기원한다는 점에서 흥미를 준다.

(2) 진도의 도깨비굿

진도에서 행해지는 도깨비굿은 현재의 모습과 차이가 있었던 것으로 보인다. 현재 진도의 도깨비굿에 대한 기록으로 가장 선행되는 것은 장주근에 의해서 조사된 내용이다. 사실 그 조사내용도 제보자가 어린 시절에 행해진 것을 기억한 것이라는 점에서 그 전승의 단절이 일제시대까지 소급되고 있다.

장주근의 조사에 의하면 도깨비굿은 병이 돌 때 시작하는데, 긴 간짓대에 여자 속옷인 중우를 씌우고 사람마다 하나씩 든다. 촌사람들은 월경 묻은 것을 씌우기도 하지만, 박강단이라는 제보자의 동네에서는 그냥 중우를 사용했다고 한다. 한사람이 선소리를 매기면 많은 부인들이 원무를 하면서 받으며, 양푼이나 징 등을 두들기며 집집마다 돌아다닌다. 이때 남자들은 방안에 들어앉아 내다보지 않는다.[7]

여기에서 흥미로운 것은 병이 돌 때 도깨비굿을 시작했다는 사실과 이때 원무를 춘다는 점, 그리고 남성들의 참여가 금지된다는 것 등이다. 병이 돌 때 굿을 시작한다는 점은 현재 전승되고 있는 내용과 차이가 있는데, 이것은 南道文化祭에 출품할 당시 고증하면서 원래의 전승내용과 변화를 두었음을 알게 한다. 특히 현재는 음력으로 2월 1일에 행해지고 있으며, 도깨비굿이 끝난 후에 귀신을 사제각에 가두는 제의형태가 거행되는 통합적인 모습을 보여주고 있다. 따라서 원래 전승되던 모습과는 차이가 있을 뿐만 아니라, 주제자들이 남성과 여성으로 분리되어 있다는 사실까지도 변화시켰음을 알 수 있다.

둘째로는 원무를 춘다는 사실인데, 이것은 강강수월래와의 관련을 엿

---

7 張籌根, 「民間信仰」, 『民俗綜合調査報告書』(全南篇), 文化財管理局, 1969, 252쪽.

볼 수 있다는 점에서 주목할 필요가 있다. 강강수월래도 여성들만의 참여로 이루어지고 있다. 이것은 강강수월래가 원초적으로 풍요만을 얻기 위한 의도로 행해진 것일 뿐만 아니라, 역신퇴치를 위한 주술적인 면도 동시에 갖고 있었던 것이 아닐까 추정하는데 도움을 줄 수 있다. 이러한 사실은 경상북도의 해안가 마을에서 전승되어 오던 월월이청청까지도 유사한 제의적 속성을 갖고 있었던 것으로 추정하는 근거가 된다.

셋째로 남성들의 참여가 금지된다는 것이다. 이것은 여성과 도깨비의 대립적 속성을 명쾌히 보여준다는 점에서 흥미롭다. 남성들에 의한 제의형태는 도깨비굿이라기 보다는 귀신을 제압하기 위한 제의적인 특징이 강하다. 그것은 남성들에 의한 도깨비쫓기행위가 여성들에 의한 것보다 주술적인 효과가 떨어진다는 사실과도 밀접한 관련이 있는 것으로 보인다. 특히 여성은 월경을 한다는 점에서 피의 효과를 극대화시킬 수 있는 존재이기 때문에 더욱 그러하다. 또한 〈도깨비를 이용해 부자되기〉의 이야기에서도 남성들은 도깨비 때문에 부자가 되기는 하나 도깨비에 의해 골탕을 먹는 경우가 많지만, 여성들의 경우에는 부를 그대로 유지하는 형태로 이야기가 전개된다. 이러한 사실은 도깨비가 여성에게 약한 면이 있음을 보여주는 예이기도 하다.[8]

남성들에 의해서 행해지는 제의형태는 귀신을 사제각에 가두는 금압행위로서 도깨비와는 다른 성격을 취하고 있다. 현재 이들 귀신을 도깨

---

8 사실 도깨비가 여성과 성관계를 맺고 재물을 가져다준다는 사실도 교환적인 관계를 맺고 있기는 하지만, 결국에는 여성이 그 재물로 땅을 사서 자신의 소유로 완전하게 만든다. 이때 여성은 말피와 말머리를 이용해서 도깨비를 쫓아내고 있는데, 이것은 하나의 장치로서 작용하는 것이 아닐까 추정된다. 특히 마지막에 도깨비가 "여성은 믿지 못할 존재다"라고 떠들고 다니는 행위 자체도 여성에 의한 취약성을 잘 보여주는 것이기도 하다.

비라고 하지만, 대개 귀신의 속성을 띠고 있다는 점에서 도깨비로 보기
어렵다. 1996년에 조사한 내용을 보면 제보자들도 이들을 귀신으로 호
칭하고 있다는 점에서 귀신을 금압하는 제의가 도깨비굿라는 명칭으로
혼동하고 있음을 알게 한다.[9]

따라서 현재 전승되고 있는 진도의 도깨비굿은 일제시대까지 전승되
던 굿의 형태와는 차이가 있음을 알 수 있다. 이러한 특성은 문화제에
출품하기 위해 작성된 극본에 의해서 야기된 문제이며, 본질적으로는
원형이 훼손된 것이기도 하다. 원래의 도깨비굿은 극박한 상황에서 생
존의 문제가 결부되어 있기 때문에 놀이적인 성격보다는 기원제의적 성
격이 강했던 것으로 보인다. 하지만 현재에서의 도깨비굿은 과거와 달
리 희극적 속성을 반영하고 있기 때문에 그러한 흔적을 찾아보기 어렵
다. 병이 돌기 시작한 과정에서 이를 막아내려고 했던 주민들의 고생이
나 고난의 극복의지가 결여된 신앙형태는 사실 놀이적인 변이를 취할
수밖에 없을 것이다. 그런 점에서 진도의 도깨비굿은 과거의 형태와 달
리 큰 변화가 된 것임을 알 수 있다.

2) 火災神으로의 도깨비신앙

도깨비가 화재를 내는 원인으로 생각하고 이를 방지하려는 의도로 제
의가 행해지는 지역으로는 전라북도의 진안과 무주, 그리고 임실 등이
있다. 이때의 도깨비는 불로서 나타나는 경우를 말하는데, 도깨비불이

---

9 사제각에서 귀신을 부르는 내용으로 제주의 축원과정에서 그 유형들이 제시되고 있는
   데, '총맞아 죽은 귀신·물에 빠져 죽은 귀신·처녀 죽은 귀신·애기낳다 죽은 귀신'
   등이 있다.(1996년 3월 19일 조사, 전남 진도군 진도읍 서외리, 축원은 조도금씨가
   담당)

초가지붕에 불을 붙여 화재를 내는 작용을 하는 것으로 인식된 결과이다.

사실 도깨비불은 인화성을 갖고 있는 것이기보다는 화학적인 발광물질 등으로 생각되고 있다. 제보자들이 도깨비불을 말할 때 일반적인 불의 현상보다는 특수한 사례로 말하는 경우가 많은 이유도 이러한 사실과 밀접한 관련이 있다. 그럼에도 불구하고 마을 전체가 불이 난다는 등의 화재사고가 일어날 경우 이를 도깨비불로 치부하려는 경향이 강하게 나타나는 것은 흥미로운 일이다.

과거시대 초가집은 아궁이에서 불을 피우게 되면 불씨가 굴뚝을 통해서 나간다는 구조적인 특성 때문에 화재가 많이 나기도 했다. 이와 같은 경우 불씨가 날아가는 것은 마치 도깨비불의 장난으로 인식될 가능성도 높다고 하겠다.

이것은 전북 임실군 관촌면 구암리에서 전승되고 있는 도깨비굿을 조사하는 과정에서도 확인한 바 있다. 즉 요즘은 지붕개량을 하고 나무로 불을 때지 않기 때문에 불이 거의 나지 않는다는 것이다. 특히 구암리의 경우 제의시기가 겨울의 초입에 해당되는 음력 10월 30일이라는 점도 불을 본격적으로 때기 시작하는 때와 일치한다는 사실과도 무관할 수 없다고 생각된다. 흥미로운 것은 무주와 진안, 임실로 국한된 지역에서만 도깨비불과 관련한 제의가 전승되어 왔다는 사실이다. 이 지역에서 전승되고 있는 사례를 살펴보면 다음과 같다.[10]

---

10 도깨비불에 의한 화재를 막기 위해서 제의를 지내는 마을들이 충청북도에도 많았던 것으로 보인다. 1967년에서 1968년 사이에 실시된 설문조사내용에 따르면 도깨비불 때문에 마을에 불이 나는 것을 방지하기 위해 장승을 세웠다는 마을로 충북 청원군 옥산면 오산리 신평동이 있다. 충북 중원군 상모면 안보리 보계동에서는 일제침략기에 대안보마을에서 도깨비불 때문에 화재가 자주 일어나 별신제를 행했다고도 한다. 충북 중원군 소태면 복탄동 인다마을에서는 70년전 구 산제당 나무를 벤 후부터 도깨비불이

(1) 전북지방에서 전승되고 있는 도깨비굿

① 전북 진안군 백운면 반송리의 〈도깨비제〉[11]

반송리는 면사무소 소재지인 백암리에서 약 3km 정도 남쪽으로 내려온 신암리로 가는 길목에 위치한다. 자연마을으로는 반송과 두원 주암동의 3개 마을이 있다. 원래 밀양 박씨의 집성촌이었는데, 현재는 각성받이로 변했다. 약 30호 60명 정도의 마을민이 살고 있으며, 특용작물로는 고추가 있다. 반송리라는 명칭은 마을 입구에 위치한 소나무가 마치 소반처럼 생겼다는 것에서 유래하였다. 이 마을에서는 도깨비제가 전승되어 왔는데, 반송마을에서만 참여한다. 교회는 없지만, 동창리에 있는 동창교회로 주민의 1/3정도가 다닌다고 한다.

이 마을에서 행하는 마을신앙은 주신이 도깨비이기 때문에 '도깨비제', 혹은 '도깨비고사'라고 부른다. 고사를 지내는 곳은 마을 입구 오른편에 있는 개울가인데, 원래는 이곳에 반솔나무가 있었지만 현재는 고사되어 없어졌다. 당나무는 없어졌지만 제물을 그곳에 차려 놓고 고사를 올린다.

제의일시는 정월 16일로 부녀회에서 주관한다. 따라서 제관도 부녀회에서 순번제로 3집씩을 정해놓고 있는데, 만약 맡은 집에서 불상사가 생길 경우 다음 집으로 넘어간다. 3집중에서 한집은 제물을 장만하게 되는데, 이 집을 '밑집'이라고 부른다. 밑집은 목욕재계를 부엌에서 행

나타나 불을 지르고 장난이 심해져서 매년 제사를 지내 태평해졌다고 한다.

11 제보자는 다음과 같다(1996년 12월 8일 현지조사).
   전귀남 : 여, 72세, 농업, 마령에서 19세 때 이곳으로 시집을 왔다.
   강대옥 : 남, 75세, 농업, 원래 고향은 임실읍 현곡 2구 연화실이며, 45년 전에 이
   곳에 와서 정착하였다.

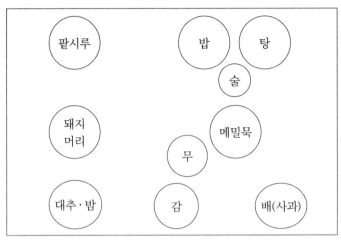

〈제물 진설도〉

하며, 금줄 등은 부녀회에서 치게 된다. 제의에 참여할 수 있는 사람은 처녀를 제외한 마을의 부녀자들이다.

제의 날짜가 다가오면 맡은 집에서 제물을 구해 오는데, 백운면과 임실·진안 등에서 장에 맞춰 다녀온다. 제물로는 돼지머리, 소고기, 삼실과, 소지, 술 등이다. 제기는 마을의 창고에 보관되어 있는 사기그릇을 사용한다.

제의날이 되면 밑집에서는 돼지머리를 삶고, 팥시루와 메밀묵을 장만한다. 메밀묵은 3-4되 정도로 만든다. 또한 저녁에 메와 탕을 준비하여 당으로 가게 된다.

당에 오르는 시각은 대략 8시경이다. 부녀자들이 모두 모여 풍물을 울리면서 당으로 간다. 당에 도착하면 제물을 차리고 부녀자들이 모두 절을 올린다. 도깨비제이기 때문에 축문은 없다고 한다.

절을 마친 후에는 참석한 부녀자들이 각자의 소지를 올리게 된다. 이

때의 소지는 밑집에서 구입한 것인데, 마을소지는 밑집에서 올려준다. 이것이 끝나면 대략 10시경이 된다. 그러면 제물을 내리고 마을회관으로 와서 한바탕 신나게 논다.

제비는 가가호호에서 주는 대로 받는데, 약 4말 정도가 걷힌다. 제주에 대한 특별한 사례는 없다. 이것은 순번대로 밑집을 맡기 때문이다.

제사에 대한 마을사람들의 호응은 어느 정도 남아 있는 편이다. 예전부터 해 왔기 때문에 그대로 하는 것이라고 대답한 제보자의 말에서도 그런 점을 확인할 수 있었다. 이 마을에서 도깨비제를 행하는 것은 역시 마을에 불이 자주 났기 때문이라고 한다. 따라서 도깨비에게 제사를 올림으로써 마을에 불이 나지 않기를 기원하는 의미를 담고 있다.

② 전북 임실군 관촌면 상월리 상월의 〈김새환제〉[12]

이 마을은 관촌면 소재지에서 약 9km 정도 떨어져 있으며, 버스로는 약 15분 정도 걸리는 곳에 위치하고 있는 전형적인 산촌이다. 예전에는 100호 정도가 살 정도로 큰 부락이었는데, 현재는 상월에서만 35호 정도로 줄었다. 이 마을에는 황씨가 제일 먼저 들어 왔으며, 천안 전씨가 많은 편이다.

자연부락은 상월과 월은이 있는데, 이곳에서 지내는 '김새환제'는 상월에서만 지내 왔다. 하지만 김새환제도 2년전부터 하지 않고 있다. 밭작물인 고추와 담배가 주종을 이루며, 논은 각호마다 15-20마지기 정도를 경작한다. 이 마을에는 교회가 없는 대신에 마을에서 산쪽으로 더

---

12 1996년 12월 9일 현지조사
   이순희 : 여, 63세, 농업, 원래가 이곳이 고향이며, 17세 때 전감롱씨(68세)와 혼인하였다.

올라간 곳에 신흥사라는 절이 있어 그곳에 다닌다고 한다.

이 마을에서 지내는 마을제의는 '김새환제', 혹은 도깨비제라고 한다. 도깨비를 김새환이라고 부른다고 해서 붙여진 명칭이라고 하는데, '김생원'의 와전인 것으로 보인다. 제의일시는 1월 7일부터 준비해서 9일에 지내는데, 2년전부터 행하지 않고 있다. 지금은 신세대라 하지 않는다.

제사를 지내는 장소는 마을의 왼쪽에 있는 개울 옆의 논에서 했지만, 다리가 생긴 이후로 이곳에서 했기 때문에 특별히 당이 있는 것은 아니다. 예전에 지붕개량을 하기 전에는 이 마을에 불이 많이 났다고 해서 도깨비제를 지내 왔다고 한다. 현재는 과거만큼 불이 나는 것도 아니라 제의도 시들해진 것으로 보인다.

제의날이 다가오면 1월 7일부터 8일 동안에 여자들이 주동해서 농악대를 조직하여 마을 주위를 도는 굿거리가 행해진다. 제물을 차리는 집은 '밑집'이라고 하는데, 부녀자들이 순번제로 돌아가면서 맡았다. 이것은 대략 정월 초를 닥치면 부녀회에서 정한다. 제비는 동네에서 십시일반 자신의 정성껏 거두어서 지내는데, 이를 '김새환 밥 차려준다'고 한다.

7일날 밤 밑집에 모여 굿을 한번 해주고 동네를 한바퀴 도는데, 동서남북에 절을 한다. 밑집에 금줄을 치거나 황토를 뿌리지 않는 대신에 초상난 집이나 애기를 낳은 집의 출입을 금한다.

제물은 관촌장에 나가서 구해 오는데, 이때는 밑집이 맡지 않고 장에 나가는 사람이 대신 구해 온다. 삼실과와 초, 소지, 막걸리 등 구입하는 것은 간략하다. 예전에는 돼지머리를 구해 왔으나 근래에 들어서는 하지 않았다. 밑집에서는 팥시루·메밥 2그릇·탕·메밀묵·팥죽 등을 장만한다. 탕에는 두부와 명태를 넣어 만든다.

제물의 장만이 끝나면 제사를 지내는 곳으로 이동한다. 이때 날이 추우면 일찍 가고 따뜻하면 늦게 가기도 한다. 도착해서 짚을 깔고 제물을 진설하며 참석한 부인들이 모두 절을 올린다. 제물을 차리는 제기는 특별히 없으며, 맛을 보지 않고 양푼이나 함지에다 그대로 퍼서 담아 놓는다. 축문이 없으며, 소지도 역시 마을소지를 올리는 정도이다. 소지는 비손을 할 수 있는 부녀자 중에서 정해진다. 개인소지는 없다. 제사가 끝나면 주위의 논에 고시레를 하고 밑집으로 돌아온다.

밑집에 온 사람들은 음복을 하며 풍물을 치면서 놀게 된다. 밑집에 대한 특별한 사례는 없다. 제비는 약 10만원 미만인데, 제물을 구입하는 데 드는 비용보다는 음복할 때 드는 비용이 많다.

제사를 지내는 목적은 동네 불이 나지 않기를 비는 것이 주된 것이지만, 외지에 나가 있는 자손들이 잘되기를 빌기도 한다. 또한 동네에 외로운 곳이 없기를 빈다. 돌림병이 돌거나 해도 도깨비고사를 지내지는 않는다.

③ 전북 임실군 관촌면 구암리의 도깨비굿[13]

이 마을은 임실군 성수면과 진안군 성수면, 그리고 진안군 백운면의 경계에 위치하고 있는 산촌마을이다. 임실군 관촌면에서 백운면으로 가는 지방도로에서 오른편으로 약 1.5km 정도 오르면 마을이 나타난다. 이 마을을 구암리라고 부르게 된 유래는 마을 입구에 마치 거북형상을 한 바위들이 많다고 해서 붙여졌다고 한다. 이외에도 마을의 남쪽으로

---

13 1996년 12월 10일 현지조사.
조일수 : 남, 62세, 농업, 임실군 지산면에서 35년 전에 이곳으로 와서 정착하였다. 현재 이장을 맡고 있으면서 1996년도 도깨비굿의 제관을 맡았다.

는 임실군에서 백운으로 오는 30번도로가 있는데, 대운재라는 고개를 넘어야 하기 때문에 불편하다.

입촌조는 전주 최씨로 5대조까지가 있다고 한다. 80년대까지만 해도 45호에 394명이 살고 있었는데, 현재는 20호에 40명 정도가 살고 있는 실정이다. 논은 178마지기가 있으며, 밭에는 고추와 담배가 주작물이다.

이 마을에서 전승되고 있는 도깨비굿은 풍물굿을 중심으로 유교식제의가 가미된 형태인데, 현재 상쇠를 맡았던 분이 사망했기 때문에 풍물이 약화된 실정이었다. 1996년에는 풍물이 없이 유교식으로만 치를 예정이었는데, 조사자가 왔다고 해서 현재 남아 있는 사람들끼리 풍물패를 구성했으나 별로 흥이 나지 않은 듯했다.

이 마을에서 전승되고 있는 도깨비굿은 음력 10월 30일이라는 점에서 다른 지역과 차이가 있다. 이 점에 대해 문의한 결과 정월에는 춥기 때문에 수확이 마무리된 10월로 정했다는 말을 들을 수 있었다. 특히 추운 겨울이 되면 불을 많이 때게 되고, 이 때문에 불이 날 가능성이 높아진다는 점에서 겨울의 초입에 해당되는 이 시기로 제의날자를 정한 것으로 생각되었다.

당은 마을 입구에 있는 문턱거리의 느티나무 주위로서 당목은 이 느티나무였다. 느티나무 주위에는 개암나무와 포플라나무가 같이 심어져 있었다. 이곳에서 제물을 차려 제사를 지낸 후에 삼거리로 오게 된다. 삼거리에는 과거에 웅덩이가 있어 불이 날 경우 물을 길렀는데, 현재는 도로를 내면서 메워 버렸다. 그래서 그 자리에서 거리제의 형식으로 제사를 지낸다.

이 마을에서는 제사에 참석하는 사람이 남녀의 구분이 없이 모두 참

석할 수 있다. 제관은 당일날에 정하며, 제물의 장만은 이장부부가 맡아서 했다. 금줄을 치지 않고 황토도 뿌리지 않으며, 몸만 깨끗하게 한다는 형식이다.

제물은 이장부인이 2일전에는 백운면사무소 소재지에서 메밀을 방아찧으며 콩나물·쑥갓·명태 등을 사왔다. 제육으로는 돼지고기를 쓰는데, 3일전에 관촌 터미널에 있는 정육점에서 미리 구해 왔다. 당일 날에는 술을 사왔으며, 특징적인 것으로 과일이 없다는 것이다.

당일날 이장부인이 메밀로 만든 시루떡을 만드는데, 이때는 꼭 가마솥에 불을 때서 만들어야 한다. 이외에는 돼지고기를 삶고, 시금치·콩나물·김치·두부조림·명태조림 등을 만든다.

제물 장만이 끝나고 약 7시 30분쯤에 마을 사람들이 이장집으로 모였다. 이때 제관을 정했는데, 박춘석(74세)·김동민(55세)·송옥순(74세) 등이 뽑혔다. 나머지 사람들은 마을 창고로 가서 풍물을 챙겨 갈 준비를 했다.

7시 40분쯤 풍물을 울리면서 당으로 향했다. 당에 도착해서 먼저 짚으로 자리를 만든 후에 이장이 제물을 진설하고 절을 올린 다음 축원을 드렸다. 제물의 진설은 특별한 형식이 없이 커다란 함지박에 제물을 담은 상태를 그대로 유지하였다. 메밀시루떡만은 다른 양푼에 담아 왔다.

이때 절을 세번 했는데, 초헌관·아헌관·종헌관의 형식을 갖춘 것으로 생각된다. 축문은 없으며, 따라서 소지도 올리지 않는다. 철상을 하면서 간단히 음복을 하고 송옥순 할머니가 주변에 고시레를 드리고 삼거리로 자리를 옮겼다. 이때의 상차림은 다음과 같다.

삼거리의 상차림도 거의 유사하며, 이곳에서는 메 앞에 잔이 세개 올려져 있다. 삼거리라는 위치 때문인지 정확히 확인할 수 없었다. 이곳에

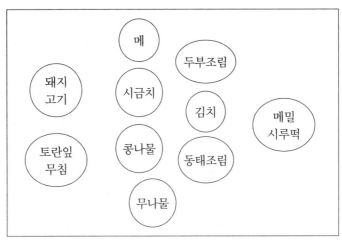

〈상차림〉

서도 절을 세번 올렸으며, 그때마다 헌작을 올렸다. 그것을 마치고는
철상을 한 후에 사방으로 고시레를 하고 이장집으로 철수하였다. 이때
가 대략 8시 30분 경이었다. 이장집에서는 모인 사람들끼리 음복을 하
고 끝이 났다.

이 과정에서 메밀시루떡을 나누어 가졌는데, 이것을 자식에게 먹이면
공부도 잘하고 탈이 없다고 한다.

제사비용은 쌀 한말 값을 동네 돈으로 준다. 과거에는 동네 밭이 약
300평 정도가 있어 여기에서 나오는 돈으로 치렀으나, 현재는 밭을 없
앤 실정이다. 이 마을에는 기독교 신자가 4-5명 정도가 되는데, 하념북
에 위치한 교회를 다닌다고 한다. 그래서인지 마을에서 도깨비굿에 대
한 인식은 어느 정도 남아 있는데, 이것도 점차 약식화되는 과정에 있기
때문에 전승이 오래갈 것같은 생각은 들지 않았다.

도깨비굿은 이 마을의 화재와 밀접한 관계가 있다. 특히 겨울에 대운

재에서 도깨비불이 내려와 한 집에서 불이 나서 이웃 집도 불이 계속 나기 때문에 도채비를 달래 준다는 의미를 갖고 있다. 하지만 요즘은 지붕개량이 이루어져 초가가 거의 없기 때문에 이 제의의 목적이 줄어들고 있다는 점도 이 제의의 전승여부에 직접적인 영향을 끼치고 있음을 알 수 있다.

(2) 화재신으로 좌정한 도깨비

도깨비가 화재를 야기하는 귀신으로 나타나는 것은 경험적인 속성이 강하게 나타난다. 도깨비불과 관련한 이야기들의 대부분이 제보자, 혹은 경험자들의 체험을 이야기한다는 점에서 서사구조적 틀을 갖지 못하는 단점도 그런 이유와 결부되어 있다.[14]

도깨비불의 양상에 대해 최인학은 달맞이 때 피우는 횃불이나 모닥불의 불씨일 가능성을 제시한 바 있다.[15] 하지만 많은 제보자들은 일반적인 불의 개념보다는 불과는 다른 또다른 존재 표현으로 인식하는 경향이 강하다. 몇 가지의 사례를 통해서 그 모습을 살펴보도록 하겠다.

> 바다에서 내가 영업두 하구 이랬어. 거서 내가 배를 이렇게 타고 있는디, 여기서 도깨비불이 켜가지구 찌르르 하구 건너드라구. 도깨비불이라는 거는 똑똑이 서가지구 가는게 아니라, 켜가지구 찔찔찔찔 흘려 가면서 간다구. 그래서 도깨비불이 가서 끄진 자리에 집을 지면 부자된다고 하는 거지.[16]

---

14 김종대, 앞 책, 95쪽.

15 崔仁鶴 외, 『韓國民俗學』, 새문사, 1988, 242쪽.

16 1991년 5월 22일 현지조사

우리 동네에도 많이 나타나는 데가 있어. 바다 여에 날이 궂을라고 그러면 불이, 뻘건불도 아니고 퍼러스롬한 불이. 막 어떨 때는 보면 똑 비행기메로 요로 갔다 조로 갔다 이럴 때가 있고. 또 어떤 때는 보면 또로시한 불이 몇개가 보일 때도 있고, 그런 데가 있는디. 요 산(바독산) 바로 밑에 날이 궂고 그러면 도채비불이, 가생은 바위가 있고 그 밑에 자갈이 있고 뻘이 있거든. 여 자 여쪽에 날이 궂으면 저런 디가 도채비불이 많이 써. 그것이 어찌 써느냐 하면 덤장자리 마도, 섣달 그믐하고 정월 보름날에는 도채비불이 써, 단 때는 안써도. 불이 써는 자리가, 도채비불이 쓴 자리에 반드시 어장을 쳐놓으면 그 놈이 대풍으로 괴기를 많이 잡게 되.[17]

도깨비불이 나타나는 형태는 일상적으로 일어나는 현상과는 차이가 있음을 잘 보여준다. 주목되는 것은 도깨비불이 꺼진 곳을 부를 얻을 수 있는 자리라고 인식하고 있다는 것이다. 이것은 도깨비가 갖고 있는 재물신적인 속성이 반영된 결과이다. 특히 집자리의 문제는 양택풍수와 도 결부되어 있다는 점에서 흥미롭다.

그럼에도 불구하고 화재신으로 생각한 도깨비불의 모습은 일반적인 불을 대상으로 한 것이라는 점에서 근본적인 차이를 보여준다. 사실 조사된 동네에서도 도깨비불은 많이 나타났다고 한다. 그러나 도깨비불이 꺼진 자리에 집을 지어 부자가 되었다는 소리는 듣지 못했다. 내륙과 해안가의 차이가 있기는 하지만, 이들 지역에서는 화재를 일으키는 근본요인을 도깨비불에 있다고 한 것은 도깨비의 또다른 속성을 보여준다

장근순 : 남, 1916년, 농업, 충남 태안군 이원면 관리.

17 1992년 9월 3일 현지조사.

정말언 : 남, 1921년생, 어업, 전남 여천군 소라면 사곡리 3구.

는 점에서 주목될 만하다.

도깨비불의 모습이 화재를 연상하는 방향으로 전개된 것은 경험적인 속성을 반영한 것이다. 즉 굴뚝에서 나오는 불씨 등이 날리는 것을 보면서 이것을 도깨비불의 조화라고 생각한 경험들이 축적되면서 형성된 것이기 때문이다. 특히 초가집의 경우 불씨는 화재의 직접적인 원인이 되기 때문에 그런 경험 등이 도깨비불이라는 현상으로 연결시킨 것이라고 할 수 있다.

도깨비불이 부를 가져다주는 존재이기보다는 화재나 일으키는 잡귀적인 속성으로 이해한 것은 상상적인 결과물이기 보다는 경험적인 속성에 근거한 것이다. 그러한 경험은 제사를 지내게 하는 신앙적인 바탕이 되었다. 불에 의해 마을에 화재가 일어나는 것까지도 잡귀의 장난으로 인식하고 이들을 잘 풀어 먹임으로서 그러한 해로부터 벗어나고자 하는 민중적 심성이 도깨비제를 형성하게 된 것이다.

하지만 도깨비가 갖고 있는 부신적인 존재물의 이해가 왜 화재를 일으키는 귀신으로 전락한 것인가에 대한 의문은 해소되지 못한다. 도깨비불이라는 이상현상을 바탕으로 형성된 화재방지를 위한 도깨비굿의 전승은 그런 점에서 지역적인 독자성을 엿볼 수 있다.

이들 지역은 주로 산촌에 가까운 마을이다. 구암리의 경우도 과거에는 남쪽에 위치한 임실군에서 백운으로 오는 30번도로를 주로 이용했기 때문에 대운재라는 고개를 넘어 다녀야 할 정도로 불편한 곳이었다. 불이 한번 나게 되면 끌 수도 없었기 때문에 온 마을이 폐허가 되다시피 하였다. 이런 화재사고의 원인은 인간의 실수보다는 도깨비라는 존재, 특히 도깨비는 불로 나타나기 때문에 이들의 장난으로 불이 난 것으로 생각하게 된 결과로 이러한 제의가 형성된 것으로 볼 수 있다. 따라서

정월 대보름의 경우에는 일년 내내 사고없이 지낼 수 있도록 기원하는
의도로, 구암리의 경우는 차이가 있기는 하지만 불이 이용이 많은 겨울
초입에 지냄으로서 화재를 막아 보려고 했던 것이다.

그런 점에서 전북 내륙지방에서 전승되고 있는 도깨비제의는 도깨비
가 갖고 있는 부신적인 속성보다는 도깨비불이라고 하는 현상적인 이해
를 바탕으로 형성되었음을 알게 한다. 하지만 이러한 이해방식은 일부지
역에서 전승되는 내용만을 바탕으로 한 것이기 때문에 온전한 것이라고
보기는 어렵다. 예컨대 무주의 대차리에서는 다섯개의 당 중에서 마지막
으로 도깨비집에 대한 제의가 있는데, 이곳에 차리는 제물도 메밀묵만이
오른다. 이곳에서 제사를 드리는 이유는 화재방지가 목적이 아니라, 모
래를 뿌리는 등 장난이 심하기 때문에 이를 방지하기 위한 것이라고 한
다.[18] 따라서 이들 지역에 대한 세밀한 조사를 통해서 화재방지를 기원하
는 도깨비굿의 전승양상을 규명할 필요가 있을 것으로 생각된다.

3. 海岸地方의 도깨비信仰과 그 傳承

해안지방에서 전승되어 오던 도깨비제의는 이제 거의 단절되는 과정
에 있다고 해도 과언이 아니다. 특히 주 전승지였던 서해안은 무절제한
간척사업으로 인해서 어장이 폐쇄되는 등 많은 변화에 의해 급격하게
소멸될 수밖에 없는 지경이다.

---

18 1996년 12월 7일 현지조사.
　　성삼철 : 남, 77세, 농업, 이곳이 고향으로 7대째 살고 있으며 현재 노인회장이다.
　　서철희 : 남, 70세, 농업, 전북 금산 앞소골에서 살다 할아버지대에 이곳으로 이주하였다.

도깨비와 관련된 어로신앙의 전승은 대개 해안가를 중심으로 전승되어 왔다. 이런 사실은 갯벌의 문제와도 밀접한 관련이 있는 것으로 보이는데, 다만 남해안까지 분포하고 있는 산망 풍속은 이와 달리 어장을 토대로 한 점세속의 성격이 강하게 나타난다는 점에서 차이가 있다.

사실 갯벌을 생업의 기반으로 삼아 왔던 어민들에게 전승되던 도깨비 제의는 현재와 같이 원양이나 원거리어업을 하는 어민들에게는 큰 의미를 갖지 못하고 있다. 그럼에도 불구하고 뱃고사에서 도깨비에게 제물을 주는 절차가 남아 있는 것은 과거의 전통을 그대로 견지한 까닭 때문이 아닌가 추정된다.

여기에서는 크게 풍어의 신격으로 좌정한 도깨비제의와 점세속의 성격이 강한 도깨비불보기나 산망으로 나누어서 살펴보고자 한다.

1) 豊漁神으로서의 도깨비신앙

(1) 뱃고사에 나타나는 도깨비신앙

뱃고사는 마을공동체신앙과 결부될 경우 마을제사가 끝나고 난 후에 치러지는 것이 보편적이다. 하지만 이와 달리 명절이나 첫 출어 등에서는 자기 배에서만 고사를 드리기 때문에 차이가 있다.

마을신앙과 결부될 경우에는 길지로 표현된 서낭모셔오기와 밀접한 관련이 있기 때문에 마을제사가 끝난 후에 행해지는 것이다. 이러한 뱃고사는 사실 자신의 배에 좌정한 서낭을 위한 고사라고 할 수 있다. 그렇기 때문에 도깨비를 위한 본격적인 고사의 성격을 띠기보다는 산물이라고 하는 고시레과정에서 나타날 뿐이다. 전북 부안군 계화면에서는 배에 차려놓은 제물을 먼저 뿌리고 나서 도깨비가 좋아하는 메밀범벅을

뿌린다고 한다.[19] 즉 산물은 잡신들을 풀어 먹이는 것이지만, 메밀범벅
은 도깨비를 위한 것이기 때문이다.

이때에 올리는 제물 중에서 메밀범벅이 많이 나타난다. 메밀범벅의
경우에는 도깨비가 좋아하기 때문이라고 하는데, 전남 무안 해제에서
조사한 바에 따르면 도깨비는 어장이 없기 때문에 음식을 소화시킬 수
가 없다는 것이다. 따라서 메밀범벅을 뿌리면 직접 먹는 것이 아니라
냄새만 맡는데, 메밀의 냄새를 가장 좋아하기 때문이라고 한다.[20] 이
말이 사실이든 아니든 간에 도깨비가 메밀을 좋아하는 것은 분명하다.
뱃고사에서만 메밀범벅을 뿌리는 것은 아니기 때문이다.

뱃고사의 마지막 과정에서 행해지는 메밀범벅 뿌리기는 사실 덤장고
사와 관련이 있는 것으로 보인다. 왜냐하면 덤장고사 때의 독축내용이
나 뱃고사 때의 독축내용이 차이가 별로 없기 때문이다. 이때의 도깨비
명칭은 참봉이나 첨지로 나타나는 것이 일반적이다.[21] 즉 "물아래참봉
물위의 참봉"이라는 식으로 부르면서 메밀범벅을 뿌린다.[22]

뱃고사에서의 이러한 제물드림은 덤장고사에서 영향을 받은 것으로

---

19 1996. 10. 16. 현지조사
　　김동산(남, 59세, 어업, 전북 부안군 계화면 계화리 상리마을)
20 1997. 5. 21. 현지조사
　　강대홍(남, 56세, 어업, 전남 무안군 해제면 송석 2리 입석마을)
21 참봉은 조선시대 종 9품의 관직을 이른다. 그러나 제주도에서는 유독 영감이라고 부르
　　는데, 영감은 종 2품이나 정 3품의 당상관을 이르던 관직명이다. 영감의 호칭은 이수광
　　의 『芝峰類說』에 따르면 1590년부터 사용했다고 한다.
22 명칭을 관직명으로 사용하는 것은 도깨비를 일정한 품계에 올려놓고자 하는 민중적인
　　심리가 반영된 까닭에서 이다. 바다에서 도깨비를 만나면 칼을 숫돌에 갈면서 "小人들
　　이 있는데 왜 이렇게 난잡하게 하시냐"라는 식으로 올려 부르고 있는 사정도 이와 무관
　　하지 않다(1997. 5. 22. 현지조사. 제보자 : 안맹인, 남, 68세, 어업, 전남 함평군 손불
　　면 월천 2구 안악마을).

볼 수 있는데, 그 과정은 덤장고사와 달리 매우 축소화되어 나타나고 있다. 그런 사실은 뱃고사가 도깨비보다 서낭을 주신으로 삼고 있기 때문에 나타난 현상이라고 할 수 있겠다.

(2) 덤장고사로서의 도깨비신앙

덤장은 갯벌에 말뚝을 박고 그물을 이은 형태의 고정망식이다. 원시시대 이래로 이러한 어로방식이 있었는데, 현재도 제주도나 충청도 등지에서 찾아볼 수 있는 돌로 쌓은 독살이 그것이다.[23] 조선시대에는 그물이 없었기 때문에 대나무 등으로 총총히 박아서 만들었는데, 이를 죽방렴이라고도 불렀다. 덤장의 설치는 갯벌이 발달한 곳을 중심으로 이루어졌다. 따라서 덤장고사는 서해안과 남해안을 중심으로 전승되어 왔다.

덤장의 특징은 어선을 이용해서 바다로 나가지 못하고 운에 의해서 고기의 양이 결정된다는 것이다. 즉 어군을 따라가서 그물을 설치하는 것이 아니기 때문에 고기가 많이 밀려오면 많이 잡을 수 있지만 그렇지 못할 경우에는 한 마리도 잡지 못하기도 한다.

따라서 누군가 고기를 몰아주어야 한다고 생각하는데, 그 주체가 도깨비이다. 이러한 고사의 유래에 대해서 이야기가 전해져 오기도 하며, 특히 갯벌에서 물이 빠질 때 나는 소리를 도깨비가 걸어가는 소리라고도 한다.[24] 이것은 도깨비가 고기떼를 덤장으로 몰아줌으로서 풍어를

---

23 독살은 연평도에서부터 거제도, 그리고 제주도에서도 행해졌던 원시적인 어로방식이다(鄭然鶴, 「傳統漁獵 '돌살'에 대하여」, 『比較民俗學』 11輯, 比較民俗學會, 1994, 583-605쪽 참조).

24 『내고향 해제고을』, 해제면지발간위원회, 1988, 273쪽 참조.

이룰 수 있다고 한 믿음에서 형성된 것인데, 그 유래담으로 다음과 같은 내용이 대표적이다.[25]

> 옛날에 물암 앞바다와 연결되는 고랑이 갯벌에 연결되어 있었다. 이 고랑은 물이 들 때 그물을 쳐 두었다가 물이 빠지면 그 고랑 속에 빠진 고기를 그물로 건져내기도 했던 곳이다. 보통 이 고랑을 개막이라고 불렀다.
> 한 사람이 거기서 어장을 하고 있었다. 그 사람은 배를 타고 다니면서 고기를 많이 잡았는데, 물이 썰어서 그 곳에 빠진 고기를 통으로 건져내면 보통 많이 잡혀 나왔다. 그런데 하루는 그 많은 고기가 하나도 잡히질 않았다. 이상히 여긴 그 사람은 다시 그물을 치고 배에 앉아서 혹시 누가 훔쳐간 것이면 지켜서 잡아야겠다고 생각했다. 그런데 뻘 저만치서 무엇이 뽕뽕 빠지는 소리가 나면서 형체는 안 보이는데 불빛이 보이는 것이었다. 그가 이제야 잡았다고 생각해서 소리를 버럭 지르고 쫓아가 보니, 도망가는 것도 없이 불빛이 사라져 버리는 것이었다. 문득 그 사람은 어떤 이상한 생각이 들었다. '그렇다 도깨비가 틀림없다!' 이렇게 생각한 그 어부는 집으로 돌아왔다.
> 어부는 옛날부터 도깨비는 메밀떡을 좋아한다는 얘기를 생각해 내었다. 그는 집에 돌아온 다음 곧 바로 부인에게 얘기해서 맷돌에 메밀을 갈아 죽을 쑤었다. 다음날 배를 타고 나온 어부는 배를 타고 다니면서 준비해 온 메밀죽을 갯벌에 뿌렸다. 배부르게 먹고 고기를 잘 몰아 많이 잡게 해 달라고 빌면서, 그런 뒤에 다시 생메밀을 뿌렸다.
> 이런 다음날부터는 고기가 다시 잘 잡히게 되었고, 서무셋날이나 열무셋날 쯤 보름에 한번꼴로 고사를 지내어서 풍어를 빌게 되었다.

---

25 위의 책, 272쪽.

이러한 유래담은 전남 무안에서 뿐만 아니라, 신안군 흑산도 등지에
서도 나타난다는 점에서 전라도지역에서 형성된 유래담으로 볼 수 있
겠다.[26] 하지만 흑산도에서 채록된 이야기는 이와 달리 도깨비를 만나
술과 음식을 제공하면서 고기를 많이 잡게 되었다는 내용을 갖고 있다.
이와 같은 이야기를 충남이나 경기도에서는 찾아보기 어려운데, 현재
까지 조사된 내용으로 볼 때 경기도 화성군 서신면까지[27] 도깨비고사
가 있었다고 하는 점에서 이 지역까지도 전승되었을 가능성이 높다고
하겠다.

덤장고사의 방식은 매우 간단하다. 먼저 제물을 장만하고서 서무셋날
(음력 12일)이나 열무셋날(음력 27일)에 제사를 드리러 간다. 제물로는 돼
지머리와 메밀묵이 꼭 오르며,[28] 이외에 나물·백시루·숭어·메·술 등
이 있다. 제물을 장만할 때는 간을 볼 수도 없으며, 고추가루도 사용하
지 못한다.

제물을 차리는 곳은 일정하지 않다. 어떤 사람들은 어장의 옆으로 가
서 고사를 지내기도 하며, 어떤 사람들은 덤장이 보이는 갯가에 짚을
깔아놓고 제물을 차린다. 어장에 배를 타고 가서 고사를 지낼 때는 배가
흔들리기 때문에 큰 절을 올리지 못하고 대신에 목례를 한다. 그런 후에
축원을 올리며, 그것이 끝나면 모든 제물을 어장 주위에 뿌리고 돌아온

26 이와 관련한 이야기에 대한 논의로는 본인의 「漁業과 도깨비譚의 關聯樣相」(『민속학연
　구』 2호, 국립민속박물관, 1995, 140-141쪽) 참조
27 주강현·진철승, 「마을共同儀禮와 個人儀禮」, 『華城郡의 歷史와 民俗』, 華城郡·慶熙
　大學校 中央博物館, 1989, 277쪽.
28 메밀묵을 만드는 형식은 각기 다르다. 예를 들어 충남 서천군 서면 마량리의 윤덕용씨
　의 경우에는 백시루와 물엿을 개어 서너개 정도를 만들어 어장터 주위에 뿌린다(김종
　대, 「충남의 어로신앙」, 『어촌민속지』, 국립민속박물관, 1996, 369쪽).

다.[29] 갯가에서 할 경우에는 산물을 하고 남은 제물을 집으로 가져오기도 한다.

덤장고사에 대한 믿음은 매우 강했던 것으로 보인다. 현재는 거의 단절된 실정이기 때문에 고사를 지내는 것도 보기가 어렵지만, 예전에는 도깨비가 고기를 몰아주어야 많이 잡을 수 있다는 믿음에서 보름마다 고사를 올릴 정도로 정성이 지극했던 것이다. 이것은 뱃고사와 비교할 때 엄청난 치성이다. 뱃고사는 명절인 설과 정월 보름, 추석, 그리고 첫 출어를 할 때 지내게 되지만 덤장고사는 이때와 함께 한달에 두번씩 지내야 했기 때문이다.[30]

2) 占歲俗에 나타난 도깨비신앙

점세속으로 하는 도깨비신앙 형태는 도깨비불이 나타난 곳에서 고기가 많이 잡힌다고 하는 믿음을 바탕으로 하는 것이다. 그런 행위는 농촌에서 풍흉을 점치는 연초의 점세속과 같은 성격을 지니는 속신형태이다. 우리나라에서는 주로 서해안과 남해안에서 행해졌는데, 현재는 거의 전승이 단절된 실정에 있다.

---

29 충남 태안군 소원면 의항 2리의 문문배씨의 경우에는 고시레를 하고 남은 제물을 집으로 가져와 식구들끼리 음복을 한다(위의 책, 356쪽). 그러나 음복을 식구끼리 하는 경우는 드문 편이며, 대개 고사음식은 고시레를 하고 오거나 남을 경우 고사를 지내러 간 사람들과 함께 먹는 것이 보편적이다.
30 덤장이나 살맞이고사는 대개 혼자하는 것이 보편적이다. 그런데 충남 홍성군 수룡동의 경우에는 3-4명이 모여서 살맞이를 하기 때문에 고사를 지낼 때도 이들이 함께 지낸다고 하며, 고사는 음력으로 2월 그믐에 한번 지낸다고 한다(위의 책, 335쪽).

(1) 서해안지역의 도깨비불보기

서해안지역의 도깨비불보기는 주로 덤장과 같은 고정망식의 어로방식을 행하던 어민들에 의해서 전승되어 왔다. 하지만 위도와 같은 곳에서는 조기잡이가 한창일 때 정월 보름에 마을제사가 끝난 후에 도제봉에 올라서 도깨비불이 많이 나타나는 곳을 보기도 한다. 현재까지 전승되고 있는 지역의 한계는 충남 태안군 소원면 의항리로 생각했으나,31 1996년 충남 홍성군 서부면 판교리에서 조사하는 과정에서 황해도 지역에서도 행해졌다는 소리를 들은 바 있다. 주로 안강망을 하는 사람들이 정월 보름날 새벽 한시에서 두시 사이에 동네에서 제일 높은 산에 올라 불이 부리는 곳을 확인하는데, 이를 '불킨다'라고 한다.32

도깨비불보기는 주로 섣달 그믐, 즉 달도 없고 깜깜한 밤에 보는 것이 일반적이다. 이때는 도깨비불이 가장 밝게 빛나기 때문에 보기가 용이하기 때문이다. 대개의 경우 도깨비불이 빛나는 곳에서 고기가 많이 잡힌다고 생각하는데, 돌살이나 덤장을 하는 곳에서는 도깨비불이 내려오다가 꺼진 곳에 고기가 많기 때문에 그곳에 어장을 친다고도 한다.

우리가 어려서는 그런 일이 많았었어. 여기 저 도흑살이, 배 있는디 밑이가 도흑살이었어. 헌데 불이 막이여. 저기서(산쪽을 가리키며) 쪼옥 오더니 도흑살로 가더니 말이어. 도흑살로 오더니 불이 꺼지더라구. 그 린디 도깨비불이 꺼지면 재수가 좋다잖아. 그래고 난는데, 막 불이 꺼지고 나서 물이 써가지구 독이 난는디, 고기가 완전히 찼었어.33

---

31 「漁業과 도깨비譚의 關聯樣相」, 143쪽.
32 위의 책, 335쪽.
33 『한국의 도깨비연구』, 326쪽.

그러나 이러한 경험담의 형태가 다른 지역에서도 일치하는 것은 아니다. 일반적으로는 도깨비불을 본 곳에 덤장이나 살을 치는 형태로 나타난다. 즉 일년이 시작되는 섣달 그믐날 밤에 도깨비불을 보러가서 고기가 많이 날 곳을 확인하는 식으로 행해지기 때문이다. 전라북도 군산시 옥도면의 섬지방이나 고창, 그리고 전남지방에서도 이러한 도깨비불보기행위는 거의 섣달 그믐날 행해진 것이 보편적이다.

섣달 그믐날의 행위는 설날에 뱃고사를 지내는 것과도 거의 같은 시기적 의미를 갖고 있다. 설날에 지낸다고 하지만 시간적으로는 섣달 그믐날 저녁에 이루어지기 때문이다. 즉 그 해의 풍어를 기원하는 뱃고사와 마찬가지로 덤장이나 살을 치는 사람들도 도깨비불을 통해서 고기가 많이 날 자리를 년초에 확인하는 방식으로 전승되어 왔던 것이다.

다만 전북 위도에서는 다른 시기를 택하고 있는데, 그것은 조기잡이와 관련이 있다. 정월 초이튿날 행해지는 도제를 지내고 나서 초사흗날에 도깨비불을 보기 위해 도제봉으로 오른다. 이때의 도깨불이 나타나는 방식은 아래와 같다.

> 고놈이(도깨비불을 말함) 이렇게 사그라지고 나서는 이 긔 그는 본이가 하나가 빤닥빤닥 나와요. 나오가 하나가 둘이 되야, 둘이 넷되야, 넷이 여덟되야, 많커던요. 인자 빤닥빤닥 빤닥빤닥 빤닥빤닥해 가지고는 요놈이 이렇게 돌으요. 물웅성이 이렇게 돌아와. 돌아 가지고 고놈, 그 개조기 꺼지는디, 없어지는디. 거기가서 인자 큰 조구가 잡힌다고 그러지.[34]

이 사례는 1992년 6월 9일 충남 태안군 소원면 의항리에서 조사한 내용이다.
34 河孝吉·金宗大, 「說話」, 『蝟島의 民俗』, 國立民俗博物館, 1985, 52쪽.

도깨비불이 꺼지는 곳에서 조기가 많이 나온다는 속신의 형성은 도깨비불이 꺼진 자리,[35] 혹은 도깨비가 노는 자리에 집을 지으면 부자가 될 수 있다는 육지 쪽의 인식방법과 동일하다.[36] 그곳이 바로 도깨비의 거주지라는 속설을 바탕으로 형성된 것인데, 이것은 도깨비가 부를 가져다주는 존재물이고 그 자리는 부의 원천이라는 사고방식에 근거한 것이다. 이러한 사실은 경남지방에서 전승되고 있는 산망도 같은 의미로 해석된다.

도깨비불이 풍어를 상징하는 존재물로 나타난 것은 어떤 이유에서인가. 도깨비불의 표현이 바다에 살고 있는 형광플랑크톤의 출현과 관련이 있는 것으로 볼 수도 있지만, 도깨비불을 본 사람들의 표현에 따르면 그런 식으로 해석될 수 있기가 어렵다. 특히 불이 찔찔 흘린다던가, 일상적인 불의 모습이 아니라 퍼르스름하다는 식으로의 색깔표현은 도깨비불의 존재가 남다르다는 것을 보여주는 것이기 때문이다.

(2) 경남지방의 산망

경남지방에서의 산망풍속은 1970년대에 조사된 내용이다. 장주근에 의하면 경상남도의 사량도나 욕지도 등의 도서지방에서 전승되고 있는데, 이를 산망(山望)이라고 하였다. 그 성격은 서해안에서 전승되는 내용과 거의 비슷하다. 주로 이를 하는 사람들은 멸치잡이를 하는 어민층이라는 점이 주목되는데, 서해안은 조기잡이권과 관련이 있어 차이를 보여준다. 이 지역에서 행해진 시기도 섣달 그믐날 밤이다. 따라서 서해

---

35 『한국의 도깨비연구』, 320쪽.
36 『韓國口碑文學大系』 5-1, 韓國精神文化硏究院, 1980, 617-622쪽.
　　『濟州說話集成』 (1), 濟州大學校 耽羅文化硏究所, 1985, 399-402쪽.

안과 남해안에서 행해진 도깨비불보기는 섣달 그믐날이 보편적인 풍속
이었음을 알게 한다.

경남지방에서의 산망풍속은 서해안과 달리 갯벌이 발달하지 않았음
에도 불구하고 전승되어 왔다. 이러한 측면은 서해안에서 전승되던 풍
속이 남해안으로 전파되었을 가능성을 엿보는데 도움을 준다. 특히 도
깨비의 기반이 갯벌이라는 점도 중요한 점이기 때문에 남해안으로 전이
되었던 것으로 볼 수 있다.

경남지방에서는 방렴형태가 최근까지도 전승되고 있다. 서해안에서
도 초기에는 나무나 대나무를 이용해서 만들었겠지만, 그물이 발달한
이후에는 말뚝 이외의 나머지는 그물로 처리하는 방식을 취해 왔다. 하
지만 남해안은 물이 깊기 때문에 소나무 등을 이용한 방렴형식을 취하
고 있다. 이러한 방식은 조선시대에도 행해졌던 것으로 보아 그 역사가
오래됨을 알게 한다.[37]

따라서 남해안의 전 지역에서 산망풍속이 있었을 가능성은 매우 높다
고 하겠다. 일찍부터 이 풍속이 사라졌던 것은 일제침략기 이후 이 지역
으로 일본식 어로방식이 유입되었기 때문에 그물을 이용한 어로형태가
발달된 때문으로 풀이된다. 이에 대해서는 보다 포괄적인 조사가 있어
야 할 것이다.

흥미로운 것은 동해안지역에서는 도깨비신앙의 흔적이 거의 없다는
사실이다. 이 지역은 수심이 깊기 때문에 고정된 어장을 설치하기가 어
렵다는 사실과도 밀접한 관련이 있다. 어전을 행해진 곳은 대개 하천을
중심으로 한 지역인데, 서해안의 갯벌과 달리 모래가 발달한 해안선이

---

37 『韓國民俗綜合調査報告書』(漁業用具篇), 文化財管理局 文化財研究所, 1992, 187쪽.

라는 사실과도 무관하지 않은 듯하다.

4. 結語

이상으로 한반도 지역에서 전승되어 왔던 도깨비신앙에 대해서 살펴 보았다. 도깨비신앙은 크게 육지에서 전승되는 것과 해안가에서 전승되 는 두 가지 양태로 나누어진다. 먼저 육지의 도깨비신앙은 전북지방에 서 전승되는 도깨비불과 관련한 도깨비굿의 형태와 순창 탑리나 진도에 서 행해지던 도깨비굿으로 대별된다. 이들 신앙형태의 형성과 전승은 큰 차이가 있다. 도깨비불과 관련했을 때 도깨비는 불이라고 하는 존재 표현으로 나타나며, 이것은 민가의 화재와 연관이 되어 이를 방지하려 는 의도로 전승되어 왔다. 제의일시로는 정월 보름이 대부분을 차지하 고 있지만, 구암리와 같이 겨울의 초입에 해당되는 음력 10월에 제의가 이루어지는 특징이 있다. 정월 보름의 형태는 일년 동안 불이 나지 않기 를 기원한다는 의미가 강하나, 구암리는 불을 본격적으로 사용하는 겨 울의 시작에 행해진다는 점에서 보다 현실적이다. 이들 마을에서 전승 되는 도깨비굿은 마을에 화재로 인한 피해가 자주 일어남으로써 형성된 것이기 때문이다.

순창과 진도 등에서 전승되는 도깨비굿은 질병과 관련된 것이다. 이 들의 경우 도깨비는 돌림병을 가져다주는 역신의 성격을 띠고 있다는 점에서 처용설화에 나오는 역신과 연결되는 존재이기도 하다. 특히 도 깨비가 병을 가져다주는 형태로 인식되는 신앙형태로는 제주도의 영감 놀이가 있어 전라도와 제주도 간의 영향문제를 고려할 필요가 있을 것

으로 생각된다.

육지쪽에서 전승되는 도깨비굿의 문제는 여자와 대립관계에 놓여 있는데, 이것은 매우 흥미로운 사실이라고 할 수 있다. 역신으로 나타나는 도깨비를 쫓기 위해서 여성들이 주동인물이 되어 행해지는 도깨비굿은 실질적인 대립문제가 〈도깨비를 이용해 부자되기〉라는 이야기 속에서도 부분적으로 찾아진다는 사실을 고려한다면 수긍될 만하다. 특히 도깨비가 여성을 좋아한다는 호색적인 속성을 반영한 것으로 보이는 이들 제의는 대립적인 관계에서뿐만 아니라, 여성들만이 제의에 참여한다는 사실에 근거할 경우 일종의 인신공희적인 속성을 보여주는 것은 아닐까 생각할 수 있겠다. 그렇지만 반송리의 사례처럼 화재를 방지하기 위한 제의 자체도 여성들에 의해서 행해진다는 것은 추후 논의할 필요가 있다.

바다의 경우에는 풍어를 기원하는 도깨비고사와 고기가 많이 날 장소를 섣달 그믐에 알아보는 점세속으로 나타난다. 이들 제의의 특징은 여성과 직접적인 관련이 거의 없다는 사실이다. 풍어 기원의 도깨비고사는 남성들에 의해 주도되며, 도깨비불보기도 남성들에 의해서만 행해진다. 물론 여기에는 어업과 여성간의 금기문제가 고려대상이 될 것이기는 하지만, 육지쪽과는 확연한 차이를 보인다는 점에서 주목된다.

도깨비고사는 그 형성과 관련하여 유래담이 전해지고 있다. 특히 갯벌이나 바닷가에서 거주하는 어민들에 의해 전승되어 온 이들 신앙형태는 개인고사적인 속성이 강하다는 점에서 기복신앙적인 의미까지도 포함하고 있는 것으로 생각된다. 무엇보다도 도깨비가 부를 가져다주는 존재로 나타나고 있는 이야기가 많이 전해지고 있다는 사실에 의해서 이러한 신앙형태의 형성이 가능했던 것이 아닐까 추정되기도 한다. 갯

벌에서 어로행위를 하는 어민들에게서는 도깨비가 신격화되어 나타나고 있는데, 그러한 사실은 갯벌에 설치된 고정망에 의해 고기를 잡는다는 문제와 밀접한 상관관계가 있다. 갯벌에서 썰물 때 물이 빠지는 소리의 일종으로 표현되는 **뽕뽕뽕**도 도깨비가 생활하는 공간이 갯벌에 있음을 잘 보여주는 것이다.

도깨비불보기의 풍속도 도깨비가 고기와 관련이 있다는 사실에 근거한다. 즉 도깨비불이 많이 나타나는 곳이나 도깨비불이 꺼진 자리에서 고기가 많이 잡힌다는 속신은 도깨비가 어물을 좋아한다는 사실과도 무관할 수 없다. 이 점은 육지쪽에서도 채록된 이야기 중에 도깨비가 나타나는 자리에 집을 지으면 부자가 된다는 내용이 있다는 점에서 도깨비의 부신성을 확인할 수 있는 것이기도 하다. 도깨비불보기는 대개 섣달 그믐에 행한다. 그것은 새해의 시작이라는 의미에서 일년의 고기잡이가 풍어를 이룰 수 있기는 기원하는 뜻을 담고 있는 점세속이라는 것을 보여주는 것이다. 또다른 점은 섣달 그믐에는 달도 없고 가장 깜깜한 밤이기 때문에 도깨비불을 보기가 쉽다는 점을 들 수 있다. 따라서 농촌에서는 마을제의가 달과 관련하여 정월 대보름에 행해지고 있지만, 어촌에서는 그런 사정과 상관없이 현실적인 의미로서 섣달 그믐에 행하는 것으로 생각된다.

도깨비신앙에서 중요한 제물로 자리잡은 메밀의 문제도 도깨비를 해명하는데 중요한 단서가 될 것으로 생각된다. 메밀은 구황식물로 남북국시대인 신라시대 말기에 중국에서 유입되었다. 이런 점에서 본다면 도깨비에게 메밀을 바쳤다는 시대적 상한선이 이 시기까지 소급될 수 있다. 특히 메밀은 상층부의 입장에서는 계절식이나 특수한 음식을 만드는 곡물로 사용되었을지 몰라도 하층민들에게는 주식이었을 가능성

이 높다. 쌀이나 보리 등이 떨어진 상황에서 한가롭게 메밀로 국수를 만들어 먹었을 가능성보다는 주식으로 먹어야 하는 극박한 상황이었을 것으로 보는 것이 타당하기 때문이다. 그것은 도깨비에게 올릴 만한 제물로 메밀이 가장 중요했다는 사실과도 결부된다. 요즘에 와서야 쌀이나 돼지머리를 구하기 쉽지만 과거에는 이것을 제물로 올릴 만한 상황은 아니었다는 사실을 고려해야 한다.

이상으로 논의된 내용이 도깨비신앙의 모든 면은 아니라고 생각된다. 향후 도깨비신앙에 대한 세밀한 조사를 통해서 총체적인 면모를 밝혀야 할 것이지만, 현재 도깨비신앙의 전승이 거의 단절되고 있는 시점이라는 점에서 어려운 작업임이 분명하다. 이외에도 신앙의 전승과 그 형성에 대한 근원적인 문제 등을 다루지 못했다. 이것은 본인의 한계라는 점에서 지속적인 논의작업을 펼칠 예정으로 있다.

濟州島 令監놀이에 대한 一考察

놀이의 形成과 令監의 性格을 中心으로

1. 序言

제주도에서 전승되고 있는 영감놀이는 유감주술적인 의례행위로써 뿐만 아니라, 풍어기원의 대상으로 도깨비가 중심을 이루고 있는 특징적인 놀이형태이다. 하지만 단순한 놀이이기 보다는 인간이 희구하는 정신적인 물질적인 건강을 확보하기 위한 놀이라는 점에서 그 의미가 강조된다.

여기에서 영감이라고 지칭된 존재는[1] 육지에서 일반적으로 알려져 있는 도깨비의 성격과 유사한 속성을 갖고 있기 때문에 그 흥미가 더욱 뚜렷하기는 하지만, 현재까지 육지에서의 도깨비의 속성을 완전하게 해

---

1 영감에 대해서 현용준은 令監, 즉 正三品이나 從二品 등과 같이 堂上官의 호칭이라고 말한 바 있다. (「영감본풀이와 영감놀이」, 『白鹿語文』 5輯, 濟州大學校 國語敎育硏究會, 1988, 26쪽) 이와 함께 일반적으로는 참봉이라는 명칭도 많이 불리워진다. 그러나 이러한 호칭은 단지 제주도의 도채비에 국한되어 사용되는 것은 아니며, 육지의 서해안지역에서 전승되던 도깨비고사에서도 불리워졌다는 점에서 제주도적인 특징을 반영한 것으로 보기는 어렵다. 이외에도 육지에서는 김서방이라는 호칭이 많이 불리워진다. 이에 대해서는 拙稿 「韓國 도깨비譚 硏究」(中央大學校 大學院 博士學位論文, 1993, 139-146쪽)를 참조할 것.

명하지 못한 실정이기 때문에 제주도의 도깨비도 그 존재적 속성이나 형성 및 전파에 대한 해명이 극히 미진한 상태에 있다.[2]

영감놀이의 존재문제는 놀이의 대상과 목적, 그리고 영감의 성격 등을 규명함으로써 그 실마리를 찾을 수 있다고 생각한다. 본인은 이와 관련하여 이미 제주도의 도깨비적 성격과 도깨비의 전파양상, 〈도깨비본풀이〉의 형성과정을 시론적으로 논의한 바 있다.[3] 여기에서 제주도의 도깨비신앙형태에서 주목되는 생업으로서의 멸치잡이와 대장간을 중심으로 하여 도깨비신앙이 육지에서 전파된 것임을 거론하였으며, 특히 도깨비담 중에서 〈도깨비를 이용해 부자되기〉유형이 조술생본의 도깨비본풀이 구조가 유사함에 착안하여 그 서사구조도 역시 육지에서 건너간 것임을 제시하였다.

이러한 본인의 기존 논의를 바탕으로 하여 영감놀이에서 나타나고 있는 도깨비의 성격을 고찰하려는 것이 본 고의 목적이다. 영감놀이의 양상비교를 위해 역신퇴치에 목적을 두고 있는 육지의 도깨비굿을 중점으로 살펴 보고자 한다. 그러나 제주도의 영감놀이와 같이 육지쪽의 역신퇴치를 위한 도깨비제의형태도 국지적인 분포를 보이고 있으며, 이러한 경향은 현재적인 관점에서 밝혀진 것이기 때문에 명백한 비교의 대상으로 놓일 수 있을 지도 의문이 없지 않다.

---

2 이 점은 金榮敦·玄容駿의 조사보고인 「濟州島무당굿놀이」(『重要無形文化財指定 資料』14號, 文化財管理局, 1965)에서도 지적된 바 있으나, 현재까지도 그러한 문제를 해명하려는 작업이 미흡했던 실정이다. 다만 슈監놀이를 대상으로 한 것이 아니라 도깨비당본풀이를 중심으로 도깨비의 제주도 정착양상을 구명한 논의로 文武秉의 「濟州島 도깨비당 硏究」(『耽羅文化』10號, 濟州大學校 耽羅文化硏究所, 1990, 193-234쪽)가 주목될 뿐이다.

3 拙稿, 「濟州島 도깨비本풀이의 形成樣相에 대한 考察」, 『學術硏究發表論集』5輯, 文化財硏究所, 1991, 327-370쪽.

그럼에도 불구하고 도깨비를 중심적인 존재로 파악하고 있는 이러한
제의형태는 한반도라는 지형적인 범위 내에서 전승되어 왔다는 점에서
볼 때 제주도라는 특정지역에 묶인 신앙의 형태라고 주장하는 것은 모
순에 빠질 위험이 다분하다. 따라서 제주도의 경우 巫가 결합되어 있기
는 하지만 이와 같은 신앙의 형태가 하나의 뿌리에서 출발했을 가능성
을 바탕으로 그 관련성을 파악하는 것은 나름대로 의미를 지닌다고 생
각된다.

그러므로 이 글에서는 영감놀이의 전체구조적인 의미를 육지에서 전
승하고 있는 신앙형태와 어떤 관련이 있는가, 그리고 구조적인 변화유
인의 논의와 관련하여 그 신앙전파양상 등을 통시적인 관점에서 구명하
고자 한다. 이것은 기존의 논의가 제주도라는 지역이 갖고 있는 다양한
삶의 형태들이 육지쪽과는 단절현상, 혹은 독자적인 전승요소로 평가하
여 왔다는 사실을 부분적으로 부정하기 위한 시도의 하나이다.

2. 令監놀이의 構造와 놀이的 特徵

영감놀이는 여자들이 병에 걸렸을 때 이를 해소하기 위한 것이며, 동
시에 어선을 새로 건조하여 배서낭을 모실 때와 부락신에 대한 당굿으로
행하여지는 것이다.[4] 그러나 주로 영감놀이는 여자들이 병에 걸렸을 때,
이것을 도깨비가 빙의한 것으로 보고 치유하는 유감주술적인 의례행위
로 많이 알려져 있다.[5] 이러한 점은 현재 알려진 영감놀이의 구성에서도

4　玄容駿, 『濟州島 巫俗 硏究』, 集文堂, 1986, 236쪽.
5　물론 이외에도 구물코스와 같은 풍어기원의례에서 도깨비가 신으로 모셔지는 예도 있

쉽게 확인될 수 있다. 영감놀이의 구성은 크게 4단계로 나누어진다.

① 초감제 : 굿하는 날짜·장소·연유를 신에게 고하고 모든 용왕신을
   청해 앉히고, 이어서 영감신을 청하는 祭次
② 영감청함 : 영감신을 청해들이면 분장한 영감신들이 등장하여 수심
   방과 연극적인 대화로써 청한 사연과 오게된 사연을 밝히고 환자에
   게 범접하고 있는 동생인 영감신을 찾아내어 놀이를 베푸는 과정
③ 막푸다시 : 범접한 영감신을 배에 태워 보내기에 앞서 환자에게 범접
   한 모든 잡귀를 쫓아 버리는 제차
④ 도진(배방선) : 환자에게 범접해 있는 영감을 배에 태워 바다에 멀리
   띄어 보내버리는 제차[6]

이러한 제의 구성은 일반적인 병굿의 제차와 크게 다름없이 일반 굿
거리에서처럼 영신(迎神)→오신(娛神)→송신(送神)의 세 과정으로[7] 이루
어져 있음을 알 수 있다. 즉 '막푸다시'와 '도진'은 송신의 연결과정에
있는 제차이기 때문이다. 영감놀이에서의 오신형태는 영감청함에서 잘
나타나는데, 이러한 놀이의 양상은 육지에서 전승되는 각종 굿놀이형태
와는 약간의 차이가 있다. 예컨대 동해안 별신굿 중의 막동이놀음은 역
신으로 생각되는 막동이를 말에 태워 보내며, 광인굿에서는 여천왕을
사천왕이 쫓아 버린다.[8] 즉 형제를 불러서 데려간다는 유감주술적인 의
미보다는 쫓아보내고자 하는 인간의 의도가 짙게 배여있는 퇴귀적인 성

다.(위의 책, 238-239쪽)
6　玄容駿,『영감본풀이와 영감놀이』, 20쪽.
7　金光日,『韓國傳統文化의 精神分析』, 시인사, 1984, 157쪽.
8　『굿놀이』, 文化財管理局 文化財硏究所, 1991, 28-37쪽 참조.

격이 강하게 나타나고 있음을 알 수 있다. 영감놀이의 이러한 주술적인 특징은 영감본풀이의 구조를 바탕으로 하고 있음과도 무관하지 않다.

영감놀이에서 가장 뚜렷하게 놀이적 양상을 보여주는 것은 영감청함에 있다. 이때의 내용은 여자에게 빙의한 도깨비의 형제들이 찾아와 마련한 제물을 먹으면서 노는데, 그 과정에서 수심방과 대화를 하며 도깨비가 좋아하는 음식이나 성격 등을 드러내게 된다. 대화의 중심은 의례의 정당성을 입증하기 위한 것으로써, 대화를 통해 해학과 도깨비의 경망스러운 행위를 보여 관중들의 관심과 흥미를 자아내게 한다.[9] 영감놀이의 한 대목을 살펴보면 그 점을 명확히 알 수 있다.

立巫	이거 보시요. 영감은 어디가 질 좋아하여요? 거 영감을 청허여서 그런거나 알자고 우리가 청헌 건데 어디가 영감은 질 좋아허여요?
영감	우리는 팔도명산 산천마도 가문 머들 한머들 들끗 여끗 난여 든여 정살여 도랑여 숨은여 이런디서 놀지.
立巫	물은 싸민 강변에 놀고?
영감	그렇지 잘 아는구나 물은 싸면 강변에 놀고.
立巫	동서는?
영감	동서는 우리 일곱동서지요. 허터지면 열늬 동서 모여지면 일곱 동서지요.
立巫	거 어장촌 좋아ᄒᆞ고?
영감	허 잘 아는구나. 그렇지 일만줌수청 좋아ᄒᆞ고
立巫	홀어멍 방도 좋아허지요?
영감	그렇지 더 좋아ᄒᆞ지

---

9 玄容駿, 『濟州島 巫俗 硏究』, 290쪽.

〈중략〉

효巫 영감이 질 좋아ᄒ는 건 무슨 노래를 좋아해요?

영감 좋은 소리요? 거 풍악 있소?

효巫 풍악. 그런 걸 알아보기 위ᄒ것이요.

영감 울쩡 울뿍 있소? 장단 있소?

효巫 풍악으로 ᄒ번 놀아 볼까요?

영감 허허 경ᄒ디 우리 ᄒ잔 먹읍시다.

효巫 그렇지. 〈술잔에 술을 부어 주며〉 초잔 청감주요.

영감 청감주요. 〈술잔 든 손을 달달 떨면서 마신다〉

효巫 이쳇잔은 돈감주 식혜주 돌아닦아 한한주요.〈다시 술을 부어준다〉

영감 초잔은 청감주요? 이쳇잔은 ᄌ청주요? 돌아닦아 한한주요? 허
허허허 〈손을 달달떨며 다시 먹는다.〉

효巫 거 고소리 싼 거요.

영감 경ᄒ디 이거 우으로 먹소? 알로 먹소?

효巫 코으로 마셔요? 입으로 마셔요?

영감 입으로 허허

효巫 영감 어찌 수정증이 많소?

영감 허허허허 기영ᄒ디 우리 뒤에 하군줄덜 이서 정살여 숨은여 도
랑여 난여 든여 하군줄덜 얼어 벗어 굶은 하군줄덜 초잔은 청감
주요 이쳇잔은 ᄌ청주. 돌아 닦아 한한주 허허허허 많이 지냉
기자. 〈술잔을 내던진다. 하나는 자빠지고 하나는 엎어지자〉

효巫 거 못 먹었어요 〈다시 술잔을 부어 영감에게 준다. 영감이 다시
술잔을 던져 바로 자빠지니 술마심을 끝낸다〉

영감 이거 누구요 〈구경꾼 여인을 가리키며〉

효巫 열두 동세요

영감 영두 동세? 그렇지 금체 옥체 야체 많이 먹고 많이 쓰자. 우리

혼잔 먹어시니 소리 좋은 살장구영 울랑국이영 허영 놀아보자.[10]

영감놀이의 놀이적 특징은 이와 같이 대화와 행위에서 찾아볼 수 있으며, 그것은 도깨비와 관련한 내용이거나 행위의 표현이다. 그러한 과정은 관중들이나 고통을 겪고 있는 병자의 식구들을 즐겁게 해준다는 점에서 공격적인 퇴귀법이기 보다는 서로가 흥겹게 놀면서 퇴송시킨다는 특징을 갖는다. 이것은 제주도에서 인식하고 있는 도깨비의 속성, 예컨대 경망스럽고 호색한이며 수전증에 걸린 술꾼이라는 사실을 바탕으로 한다. 따라서 도깨비는 엄숙함과 신성함을 갖추고 있는 본격적인 신이라고 하기 보다는 잡귀의 위치에 놓인다고 할 수 있다.[11]

영감놀이에서 나타난 도깨비의 성격적 특징은 당본풀이로써의 도깨비본풀이에서도 찾아볼 수 있기는 하지만, 본질적으로는 호색성이 강조되는 경향이 강하다. 이 점은 육지쪽에서 조사된 도깨비이야기 중에서도 〈부자되기〉유형과 그 골격을 일치하고 있으며, 특히 이러한 속성은 전국적으로 분포하고 있다는 점에서 제주도 도깨비의 속성이 한반도적인 특징과 같다는 점을 알게 한다. 그러나 영감놀이에서 구연되는 본풀이의 구조는 서사구조가 탈락된 것이 많으며, 대개 좌정양상만이 구연되는 경향이 강하기 때문에 그 선행설화나 무가의 추정을 어렵게 하고 있다. 다만 당본풀이로 구연된 조술생본은 다른 본풀이에 비해 서사구

---

10 『濟州島 무당굿놀이』, 159-161쪽.

11 이러한 도깨비의 신격과 위치 등에 대해서는 拙稿, 「海岸地方 도깨비信仰의 傳承樣相에 대한 考察」(『韓國民俗學』 25집, 民俗學會, 1993, 162쪽)에서 이미 언급한 바 있다. 여기에서는 육지쪽의 해안지방에서 전승되고 있는 풍어기원대상으로의 도깨비를 중심으로 검증한 바 있는데, 그 근거는 도깨비고사의 성격과 신격의 위치, 제의구조 등을 바탕으로 볼 때 풍어제나 뱃고사보다 하위개념에 놓여있다는 특징을 들었다.

조를 갖추고 있다는 점에서 흥미로운데, 이것을 〈부자되기〉의 줄거리와
비교를 하도록 하겠다.[12]

〈단락별 비교〉

단락	조술생 本	부자되기
	서울 짐치백의 세아들로 행실이 나빠 만주로 귀양 보내기	
A	송영감집을 찾아가 잘 대접하면 부자로 만들어 주겠다고 하기 (도깨비의 능동적 행동)	도깨비를 만나 음식주고 친해지기 (우연한 상황)
B	잘 대접해서 부자가 되기	도깨비가 갖다준 재물로 땅을 사기
C	도깨비인 줄 알고 안동땅을 떼어 오라고 하기	무서운 것을 물어보기 (도깨비는 말피, 사람은 돈)
D	못떼어오자 삼형제를 세토막내기 → 도깨비가 들어오지 못하게 말가죽과 백말피를 뿌려놓기	대문에 말대가리를 걸고 집 주위에 말피를 뿌려 도깨비를 쫓아내기 → 보복으로 땅을 떼어 간다고 하기
E	각 지역으로 분파되어 신으로 좌정하기	도깨비의 재물로 잘 살기

　　단락별 비교에서의 차이는 A와 C·D에 있기는 하지만, 그것을 통시
적인 전승과정에서 야기된 변이로 생각할 경우 이들의 서사구조가 유사
하다고 할 수 있다. 차이가 있다면 제주도에서는 본풀이로 전승되고 있
으나, 육지에서는 민담의 형태로 구연되고 있다는 점이다. 따라서 육지
에서 전파된 민담의 형태가 제주도에 정착되면서 그 변이를 취했으며,
이에 따라 영감놀이가 형성될 수 있었던 것으로 추정된다. 그것은 육지

---

12 이 비교표는 拙稿, 「濟州島 도깨비本풀이의 形成樣相에 대한 考察」(340-341쪽)에서
　　작성된 것을 사용함.

에서 전승되고 있는 병굿계통의 구조와 극명한 차이가 있다는 사실에서
도 확인할 수 있다.[13]

또한 영감놀이계열의 본풀이는 당본풀이인 조술생본보다도 더욱 축
약된 형태로써 제주도에 입도하게 된 과정을 묘사한 서사구조보다는 좌
정양상이나 도깨비의 성격과 형체적 특징을 어휘로 나열하고 있을 뿐이
다.[14] 따라서 영감본풀이의 내용은 조술생본보다 먼저 퇴화되거나 원형
을 축소했을 가능성도 있겠지만, 그러나 본인의 판단으로는 조술생이라
는 구연자의 능력에 의해 첨가되었을 가능성이 보다 유력한 것으로 생
각된다.[15]

영감놀이의 놀이적 구조는 이러한 관점에서 본다면 제주도에 〈부자
되기〉의 형태가 전파된 이후에 형성되었다고 추정된다. 특히 영감인 도
깨비가 역신적인 성격을 취하고 있다는 관점에서 육지의 도깨비굿과 유
사한 면모를 보여야 함에도 불구하고 그런 속성을 확인하기 어렵다. 따
라서 제주도의 영감놀이는 제주도로 전파된 이후에 섬이라는 지리적인
환경을 바탕으로 형성된 독특한 제의형태로 평가된다. 특히 멸치잡이를
생업으로 삼고 있는 어민들이 지내는 구물코ㅅ와는 완전히 다른 속성을
지닌 도깨비이기 때문에 그것이 전파된 과정도 각기 다른 경로를 거쳤
다고 볼 수 있다.

---

13 이에 대한 연구는 앞으로 깊이있게 이루어져야 할 문제라고 생각되며, 여기에서는 영
   감놀이에서 구연되는 본풀이에 주안을 두고 있기 때문에 확대된 논의를 피하고자 한다.
14 「濟州島무당굿놀이」에서 구연한 안사인본은 도깨비의 성격묘사까지 빠져 있는 실정이
   다.(앞 책, 371-376쪽 참조)
15 본인은 이 점에 대해 본풀이 들의 일반 구조가 도깨비의 부신성을 드러내지 않고 있음
   을 주목하여 조술생본이 다른 본풀이와 이야기 등을 토대로 후대에 형성된 것으로 본
   바 있다.(앞글, 358-359쪽)

영감놀이에서 주목되는 것은 '막푸다시'에서 병자의 집안팎에다가 콩을 뿌리며, "헛쉬 헛쉬"하면서 잡귀를 쫓아낸다는 것이다.[16] 이러한 퇴귀법은 육지 쪽에서 찾기 어려운 의례행위이지만, 오히려 일본의 鬼(おに)퇴치에서 찾아볼 수 있는 내용이다. 일본에서는 입춘 전날인 節分에 콩을 뿌리며 "귀는 나가고 복은 들어오라"고 하면서 잡귀를 쫓아내는데, 이 鬼를 追儺의 鬼라고 한다.[17] 이 부분에 대해서는 일본과의 의례행위에 대한 비교연구자료로써 추후에 논의될 필요가 있을 것으로 생각된다.

3. 令監의 性格과 그 바탕的 要素

영감놀이에서 영감의 성격은 크게 두가지로 대별된다. 즉 역신으로서의 영감과 풍어기원대상으로서의 영감이 그것인데, 부와 악(역신)의 양면성을 동시에 갖고 있다는 사실이다.[18] 이것은 육지쪽에서 신앙형태로 전승되는 도깨비신앙의 형태와 일치된다는 점에서 도깨비를 전승한 것으로 평가될 수 있다. 본인이 조사한 바에 따르면 중부의 서해안에서 전남 남해안 사이의 해안가의 갯벌에서 漁箭(어망, 혹은 어살)을 설치하여 고기를 잡는 어민들에 의해 전승되어 오던 풍어기원의 도깨비고사가 있다. 그리고 영감놀이에서 역신퇴치형태와 같은 주술적인 의례행위가

---

16 玄容駿, 『영감본풀이와 영감놀이』, 24쪽.

17 大島曉雄 外 4人 編, 『民俗探訪事典』, 山川出版社, 1983, 424쪽.
　　追儺는 중국의 행사를 모방한 것인데, 이와 유사한 습속이 우리나라에서도 있었다. 섣달 그믐날에 觀象監에서 주도하는 大儺가 그것으로써, 방상씨가면을 쓴 사람들이 잡귀를 쫓아내는 모의주술행위이다.

18 拙稿, 앞글, 357쪽.

전남 진도와 전북 순창의 탑리에서 전승되고 있다. 따라서 영감놀이에
서 나타나는 영감의 성격은 이러한 육지의 도깨비신앙형태가 전파되어
형성된 것으로 추정할 수 있겠다. 여기서는 이러한 영감의 성격적 특징
을 역신과 풍어신적 대상으로 나누어서 그 면모를 살펴 보고, 이를 육지
의 도깨비굿과 비교 검토하여 그 바탕적 요소가 무엇인가를 구명하고자
한다.

1) 疫神的 性格

도깨비의 역신적 성격은 도깨비굿을 통해 확인이 가능하다. 그러나
육지에서 전승되고 있는 것은 마을 주민들 중에서도 여자들에 의해 거
행된다는 제의적 특징을 지니고 있다. 반면에 영감놀이는 제의적인 면
모보다는 주술적인 요소가 가미된 巫儀式이다. 그럼에도 불구하고 도깨
비와 영감의 속성은 동일한 면모를 갖고 있다. 이것은 영감이 육지의
도깨비가 전파되어 속성을 그대로 지니면서 또다른 존재로 형성되었음
을 뜻하는 것이다.

역신의 존재는 〈處容說話〉에 등장하는 역신이 대표적이다. 여기에서
주목되는 것은 역신이 여자에게 빙의했다는 점과 처용이 축문과 가무로
역신을 쫓아냈다는 사실이다. 이것은 역신의 존재가 단지 도깨비에게만
한정되어 나타난 것이 아니라, 다른 잡귀에게도 그 속성을 지녔던 것으
로 추정된다. 문제는 도깨비가 어떤 과정을 거쳐 역신의 역할을 담당하
게 되었는가, 그리고 그러한 속신의 분포는 어디까지인가를 밝혀내는
것이다. 이것은 영감놀이의 발생과 그 전파양상을 구명하는데 기층적인
요소들이기 때문이다.

먼저 영감놀이의 역신적 면모는 단지 여자를 좋아하는 호색성을 바탕으로 하고 있다. 이 점은 도깨비의 일반적인 속성이며, 〈부자되기〉담의 내용에서도 잘 나타나 있는 것이다. 특히 제주도 도깨비담의 특징은 도깨비가 여자와 동침을 했다는 내용이 많이 나타난다는 특징을 들 수 있다.[19] 이것은 육지에서 전파된 내용이 〈부자되기〉 중심이었음을 알려주는 것으로 추정이 가능하다.

둘째로 전승지역의 북방한계가 현재까지 밝혀진 바로는 전북 순창까지이며, 진도 등의 호남지역을 중심으로 전승되었던 것으로 보인다. 그러나 이것은 도깨비를 역신의 대상으로 삼은 경우에 국한되는 것이며, 도깨비의 호색성을 보여주는 〈부자되기〉담의 분포는 제주도를 포함한 전국적으로 나타나는 것이다. 이들 유형은 도깨비의 호색성을 단서로 야기된 도깨비와 여자의 갈등이 극명하게 표현된다. 그러한 대립은 도깨비의 속성으로 볼 때 원래의 모습이라고 볼 수 없으며, 시대적으로 내려와서 도깨비의 요괴화현상이 정착된 바탕에서 가능했을 것으로 짐작된다.[20]

이러한 사실들은 도깨비의 존재를 구체적으로 집약시키는 결과를 초래하는데 보탬을 준 것은 사실이지만, 오히려 도깨비의 속성을 이중적으로 형성하게 만드는 작용을 했다. 따라서 도깨비는 부를 창조하는 속성에 인간을 괴롭히는 요괴적 속성을 갖추게 되었으며, 그런 사실의 축

---

19 拙稿, 앞글, 같은 곳.
　　한 예로 육지에서 많이 구연되고 있는 〈도깨비방망이얻기〉는 거의 찾기 어렵다는 점을 들 수 있다.
20 이에 대한 논의는 拙稿, 「韓國 도깨비譚 硏究」(94-99쪽)를 참조할 것. 이때의 시점은 조선시대의 전기 정도로 추정된다.

적화를 거쳐 역신적인 존재로 자리잡을 수 있었던 것으로 보인다.

　도깨비가 역신의 존재로 나타나는 것은 육지의 진도와 순창 도깨비
굿, 그리고 제주도의 영감놀이를 들 수 있다. 그러나 이들의 유형에서
찾아볼 수 있는 도깨비의 속성은 단순히 역신으로만 국한되는 것이 아
니며, 동시에 부를 지닌 존재자로 제시된다는 점이다. 따라서 도깨비는
부의 창조능력 위에 속성의 덧씌우기현상으로 疫神의 역할을 수행하게
되었던 것으로 볼 수 있다.

　이러한 관점에서 제주도의 영감놀이가 육지의 도깨비굿과 비교하여
어떤 유사성을 보이는 지를 확인하고자 한다. 유사성의 확인작업은 기
본적으로 육지의 도깨비굿계통이 제주도로 전파되었음을 밝혀내는데
있다. 따라서 현재 전승되고 있는 진도와 순창의 도깨비굿을 먼저 살펴
본 후, 영감놀이와 구조적인 구명작업을 통해 그 전파양상과 과정을 논
의하고자 한다.

(1) 진도의 도깨비굿

　진도에서 전승되고 있는 도깨비굿은 원래 전승이 단절되었다가,
1983년 曺暢煥 등에 의해 재현된 바 있다.[21] 도깨비굿이 언제부터 시작
되었는 지는 확실하지 않으며, 1910년대까지도 전승되었다가 일제침략
기에 들어와 끊긴 것으로 추정된다.[22] 1983년 재현된 도깨비굿은 진도

21　이때의 고증자들은 조창환(81세), 박연재(79세), 조현환(83세), 김영단(72세), 구춘홍
　　(67세) 등이다.(鄭昞浩,「도깨비굿」,『전통문화』1983년 4월호, 95쪽 참조)
22　張籌根,「民間信仰」,『韓國民俗綜合調査報告書』(全南 篇), 文化財管理局, 1969, 252-
　　253쪽.
　　이 조사에 따르면 珍島面 射亭里와 月加里, 郡內面 龍藏里 등에서 도깨비굿을 행했다
　　고 한다. 그것은 정월에 들어와서 실시한 것이 아니라 사정리의 경우 호열자가 돌 경우,

읍 서외리에서 거행된 것이며, 현재도 부녀회장의 집에는 도깨비가면 등 각종 공연도구를 갖추고 있다고 한다.[23]

진도의 도깨비굿은 '마을의 부녀자들이 중심이 되어서 하는 샤머니즘 적 祭儀인 도깨비굿과 官廳이 주도한 男性 中心의 儒敎的 儀禮인 도깨 비祭'의 두 구조를 취하고 있다.[24] 그러나 본인의 생각으로는 여자 중심 으로 이루어지는 제의만이 도깨비굿으로 판단되며, 유교식제의는 도깨 비굿과 괴리되는 것으로 추정된다. 이 점은 張籌根의 조사보고로 확인 할 수 있다.

1. 珍島面 射亭里의 도깨비굿
    (1) 時期 : 병이 돌 때 한다. 이웃 月加里에서는 서너번 했을 것이나 射亭里에서는 호열자가 돌던 자기 12-13살때, 生涯에 한번 했다.
    (2) 內容 : 긴 "간짓대"(長竹竿)에 "중우"(女子소꼿)를 까꾸로 씨우고 저마다 하나씩 든다. 村사람들은 月經 묻은 것을 씨웠을 것이나 우리는 그냥 "중우"를 썼다. 그리고 가운데 한사람이 선소리를 메 기면 많은 婦人들이 圓舞하며 받기만 하면서 한편 "양판"(양푼), 징, 쪽박들을 두들기며 洞內 집집마다 돌아 다닌다. 이때 男子들 은 방안에 다 들어박히고 내다보지 않는다. "男子들은 모두 없어 지고 없어!" 했다.[25]

용장리는 병이 돌면 시작됐다.
23 李鉉洙, 「珍島 도깨비굿 巧」, 『月山任東權博士 頌壽紀念論文集』, 集文堂, 1986, 126쪽.
24 윗글, 같은 곳.
25 張籌根, 앞글, 252쪽.
    제보자 : 박강단(70, 前校長婦人) 珍島郡 珍島面 射亭里

여기에서 주목되는 것은 남자들에 의한 유교식제의가 도깨비굿과 관련해서 거행된 것이 아니라는 점과 남자들의 참여를 절대로 금하고 있다는 사실이다. 남성중심의 유교식제의는 도깨비를 상대로 이루어진 것이 아니라, 귀신들을 대상으로 한 것이라는 점에서 오히려 壓鬼祭의 속성이 뚜렷하다. 이것은 19回 南道文化祭에 출품하기 위한 대본을 보면 쉽게 이해할 수 있다.

　　이러한 굿은 정월 보름부터 2월 초하루까지 매일저녁 가가호호를 돌면서 도깨비를 몰아낸 후 마지막날 거둔 액쌀로 제상을 차리고 사제등에 있는 사직각에 도깨비를 가두는데 소리꾼이
　　－ 그동안 도깨비를 다몰았으니 오늘은 도깨비를 가두는 날이라 제관이 도깨비를 가둘 것이니 어디 가두는 것좀 봅시다.
　　－ 주제관이 처녀죽은 맹두귀신 …
　　자식없는 무자귀신을 마지막으로 도끼비를 호명하고 부제관은 도깨비를 가둔 후 빗장을 건다.
　　　　　　　　　〈中略〉
　　일년 농사를 다 지은후 9월 중구날 제관들이 사직각에 찾아와 그동안 가두었던 도깨비를 풀어 주는데
　　－ 주제관 : 오늘이 중구날이라 농사도 다짓고 했으니 도깨비를 풀어주세
　　－ 부제관 : 그러세[26]

여기서 귀신들을 사직각에 몰아넣은 이유가 高麗의 三別抄抗爭이나 왜구의 침입 등 전란으로 죽은 사람들이 들과 동네로 나타나 농사를 지

---

26 1992.8.27. 진도에서 진도군청 문화관광계장 梁邦彩로부터 자료를 제공받음.

을 수 없고, 낮이나 밤이나 도깨비에게 홀려 살 수가 없었기 때문이라고
한다. 엄격하게 말하자면 이 존재물들은 도깨비가 아니라 귀신들이다.
따라서 귀신들의 장난이 심해서 마을공동제의로 이러한 원한이 있는 귀
신들을 사직각에 잡아두고 농사를 편히 지어보려는 진도사람들의 의식
이 반영되어서 형성된 것이라고 할 수 있다.

　여성 중심의 도깨비굿은 도깨비가 남자라는 점과 관련해서 "남자들은
모두 없어지고 없어"라는 외침을 통해 도깨비를 쫓아낸다고 하는 것을
상징적으로 보여준다고 생각된다. 물론 악기가 아닌 나무그릇이나 솥뚜
껑 등 소리나는 기물로 두들기는 것도 도깨비를 쫓는 소리의 상징이지
만, 여자들의 외침소리도 그에 못지않은 의미를 지니고 있는 것이다.
이 점은 〈부자되기〉에서 도깨비와 여자의 대립구조를 통해서도 확인되
는 대목이다. 그러면 여자들에 의해 이루어지는 도깨비굿의 제의양상을
1983년도 鄭昞浩의 조사보고를 토대로 살펴 보겠다.[27]

　제의날 저녁 8시경에 마을의 부녀자들이 모이는데, 각기 가면을 지참
하며 가면이 없을 경우에는 숯으로 얼굴을 칠한다. 그리고 도깨비를 쫓
기 위한 소리나는 기물로 밥통뚜껑, 놋양푼, 솥뚜껑, 바가지, 주전자,
양재기, 세숫대야 등을 하나씩 갖고 나온다. 도깨비굿패들은 부녀회장
의 인솔로 여자의 피숏곳(중우)을 긴 장대에 매달은 간짓대를 앞세워 모
인 장소에서 가까운 집부터 도깨비를 쫓는 굿을 시작한다.

　굿패들이 요란하게 기물을 울리며 집안으로 들어가면 주인의 부인이
이를 맞아 마루에 짚을 깔고 쌀(액쌀)과 정화수를 떠놓는다. 굿패들은
원무를 하듯이 마당을 몇 차례 돌고난 후, 마루에 있는 성주를 향해 기

---

27 鄭昞浩, 앞글, 95-97쪽.

물을 두들기면서 세번 절을 한 다음에 축귀문을 읽어 내린다. 독축을 한 후에 쌀을 집안의 사방에 뿌리면서 "사파세"라고 외친다.

이런 과정으로 매일 저녁마다 마을 전체를 돌고 마지막 날에는 거둔 액쌀로 메를 하고 마을의 입구인 '바위내거리'에 제물을 차리고 굿을 친다. 이것이 끝나면 각자 가져간 가면 등을 모두 태우고 홀몸으로 불을 넘어 아무 말도 없이 자기 집으로 들어가는 것이다. 이러한 도깨비굿이 끝나고 나서 남자 중심의 유교식제의가 시작된다.

(2) 淳昌 塔里의 도깨비굿[28]

탑리 마을은 임실군에서 순창군으로 넘어오는 갈재 바로 밑에 위치하고 있는데, 이 마을은 밀양박씨가 터를 잡았다고 한다. 옛날에는 전주로 올라가는 길목이었기 때문에 갈재를 넘어가기 전에 쉬던 주막이 있어서 한때는 150여 호가 넘을 정도로 번창하기도 했다. 지금은 총 가구수가 29호로 남자가 45명, 여자가 50명 정도가 살고 있다. 논과 밭은 각각 200여 마지기와 70 마지기 정도로 대개 자급자족하는 편이다. 이외에 곶감을 크게 하여 가을이 되면 집집마다 감을 걸어 놓으며, 순창장에 내다가 판다.

이 마을에서는 도깨비굿을 '도깨비 지낸다'라고 하여, 당산제를 지낸 후 부녀자들이 중심되어 지내왔다. 당산제는 5년 전부터 지내지 않는다

---

28 1993. 6. 24. 현지조사
　제보자 : 박보금(여, 85세, 순창군 인계면 탑리, 15세에 시집왔는데 그때도 도깨비고사를 지내왔다고 함) 강대운(여, 84세, 상동, 15세에 구검면에서 시집옴) 김복순(여, 71세, 상동, 28세에 임실군 덕지면에서 시집옴) 이외에도 김기만(남, 72세, 상동)의 도움이 있었다.

고 한다. 원래 당산제는 남자 중심으로 거행되던 마을공동제의로 정월
보름에 지냈다고 하며, 마을 입구에 있는 堂木에 돼지머리·백설기·삼
실과·메 등의 제물을 올렸다. 당산제가 끝난 후 제물을 조금씩 떼어
제사를 지낸 자리에 묻는데, 이때 돼지머리는 통째로 묻었다고 한다.

　도깨비굿은 정월 17일에 지내왔는데, 이 날에 부정이 있을 경우 3월
3일 안에 다시 날을 잡아 지내왔다. 제의날이 다가오면 제물을 장만하
는 등 도가를 담당할 '깨끗한 집'을 정하는데, 집이 정해지면 금줄과 황
토를 쳐서 외인의 출입을 금한다. 깨끗한 집은 생기복덕 등을 따져 정하
는 것이 아니라, 돌아가면서 맡는데 부정한 일이 있으며 다음 집이 맡게
되는 것이다.

　제의를 지내기 하루 전에 젊은 부녀자들이 집집마다 방문하여 쌀을
걷으며, 이때 깨끗한 집과 궂은 집의 쌀을 따로 거둬 놓는다. 깨끗한
집의 쌀은 제물용으로 사용하며, 궂은 집의 쌀은 음복 후 먹는 밥 등으
로 쓰인다.

　제의날이 되면 깨끗한 집의 부인이 순창의 장에 가서 삼실과 등의 제
물을 구입해온다. 그리고 저녁 8시부터 메로 쓰일 밥을 짓기 시작한다.
메는 8그릇을 하며, 이외에 무시짠지와 메밀묵 등을 장만해 놓는다. 술
은 현재 담그지 않고 막걸리를 받아서 제주로 사용하고 있다.

　제물의 장만이 끝나고 밤 10시쯤 달이 뜨게 되면 꽹과리·징·장구
등의 풍물을 울리며 철륭으로 향하는데, 철륭은 마을의 뒷산 중턱에 위
치한 송곳바우에 있다.[29] 철륭에 도착하면 준비해 간 짚이나 종이를 깔
고 제물을 차린다. 진설이 끝나면 밥한 집(깨끗한 집)에서 절을 먼저 올리

---

29 철륭은 마을의 주민들이 개인적인 치성을 올릴 때 사용되는 장소이다.

고 소지를 드린다. 이때 동네의 부녀자들도 갖고 있는 소지지로 개인소
지를 각자 올린다. 이것이 끝나면 무리밥을 떼어놓고 다음 장소로 이동
을 하는데, 이때도 풍물을 울리면서 간다.

제사를 올리는 장소는 마을의 외곽에 동서남북으로 위치하는 곳인데,
철륭·동네산(초장골)·아랫당산(마을의 남쪽 입구)·동네방죽(북쪽에 위치)
의 순이다. 제의 방식은 철륭과 똑같으며, 제물의 차림도 같다. 따라서
각 장소에서 쓰일 제물은 따로 준비해 두며, 장소를 옮길 때마다 풍물을
울리면서 간다. 남자들은 방죽에서 제사를 지낼 쯤해서 볼 수가 있다.
방죽에서 제사가 끝나면 밥하는 집으로 가서 음복을 하며 여자들끼리
즐겁게 논다.

이러한 제의는 탑리마을에 그해 질병 등 돌림병의 침입을 방지하고
평안하게 지낼 수 있기를 기원하는 것인데, 이의 대상인 도깨비를 잘
먹여서 보내려는 목적을 띠고 있는 것이다. 따라서 도깨비를 역신으로
보고 있으며, 이것은 해안지방에서 거행되는 풍어기원의 대상으로 자리
잡고 있는 도깨비와는 상충된 모습을 갖고 있다.[30]

(3) 영감놀이의 形成과 그 傳播

도깨비굿의 전승근거는 도깨비를 疫神이라고 생각하는 인식을 바탕
에 깔고 있다. 역신이라는 사실은 도깨비가 질병을 가져다 준다는 결과
에 의해 굿이 이루어지고 있다는 것으로도 잘 알 수 있으며, 풍어의 기
원대상으로 자리잡고 있는 도깨비와 상반된 존재로 설정되어 있는 것이

---

30 도깨비제에 대한 조사보고는 『淳昌郡 文化遺蹟地表調査報告書』(全北鄕土文化研究會,
　　1989, 176쪽)에 이미 이루어진 바 있으며, 이것은 대담조사로써 제보자들이 남자이다.

다. 이것은 도깨비의 속성이 이중구조를 갖고 우리 민족에게 전승되어
왔음을 극명하게 보여주는 근거이다.[31]

도깨비굿의 전승은 육지를 중심으로 이루어졌으며, 이것은 해안을 중
심으로 한 풍어기원대상인 도깨비와는 다른 전승을 취해왔던 것으로 보
인다. 그러나 제주도에서는 약간 사정이 다른데, 즉 풍어신격과 역신으
로의 도깨비가 혼재되어 있다는 것이다. 이것은 전파과정이나 전파경로
상의 차이에 그 원인이 있을 것으로 추정된다. 이처럼 도깨비가 역신의
기능을 수행하게 된 것은 도깨비담 중에서 〈홀리기〉와 밀접한 대응을
맺고 있는 것으로 보이며,[32] 그런 측면에서 도깨비담의 전승양상도 신
앙과 같이 이중구조의 형태를 갖추고 있음을 확인할 수 있다.

순창의 도깨비굿은 정월 보름을 전후로 해서 거행된다는 점에서 그
해의 질병 침입을 방지하려는 의도를 지닌 의례이다. 하지만 진도의 도
깨비굿은 역질이나 호열자 등의 돌림병이 발생했을 때 제의가 이루어진
다. 즉 호열자나 역질 등이 돌게 되면 이를 도깨비의 행위로 인식하고
이를 쫓아내어 전염병이 멈추어지기를 기원하는 것이다.

역질은 천연두라고도 하며, 처용설화를 토대로 한다면 한반도에 전파
된 것은 9세기 전후로 추정된다. 이 병은 한반도에 거주하는 사람들에

---

31 村山智順의『朝鮮の鬼神』(朝鮮總督府, 1929, 208쪽)에는 경주지방의 도깨비는 사람들
    에게 재앙을 내리지 않는 존재로 기록되고 있다. 이것은 도깨비를 역신으로 인정한
    도깨비굿의 제의형태가 없었다는 사실을 확인하는 자료이다.
32 拙稿,『韓國 도깨비譚 研究』, 96쪽 참조.
    도깨비의 행위나 속성 등의 유사함을 바탕으로 이것은 상호연결이 가능하다. 예컨대
    〈홀리기〉에서의 도깨비는 인간과 적대관계에 놓여 있으며, 특히 인간을 죽음으로까지
    몰고 간다. 疫神으로의 도깨비도 인간에게 병을 몰아준다는 관점에서 인간과 적대관계
    로 설정이 가능하다. 즉 두가지로의 접근방식은 인간을 죽음으로 이끌 수 있다는 점이
    일치되는데, 다만 수단적인 요소로 질병을 동반한다는 특징이 있을 뿐이다.

게 오랫동안 큰 피해를 주었으며, 특히 조선시대에 들어와서 피해가 극
심했던 것으로 기록되어 있다.[33] 이 병에 걸리면 사람들은 죽는다고 하
는 인식이 확산되어 있었기 때문에 공포의 대상으로 자리잡았을 것이
다. 이러한 역질을 쫓아내기 위한 대상으로 도깨비가 제시되고, 도깨비
를 병의 원인이라고 해서 쫓는 의식이 형성된 것은 공포심을 극복하기
위한 방편으로 활용되었을 가능성이 높다.

이들 도깨비굿은 도깨비를 대상으로 한다는 점에서 하나의 의례행위
로 묶을 수 있지만, 제의양상이나 시기 등에 차이가 있다. 진도의 경우
역질 등이 돌게 되면 굿이 이루어진다는 점에서 축귀적인 속성이 강하
다. 반면에 탑리는 년초에 제물을 드리는 등 공경법을 써서 동네에 들어
오지 않기를 기원하는 방식을 취하고 있다. 따라서 진도는 집집마다 돌
면서 굿을 하게 되지만, 탑리는 마을의 입구쪽 사방에 제물을 차려놓고
대접을 하여 마을에 들어오지 말도록 기원하는 주술행위적 차이를 보여
주는 것이다. 이러한 사실은 도깨비를 쫓기 위해 중우나 소리나는 기물
을 사용하는 진도의 제의적 특징과 달리, 탑리는 농악으로 도깨비를 즐
겁게 해준다고 하는 사실과도 관련이 있다. 또한 진도는 제의가 끝나면
도깨비가 쫓아올 지도 모른다고 해서 뒤도 돌아보지 않고 집으로 들어
가지만, 탑리의 경우는 제의가 끝난 후에 부녀자들끼리 모여 한바탕의
놀이가 벌어지는 차이도 보여준다. 이와 같은 각 지역의 도깨비굿 제의
양상을 비교하면 다음과 같다.

---

33 李鉉洙, 앞글, 134-135쪽 참조.

内容	탑리	진도	영감놀이
祭儀主管者	마을 주민 중 女子	마을주민 중 女子	巫(심방)
祭儀時期	정월 보름 이후	전염병이 돌때	병에 걸렸을 때
祭儀對象者	-	-	여자(해녀)
祭儀形態	마을제의로 마을의 사방에서 도깨비를 풀어먹임	마을제의로써 기물 의 소리와 중우로 각 집마다 돌아다니면서 도깨비를 퇴치	무에 의한 굿형태를 취하며, 놀이와 가무를 곁들인 유감주술형태로 도깨비를 대접하여 퇴치
祭儀目的	한해 동안 도깨비가 마을에 침입하지 말기를 기원	마을에 전염병이 돌때 역신을 쫓아내어 도깨비가 침입하지 말도록 함	여자가 병에 걸렸을 때 도깨비가 빙의한 것으로 판단하여 도깨비를 쫓아냄

  각 지역에서 전승되고 있는 도깨비굿의 형태를 비교하여 보면 명확한 차이를 보여주고 있음을 알 수 있다. 예컨대 제의주관자나 제의시기, 그리고 목적에서 그 흔적은 뚜렷하다. 이러한 제의양상의 차이는 전승의 독자성에 기초를 두고 있는 것이지만, 동시에 이러한 제의가 전승될 수 있었던 요인이 과연 무엇인가를 구명하는데 좋은 자료가 된다.

  먼저 탑리의 경우는 마을의 일반적인 제의목적인 벽사진경을 기원하고 있다는 점에서 공동체신앙으로서의 그 면모를 드러낸다. 그러나 진도로 오면 이 제의는 돌림병이라는 역신침입의 징조를 확인하면서 벌어지며, 영감놀이는 역신의 침입이 완성된 단계에서 이를 치유하려는 목적을 담고 있다. 이와 함께 역신의 침입을 방지하려는 대상은 탑리와 진도가 마을을 구성단위로 하고 있으나, 영감놀이는 개인으로 한정되어 있다. 이것은 제의시기가 갖고 있는 지역적인 차이와 함께 가장 원형에 근접할 수 있는 대상이 마을 공동제의형태로 치루어지고 있는 탑리와

진도의 도깨비굿임을 보여주는 것이다. 즉 개인적인 기원제의에 비해 마을을 대상으로 하는 공동제의형태가 선행적인 발생을 하였을 가능성이 높기 때문이다.[34]

도깨비굿이 한 마을을 대상으로 치루어졌을 가능성은 무엇보다도 돌림병현상이 한 개인에만 적용되는 것이 아니라는 점에 있다. 조선시대의 기록을 보면 이러한 돌림병은 怪疾·輪疾·輪行疾·輪行時疾·疹疾·癘疾 등으로 불리웠던 것으로 알려져 있다. 이들 병은 대개가 진성콜레라였으며, 이외에도 장티부스·天然痘 등이었다고 한다.[35]

특히 이들 돌림병은 조선 후기에 매우 번성하였던 것으로 보이며, 그러한 사례 중에서도 대규모의 전염병 발생은 肅宗 25年(1699년)에 일어나 전국적으로 약 250,700명이라는 사망자를 기록하고 있다.[36] 조선시대에 발생하였던 대표적인 사례를 전라도지역을 중심으로 보면 다음의 표와 같다.

이러한 돌림병과 관련하여 국가적인 祭儀의 하나로써 癘祭를 봄과 가을로 지내오고 있었으나,[37] 돌림병의 발생은 지속적으로 이루어졌던 것이다. 따라서 국가적인 행사와 달리 각 마을에서도 돌림병이 발생하

---

34 여기에서의 문제는 도깨비가 역신으로의 역할전환이 어느 시기에 이루어졌는가와 밀접한 대응관계에 있다. 즉 도깨비굿의 형태가 도깨비를 역신으로 인정한 상태에서 거행되고 있기 때문에 이러한 역할의 전환이 해명되지 않고는 도깨비굿의 발생을 추정하기 어렵기 때문이다.

35 趙珖, 「19世紀 民亂의 社會的 背景」, 『19世紀 韓國 傳統社會의 變貌와 民衆意識』, 高麗大學校 民族文化硏究所, 1982, 197쪽.

36 『肅宗實錄』, 卷三十三, 25年 12月條.
　癸巳 是歲癘疫尙熾 京中僵尸三千九百 餘各道死亡合二十五萬七百餘人.

37 『世宗實錄』, 卷四十七, 12年 12月條.
　春秋常祭 旣城隍之神 居於尊神之右 厲祭發告.

發生年度	死亡者의 內容
中宗 21年(1526) 5月	全羅道 癘疫物故人 總一百四十二
明宗 元年(1545) 6月	全羅道任實 癘疫熾發 死者甚多
2年(1546) 5月	錦山等三官 癘疫熾發
3年(1547) 4月	全羅道 癘疫熾發 物故三百五十九名
4年(1548) 10月	見鎭安一縣 或染癘疫死亡
宣祖 10年(1577) 12月	以兩南癘疫熾發 人畜死亡 依兩界祭告例
11年(1578) 2月	兩醫司 專爲救民而設 令者癘疫熾發 各道監司啓請藥物 而 不爲優數給送
13年(1580) 3月	全羅道癘疫大熾
36年(1603) 3月	全羅道內 癘疫及大小疫 大頭瘟之病大熾 加以下意中暴死之 人 無日無之
〃	全羅道癘疫大熾 命別遣近臣 致祭
〃	全羅道 長城等三邑 癘氣熾發 至有滅門者 遣醫官 賷藥往救
顯宗 13年(1672) 4月	庚辛兩年飢荒 板古所無 自辛亥至今春 癘疫熾盛 二月以後 因饑病死者無數 咸鏡道七百餘人 … 全羅道四百三十餘人 …
〃 6月	時癘疫又熾 八路人民死亡 多至三千餘人
英祖 7年(1731) 6月	諸道以癘疫上聞 … 湖西始痛者爲一千五十 死亡者爲三百七 十人
9年(1733) 4月	全羅道 癘疫又熾 興陽一邑 物故一百四十七人
〃 7月	全羅道 癘疫熾 死亡二千八十一人
18年(1742) 1月	命兩西 行癘祭時 兩西癘疫大熾 死亡相續 廟堂請別遣香祝 行癘祭

였을 경우 자체의 癘祭를 지냈던 것으로 보인다.

따라서 癘祭의 형태는 민간에서 자신들 나름대로의 제의형태로 바꾸어 그 의미를 갖추게 되는 과정을 겪었던 것으로 보이며, 그러한 근거로 도깨비제의를 들 수 있다. 그러나 문제는 癘祭가 민간으로 정착되어 그

마을에서 의미부여를 받게 되고, 동시에 도깨비가 그 疫神의 대상으로 자리잡게 되었던 시기에 있다. 도깨비가 역신적인 존재로 의미를 갖게 된 것은 현존하는 문헌의 기록에 근거한다면 조선 초기에서 중기사이로 짐작된다.[38] 이것은 도깨비가 본래부터 갖고 있었던 풍요의 상징적인 능력에서 부분적으로 의미전환이 이루어졌다는 가정에서 출발한다. 그 럴 경우 도깨비가 역신의 대상으로 마을제의에서 개입된 것도 조선시대 에 들어와서 라는 추정을 가능하게 하는 것이다.

조선시대 전라도지역에서 여질이 발생한 것은 1년에서 3년을 주기로 빈번했음을 알 수 있다. 이에 따라 조정에서는 의관과 약을 보내기도 하였으며, 조정에서 파견된 제관에 의해 癘祭가 거행되기도 하였다. 그 러나 항상 중앙정부에서 보내온 담당자에게만 의존할 수는 없었던 것으 로 보이며, 특히 행정의 최말단인 리 단위의 마을에까지 그러한 제의가 이루어지지 못한 듯하다. 그렇기 때문에 마을의 주민들로 구성된 제관 에 의해 癘祭를 지내는 것은 당면한 마을제의로써 매우 중요한 일이었 음은 분명한 사실이다.

癘祭의 성격을 보이는 도깨비굿 계열의 형성은 이러한 돌림병 등의 광범위한 유포와 결부시켜 생각할 수 있다. 그러나 현재도 강원도의 산 간지역에서는 여역지신이 성황신과 함께 중요한 신격으로 좌정하고 있 는데,[39] 이러한 경향을 보면 다른 지역에서는 도깨비가 역신의 위치에

---

38 拙稿, 「韓國 도깨비譚 研究」, 96쪽.
　　특히 진도의 경우에는 왜구들의 극심한 침탈로 인해 麗末鮮初 사이의 약 87년 동안에
　　사람을 육지로 이주시켜 빈 섬으로 방치되었으며, 1437년 경부터 사람들이 들어와 살
　　게 되었다는 역사적 사실도 도깨비의 역신화가 이루어진 시기를 추정하는데 유효한
　　자료이다.(金井昊, 「珍島郡의 沿革」, 『珍島郡의 文化遺蹟』, 國立木浦大學校·珍島郡,
　　1987, 26-27쪽 참조)

있지 않았던 것으로 추정된다. 결국 도깨비가 제의대상신으로 자리잡게
된 것은 지역적인 환경에 의해 차이를 갖게 된 것으로 생각되며, 그러한
관점에서 진도나 순창의 도깨비굿은 도깨비에 대한 역신으로의 인식이
정착된 이후에나 형성된 것으로 볼 수 있다.

마을공동제의형태는 그 제의시기가 대개 정월에 집중되어 있으며, 특
히 정월보름인 상원에 치루어지는 것이 일반적이다. 이것은 한 해가 시
작되는 정초에 마을구성원 전체를 위해 벽사진경을 기원함으로써 구성
원들의 화합을 고취시키고, 마을에 돌림병 등의 질병이 돌지 않기를 기
원하는 의미를 담고 있다. 하지만 진도와 영감놀이의 경우에는 질병이
발생한 후에야 그 퇴치의례가 벌어진다는 점에서 그 기능적인 의미가
치유에 두어진다. 그러한 관점에서 탑리의 도깨비굿계열이 진도와 영감
놀이에 비해 보다 선행하는 제의형태로 볼 수 있는 것이다.[40] 따라서
도깨비굿계열의 전승형태는 탑리 → 진도 → 영감놀이로 진행되었을

---

39 강원도의 명주군 왕산면 도마리의 경우를 보면 城隍神·土地神·癘疫神을 모시고 있으
며, 각기 신들에 대한 축문도 따로 있을 정도이다.(『산간신앙』, 文化財管理局 文化財研
究所, 1993, 57-60쪽) 이외에도 옥계면 도직리의 경우도 여역지신을 모시고 있는데,
이것은 과거에 이 지역에서 큰 돌림병이 있었음과도 무관하지 않은 것으로 보인다.
그러나 여역지신을 모시지 않는 지역이라고 하더라도 축원을 올리게 될 때 질병과 관련
한 기원은 언제나 존재하는 편이다.

40 『新增東國輿地勝覽』에 보면 癘祭壇이 진도의 북쪽에 위치하고 있었음을 기록하고 있
다. 여기서 지내는 제의는 정월 보름에 거행되었던 것으로 보인다. 그러나 최근에 진도
에서 발간된 〈진도도깨비굿〉(진도문화원, 1993, 11쪽)이라는 인쇄물을 보면 이와는 달
리 여자들 중심의 도깨비굿이 음력 12월에 행해졌다고 한다. 결국 이것은 유교적인
제의형식을 취했던 여제와 달리 질병퇴치를 위한 도깨비굿이 마을주민들에 의해 거행
되었던 것을 알려주는 것이다. 따라서 도깨비굿의 형태는 이러한 여제형식을 바탕으로
하여 당시에 유포된 도깨비와 여자의 관계가 대립적인 성격을 취한다는 속성을 반영한
것으로 추정된다. 도깨비와 여자의 관계양상은 拙稿, 「韓國 도깨비譚 硏究」(82-88쪽)
를 참조할 것.

가능성이 높다. 또한 진도에서 제주도로 도깨비신앙이 전파되었다는 사실을 주목한다면[41] 이러한 추정은 크게 그릇되지 않을 것으로 본다.

또한 제주도의 영감놀이는 진도의 도깨비굿계열과 구조적인 유사성을 보이고 있는데, 즉 제의시기가 근접하고 있음을 들 수 있다. 다시 말하자면 도깨비의 역신적인 속성이 반영되어 있는 진도의 도깨비굿과 영감놀이가 병의 발생이 알려진 후에 퇴치의례로 벌어진다는 사실이다. 이것은 탑리 계열과는 완전히 다른 전승형태로 추정되는데, 다만 제의 대상자가 개인과 마을구성원의 차이를 보여주고 있다. 그러나 무엇보다도 제의를 주관하는 사람들이 육지쪽은 여자이고 영감놀이는 심방이라는 점, 그리고 제의대상자가 육지쪽은 마을구성원 전체이지만 영감놀이는 병자에 국한된다는 차이에 대한 해명이 필요하다는 것이다.

이러한 현상은 제주도의 영감놀이형태가 보다 하위에 형성되었다는 관점에서 본다면, 마을제의가 개인제의로의 전이가 이루어진 것으로 볼 수 있을 것이다.[42]

즉 병에 걸리는 대상이나 치유를 하려는 방식도 집단에서 개인으로 옮겨지고 있는 등의 변화는 제의양식의 전파와 그 정착과정의 차이를 지니고 있기 때문이다. 따라서 진도에서의 집단적인 제의양상은 제주도에 전파되면서 무가 주도하는 개인적인 제의로 변화되어 정착했을 것으로 추정된다. 다만 문제는 원래부터 제주도에서 있어왔던 병의 치유방

---

41 진도의 벽파진에서 전래된 송도채비담은 그것을 확인해주는 좋은 예이다.(『學術調查報告書』 7輯, 濟州大學校 國語國文・國語教育學科, 1982, 137쪽 참조)

42 그러나 문제는 제주도에 원래부터 영감놀이와 유사한 제의가 있었으나, 그 후 육지에서 도깨비의 역신기능적 속성이 유입된 이후에 현재와 같은 면모를 갖추었을 수도 있다는 가설이다.

식이 있었을 경우이다. 이 점에 대해서는 기존에 선행했던 의례형태가 도깨비라는 외지적인 존재의 유입에 따라 그 의례적 대상이나 절차에 변이가 있었던 것으로 추정하는 것이 합당하다고 생각된다. 즉 새로운 신적 존재를 가미함으로써 효과적인 주술적 능력을 펼칠 수 있을 것으로 인식한 결과로써 볼 수 있기 때문이다.

이러한 육지에서 도깨비신앙이 전파되었다고 볼 수 있는 것은 도깨비이야기의 내용적 전파와도 밀접한 관련이 있다. 앞서 언급했던 것처럼 진도의 벽파진에서 제주도로 도깨비신이 전래되었음을 보여주는 '송도채비담'은 그러한 내용을 설명하는데 훌륭한 자료이다. 또한 현재 제주도에서 수집되고 있는 도깨비이야기의 형태들이 대개가 〈도깨비를 이용해 부자되기〉의 내용을 보여주고 있다는 점도 이러한 사실을 추정하는데 보탬이 된다.

이들 이야기는 도깨비와 여자와의 관계양상과 그 변화과정을 살펴볼 수 있는 중요한 근거이다. 처음에는 도깨비가 여자를 좋아해서 관계를 맺지만, 나중에는 여자의 배신-혹은 도깨비의 퇴치-으로 대립하는 관계가 된다. 그러한 사실은 도깨비를 역신으로 생각되는 신앙에서는 기층적인 요인으로 작용하고 있다. 즉 진도와 탑리에서 보듯이 도깨비를 쫓는 집단이 여성이라는 사실은 도깨비와 여자가 대립적인 상극관계에 놓여있음을 보여주는 것이다.

제주도의 경우는 약간 양상이 다르게 나타나는데, 그것은 도깨비가 여자를 좋아하는 속성을 바탕으로 해서 영감놀이가 형성되고 있다는 것이다. 이러한 도깨비의 호색적 속성은 도깨비이야기에서 나타나는 도깨비의 속성을 강하게 반영하고 있다.[43] 그러나 영감놀이 자체도 도깨비를 역신이라고 인식한 결과로 형성된 것이라는 점에서 본다면 결국 육

지에서 도깨비의 속성이 전파된 이후 그것의 정착과정에서 변화를 야기
한 것으로 볼 수 있을 것이다.

2) 豊漁神的 性格

영감의 또다른 성격이 풍어를 가져다주는 부의 창조능력인데,[44] 이것
은 도깨비의 일반적인 속성이라는 점에서 의심할 바 없다. 이와 같이
풍요를 상징하는 도깨비가 육지에서 제주도로 전파되었음을 알려주는
자료로써는 "송도채비"가 있다. 이것은 집안의 수호신적인 기능을 하고
있던 도깨비이기는 하지만, 풍요를 관장하는 기능을 도깨비가 갖고 있
음을 보여주는 좋은 예이다.

영감놀이에서의 영감은 육지에서 일반적으로 찾아볼 수 없는 배서낭
의 기능을 갖고 있다. 이것은 본래 도깨비의 성격이라고 보기는 어려우
며, 오히려 구물코스에서 보여지는 도깨비가 원형에 근접한 것으로 생
각된다. 따라서 구물코스의 대상신으로 도깨비가 모셔진다는 점 때문
에 영감놀이 속에 도깨비의 풍어기능이 수용된 것이 아닐까 추정할 수
있다.

이러한 추정은 무엇보다도 육지쪽에서 풍어기원대상으로 도깨비가
정착되어 있었다는 사실에 근거한다. 갯벌에 살이나 어장을 설치해서
생계를 유지하던 어민들 사이에서 전승되어온 도깨비고사형태는 배를

---

43 그러한 점에 의해 張籌根은 처용설화에 나타나는 疫神交媾의 내용과 비교 검토를 한
바 있다.(『韓國民俗論攷』,啓蒙社, 1986, 340-341쪽 참조)

44 육지에서 도깨비가 풍어신격으로 모셔지고 있는 사례에 대한 논의는 拙稿,「韓國 도깨
비譚 硏究」(139-154쪽)와 「海岸地方 도깨비信仰의 傳承樣相에 대한 考察」(143-169
쪽)을 참조할 것.

중심으로한 어민들의 생업과는 밀접한 관련을 보여주지 않고 있다. 따라서 육지쪽의 도깨비고사가 제주도에 전파되었을 당시에는 이러한 신앙적 특성에 큰 변화를 야기하지 않았던 것으로 보는 것이 합당하다.

현재적인 관점에서 영감놀이는 치병굿, 뱃고사, 멜굿, 칠머리당의 영등굿, 풍어제 등에서 연희되고 있는 것으로 보고되었다.[45] 여기에서 치병굿과 멜굿은 육지의 도깨비신앙을 바탕으로 할 경우 이해되는 유형들이지만, 나머지 의례의 형태에서 연행되는 것은 나중에 형성된 것으로 해석할 수 있다. 즉 육지와는 달리 풍어신적인 속성이 단순한 개인제의 형태에서 벗어나 뱃고사나 용왕굿 등에까지 개입되어 풍어제의 한 과정으로 정착되었음을 알 수 있는 것이다.

구물코스는 육지쪽, 특히 전남의 서해안과 남해안 쪽에서 전승되던 도깨비고사(덤장고사)와 유사한 점이 많은 편이다. 구물코스는 어로를 생업으로 삼던 집안에서 많이 모셨으며, 일정한 제의날짜가 정해진 것은 아니다. 玄容駿에 의하면 구물코스는 어장굿 또는 멜굿(멸치굿)이라고 부른다. 모래밭이 있는 해촌에서 풍어를 기원하는 巫儀로 전승되어 왔는데, 현재는 멸치떼가 오지 않아 전승이 끊겼다고 한다.[46]

이러한 구물코스는 육지에서의 도깨비고사는 유사한 면이 많지만, 제의양상에서 큰 차이를 보여준다. 즉 육지의 도깨비고사는 개인제의적 성격을 띠고 있으며, 갯펄 주위에 개인어장을 설치한 사람들에 의해 거

---

45 文武秉,「濟州島 堂信仰 硏究」, 濟州大學校 大學院 博士學位論文, 1993, 201쪽.
46 玄容駿, 『濟州島 巫俗硏究』, 238-239쪽.
　　그러나 북제주군 구좌읍 동김녕리의 구물코스는 海神祭라고도 부르며, 정월에 지내는 경우 포제처럼 유교식 제의로 거행되었다고 한다.(「金寧里 現地學術調査報告」,『白鹿語文』6號, 濟州大學校 國語敎育硏究會, 1989, 330-331쪽 참조)

행되고 있다.[47] 그러나 제주도에서는 모래사장이 있는 마을에서 후리그
물로 멸치를 많이 잡는다는 어로방식의 차이에 의해 마을제의로 거행되
고 있다.[48] 따라서 제의양상은 육지의 도깨비고사방식을 따르고 있으
나, 어로방식의 차이에 의해 마을제의형태로 변화되어 정착된 것으로
짐작된다. 그러나 후리그물 방식이 일제침략기에 유입되고 이러한 어로
방식이 주로 강릉 이남에서 부산시 다대포 사이에서 주로 이루어졌다는
점을 고려한다면,[49] 제주도의 풍어기원대상으로의 도깨비신앙은 그 정
착이 불과 1세기 전쯤에 이루어졌다고 할 수 있다. 따라서 그 이전에는
송도채비담과 같이 집안의 수호신이나 풍요를 기원하는 대상으로 존재
했을 가능성이 높다고 하겠다.

영감놀이에서 풍어신격으로의 영감은 이러한 관점에서 그 형성이 구

---

47 대표적인 예로 전남 무안군 해제면의 덤장고사를 들 수 있다.(『내고향 해제고을』, 해제
   면지발간위원회, 1988, 251~253쪽) 이외에도 본인이 조사한 바에 따르면 충남의 태안
   반도 주위와 전북 줄포, 그리고 전남 여천지방에서 도깨비고사가 거행되고 있음을 확
   인하였다. 다만 여천지방에서는 주로 멸치잡이배에서 고사를 많이 올리고 있으며, 진
   새고사라고도 부른다.

48 후리그물은 마을사람 전체가 참여해서 그물을 당겨야 하는 저인망식이다. 현재 경북
   영일군 청하면 월포리와 용두리 같은 곳에서는 작업할 사람이 부족하기 때문에 모래사
   장에 로울러를 설치하여 한 편에 4명씩 돌리고 있는 실정이다.(1993. 8. 17. 현지조사)
   원래 후리그물작업은 일제침략기에 유입된 어로방식이라고 하며, 그 이전에는 칡으로
   만든 그물을 이용해 육지에서 가까운 곳에서 작업을 하였다고 한다. 대개 청어나 명태
   등을 어획했는데 어족이 풍부해서 멸치와 같은 작은 고기는 잡지도 않았다고 한다.(제
   보자 : 김명도, 남, 79세, 청하면 용두 1리)

49 이러한 후리그물작업 이외에도 유사한 것으로 대구리어업(地引網)의 형태가 있는데,
   1973년도 조사 당시에 경기도 옹진군 백령도에서도 행해졌다고 한다.(韓相福·全京秀,
   『韓國의 落島民俗誌』, 집문당, 1992, 28쪽) 그러나 백령도지역의 특수성을 감안한다면
   그것은 지리적인 환경에 의한 결과로 보는 편이 합당하다. 진촌 4리의 용기포나 가을
   1리의 사항포는 모두 휴전선을 바로 앞에 둔 북쪽에 연해 있는 포구라는 점에서 일반적
   인 어업양태를 취할 수 없는 단점을 갖고 있기 때문이다.

물코스에 비해 뒤진 것으로 생각된다. 부언하자면 육지 쪽에서는 도깨
비가 배서낭의 위치에 있지도 않다는 점을 고려할 때, 제주도의 영감이
그러한 속성을 갖게 되기 위해서는 도깨비고사 계열이 전파된 이후에
제주도의 생업적인 특징을 바탕으로 새로운 속성을 부여받았다고 볼 수
있기 때문이다. 하지만 영감이 배서낭으로 상승한 결과를 갖고 있는데,
이것은 육지의 도깨비고사 형태가 구물코스로 이미 정착했다는 사실과
도 무관하지 않은 듯하다. 영감놀이의 영감이 고기를 몰아준다고 하는
구물코스의 풍어신격과는 다른 배서낭으로 좌정하게 된 것은 매우 좋은
예이다. 이것은 육지 쪽에서 전승되어오던 도깨비의 풍어신격과는 다른
양상을 보여주는 것이며, 그런 관점에서 영감놀이가 원래는 질병퇴치의
기능만을 수행했던 것이 아닌가 추측된다. 따라서 영감의 속성에 배서
낭이 유입된 것은 육지의 도깨비고사에서의 기능을 구물코스에서의 도
채비가 이미 갖고 있기 때문에 유사한 속성으로서의 배서낭의 기능을
갖는 역할분담이 이루어진 것으로 보는 것이 합당한 듯하다.

4. 結語

영감놀이의 영감은 본질적으로 육지의 도깨비와 일치되는 존재이다.
그러나 영감은 역신과 풍어신의 두 기능을 공유하고 있으나, 육지 쪽에
서는 양면적인 속성보다는 일면적인 속성이 강한 특징을 보여준다. 이
것은 영감의 존재적 특이성을 보여주는 좋은 예이며, 이와 같이 속성을
부여받을 수 있었던 것은 오로지 제주도라는 지역적 환경을 반영한 결
과 때문이다. 영감의 속성은 육지의 도깨비신앙 형태를 기초로 하고 있

으며, 그러한 전파양상이나 속성을 지금까지 논의한 결과를 바탕으로 본인 나름대로의 도표로 제시하면 다음과 같다.

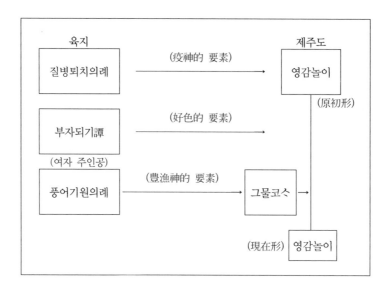

이상으로 제주도 영감놀이의 형성과 영감의 성격에 대해 간략히 살펴보았다. 주로 영감놀이가 육지에서 전파되었다는 판단 하에 영감의 속성이나 기능의 변환이 어떻게 이루어졌는가에 주안점을 주었기 때문에 영감놀이의 전체적인 성격에까지는 접근하지 못한 것이 사실이다. 따라서 영감놀이의 본질에서 벗어난 논의의 전개나 논리의 비약이 있었을 것으로 생각된다. 이 점은 무엇보다도 본인의 무능함에 기인한 것이기는 하나, 영감놀이의 성격규명이 유지와 연결되어 이루어진 적이 없었다는 사실과도 무관하지 않다. 특히 현재 육지쪽에서 질병퇴치의 대상으로 도깨비가 다루어지는 의례의 빈약함도 이러한 사정과 밀접한 관계에 있다. 따라서 육지의 내륙지방에서 존재할지도 모를 도깨비굿에 대

한 정밀한 현지조사가 있어야 할 것이며, 이런 작업을 바탕으로 보다
심층적인 논의를 지속할 예정이다.

서해안과 남해안지방 도깨비신앙의
전승양상과 그 변화

1. 서언

도깨비에 대한 신앙적 속성은 대개 육지와 관련된 내용이 많은 편이
지만 도깨비는 바다, 특히 어로행위와 관련한 생업과 밀접한 관계를 맺
고 있었다.[1] 그럼에도 불구하고 이런 측면에 대한 도깨비의 영향력이나
그 신앙적 기능을 살펴보는 노력은 포괄적이지 못했다. 따라서 도깨비
가 바다에서 어떤 기능을 하는지, 혹은 인간과의 관계에서 어떤 방식으
로 상호연관성을 갖고 있는 지를 밝히는 것은 현재의 시점에서 매우 필
요하다고 하겠다. 특히 어로와 관련한 기원방식의 전승이 거의 단절되
고 있다는 점에서 볼 경우 더욱 그러하다.

서남해 해안지방에서 전승되는 도깨비신앙은 갯벌이 발달한 서해안
지방에서 활발한 전승을 하여 왔다. 이 시기의 도깨비신앙은 대개 개인
고사적 성격을 취하여 왔는데, 주로 덤장 등 고정망을 갯벌에 설치한

---

1 이에 대한 논의로는 김종대의 「도깨비신앙의 유형과 전승양상」(『도깨비를 둘러싼 민간
   신앙과 설화』, 인디북, 2004, 15~52쪽)을 참조하기 바란다.

어민들에 의해서 전승된 특징을 보인다. 이러한 서해안과 달리 남해안
에서는 갯벌이 발달된 곳이 있기는 하나, 서해안처럼 덤장을 중심으로
한 개인고사적인 속성과 달리 배를 이용한 정치망 어선의 선주들이 도
깨비고사를 모시는 특징을 보인다. 이러한 도깨비고사의 차별화는 물론
갯벌을 이용한 어로방식이 더 발달한 곳에서 활발한 전승을 보였다는
점에서 그 차이를 찾아볼 수 있다.

그러나 이러한 도깨비고사의 전승양태는 뱃고사와 혼재되어 나타나
는 양상을 보여왔다. 동시에 갯제를 포함한 다른 제의에서도 변이된 전
승양상을 찾아볼 수 있다. 이러한 전승적 특징은 물론 생업방식의 변화
에 따른 제의적 속성 변화와도 무관하지 않다. 또한 도깨비고사가 주로
개인고사적 성격을 강하게 보여 왔는데, 최근 남해안지역의 조개채취의
공동어장권에서 공동체신앙의 갯제 형태로 전승되는 모습을 찾아볼 수
있다.

그러나 이런 제의적 특징 중에서 여성중심의 제의가 활발하게 전승되
고 있는데, 이러한 이유가 과연 무엇인가를 살피는 것도 유효한 의미를
가질 것으로 판단된다. 최근 논의의 과정에서 도깨비를 모신 갯제에 여
성이 제의를 주도하고 있다는 사실을 여성이 주도하는 퇴치기원의 도깨
비제와 연결시킨 논의가 있는데,[2] 이런 부분은 도깨비제의 속성을 차별
화해서 보지 못한 결과로 판단된다.[3]

---

2 이경엽에 의하면 도깨비제의 여성주도의 의미는 도깨비가 여성을 좋아한다는 점과 생
   식력 때문으로 보고 있는데,(「갯벌지역의 어로활동과 어로신앙」, 『島嶼文化』 33집, 목
   포대학교 도서문화연구소, 2009, 246-247쪽) 이는 적절한 해석으로 보기 어렵다. 특
   히 질병퇴치의 기원의례에서 도깨비가 여성과 대립각을 세우고 있기 때문에 그런 상징
   으로 해석하는 것은 문제의 소지가 있는 듯하다.
3 도깨비의 양가성에 대해서는 송기태의 글이 일정한 도움을 준다. 그에 의하면 이런

따라서 본 논의는 서해안과 남해안에서 전승되는 도깨비제의 속성 차이는 어떤 이유에서 인가를 밝히는데 주력할 예정이다. 특히 이들 지역에서 활발한 전승을 해왔던 山望이라고 하는 도깨비불보기의 전승과도 밀접한 관계에 있음에도 불구하고 지금까지의 논의에서 간과되어 왔다. 또한 최근에 조사된 결과들 중에서 과거의 도깨비제를 계승하되 변화된 부분을 찾아내 도깨비제의 본질을 살피고자 한다. 이런 점을 중심으로 하여 이들 지역에서의 도깨비제의 전승적 특징을 밝혀보려는 것이 본 논의의 목적이다.

2. 서남해안지방 도깨비신앙의 유형과 그 특징

한반도 서남해안 지방에서는 도깨비와 관련하여 다양한 신앙 형태가 전승되어 왔다. 이들 유형 군은 대개가 갯벌을 중심으로 한 연안어업에서 활발한 전승을 보여 왔는데, 이것은 도깨비의 생존 기반이 갯벌임을 명확히 보여주는 것이다. 그렇다면 갯벌에서는 도깨비를 어떻게 신앙 대상으로 삼아 왔는지 그 제의방식의 특징과 그 제의 양상 등을 중심으로 살펴보고자 한다.

1) 고기가 많이 잡히기를 기원하는 덤장고사

서해안은 도깨비신앙이 활발하게 전승되어온 대표적인 지역이다. 이

양가성의 기능을 하는 중심은 불이라는 것이다. 즉 도깨비가 역신과 화재신으로 등장할 경우 '열', 풍어신으로 등장할 경우 '빛'으로 상징화 한 논의가 그것이다.(「도깨비신앙의 양가성과 의례의 상대성 고찰」, 『南道民俗硏究』 22집, 남도민속학회, 2011, 186쪽)

지역에서의 전승력은 갯벌을 떼어놓고 생각할 수 없을 정도인데, 그것
은 갯벌이 도깨비의 생활공간이라는 점과도 무관하지 않다. 예컨대 바
닷물이 빠져나갈 때 갯벌의 구멍에서 뽕뽕거리는 소리를 들 수 있는데,
이를 어민들은 도깨비가 걸어가면서 생긴 소리라고 한다.[4] 갯벌을 주
생활공간으로 한다는 점은[5] 갯벌 내의 어류활동을 도깨비가 관장하고
있다는 믿음을 형성하는데 큰 역할을 한 것으로 보인다. 즉 이 지역 내
의 어류의 움직임을 도깨비가 맡고 있어 이를 믿어주는 사람에게 많은
어획이 가능하도록 한다는 믿음이 그것이다. 이러한 믿음을 근거로 하
여 도깨비고사가 만들어졌는데, 대개 덤장이나 살 등 갯벌에 그물을 설
치한 어민들이 주 전승자들이라고 할 수 있다.

　덤장이나 살 등을 설치한 지역에서 도깨비고사가 활발한 전승을 보인
곳은 주로 경기도부터 시작하여 충남과 전라도 지역이다. 이들 지역은
갯벌이 발달한 곳이기 때문에 "개"라고 부르는 고랑에 그물을 설치한
다.[6] 물론 현재는 그물을 이용하지만, 김홍도의 풍속도에도 나와 있듯
이 나무나 대나무를 이용해서 방렴을 설치하여 잡기도 한다. 나무를 이
용한 방렴은 말 그대로 그물이 비싸고 삼 등을 이용해서 만드는 작업이

---

4 『내고향 해제고을』, 해제면지발간위원회, 1988, 273쪽.
5 갯벌이 도깨비공간이라는 측면은 육지에서는 고개가 도깨비가 씨름을 하기 위해 나타
　나는 주공간이라는 점에서 차이가 있다. 갯벌은 생활공간이라고 할 수 있지만, 고개는
　도깨비들의 영역공간으로 보는 것이 적절하다. 특히 고개를 넘어가는 사람들은 대개
　장에 갔다 귀가하는 과정에 있다. 따라서 낮에는 문제가 없는데, 밤에만 나타나 씨름을
　한다는 관점에서 본다면 자신들의 영역공간으로 설정한 것임을 알려준다. 본인은 이런
　관점에서 도깨비의 공간을 통해서 물과 산의 지향성을 보이는 것으로 판단한 바 있다.
　(『한국의 도깨비연구』, 국학자료원, 1994, 160쪽)
6 덤장은 '개막이'라고도 하는데, 개막이보다 앞선 원시적인 방식으로 '뻘담막기'를 들
　수 있다.

어렵기 때문에 선택한 손쉬운 방법이다.

경기도의 경우 현재 조사된 지역에서 가장 북단이 화성시 서신면 용두리이다.[7] 이 마을에서는 갯벌에 그물을 쳐놓고 고기를 잡는데, 이를 개무지라고 한다. 개무지를 설치해서 고기를 잡기 때문에 서맷날 고사를 올리는데, 주로 메밀묵을 갯벌에 던진다고 한다. 이때의 고사 목적은 개무지로 고기를 몰아다 주기를 기원하는 것이다.[8]

충남에는 돌살이 발달한 태안 쪽에서 활발한 전승이 이루어졌던 것으로 보이지만, 1995년도에 조사할 당시에도 전승이 거의 단절되는 상태였다.[9] 당진군의 여러 지역에서는 참봉제를 지내는 공간이 마련되어 있었다고 한다. 대개 갯벌에 싸리나무로 살을 설치해서 고기를 잡는 사람들이 참봉을 안치한다. 참봉의 신체는 판자로 막을 만들고 그 안에 자연돌을 안치한 대호지면 사성리, 석문면 삼화리의 경우는 짚으로 움막을 짓고 청홍색 헝겊을 걸은 형태도 있다.[10] 이외에 태안 근흥 앞바다에 위치한 가의도에는 참봉에게 제물을 바치는 공간까지 마련되어 있었다고 한다.[11]

전라도지방도 활발한 덤장고사가 전승된 지역이라고 할 수 있다. 특히 신안 해제와 흑산도에서는 도깨비고사를 지내게 된 유래담까지 채록된 바 있어 전승력이 가장 활발하였다는 것을 보여준다고 하겠다. 덤장

7　이와 달리 서신면에서 본당신의 말석에 도깨비를 모시며, 그물고사를 지낼 때 그물을 땅에 묻는다는 조사가 있었는데, 매우 특이한 사례라 할 만하다.(『華城郡의 歷史와 民俗』, 華城郡·慶熙大學校 中央博物館, 1989, 277쪽)

8　『어촌민속지』, 국립민속박물관, 1996, 153−154쪽.

9　위의 책, 320쪽.

10　『한국의 해양문화』서남해역(下), 해양수산부, 2002, 491쪽.

11　『島嶼誌』中, 忠淸南道, 1997, 302쪽.

고사의 유래담은 신안 해제에서 채록된 이야기가 매우 유효한 정보를
제공한다.

한 사람이 갯벌로 연결된 고랑에서 그물을 쳐두고 고기를 잡았다. 하
루는 고기가 하나도 잡히지 않아 누가 훔쳐 가는가 하고 지켜보았다.
하루는 뽕뽕 빠지는 소리와 함께 불빛이 보여서 소리를 지르고 쫓아갔
는데, 그만 불빛이 사라져 버렸다. 그 사람은 문득 그것이 도깨비란 생
각이 들어서 집에 와서 메밀죽을 준비하고, 다음날 어장 주위에 메밀죽
을 뿌렸다. 그 후로 고기가 잘 잡혔는데, 서무샛날이나 열무셋날 쯤 보
름에 한 번씩 고사를 지내 풍어를 기원했다는 것이다.[12]

이와 같은 제의 유래담은 덤장고사의 기원을 보여주는 대목이다. 특
히 제물을 차리는 것이 아니라, 메밀죽이나 범벅을 만들어 뿌린다는 행
위로 볼 때 뱃고사의 산물과는 유사한 면을 볼 수 있다. 다만 뱃고사
때는 배의 주위에, 덤장고사의 경우에는 덤장 주위에 뿌린다는 차이를
보인다. 즉 덤장고사의 경우에는 도깨비가 덤장으로 고기를 몰아줄 수
있기 위해 배려한다는 특징이 있다.[13] 충남 태안에서 행해졌던 덤장고사
의 경우 물이 들어올 경우 배를 타고 가서 고사를 드리는데, 이때 절을
하지 못하고 제물만 산물하고 온다. 이와 달리 갯가에서 덤장을 향해
고사를 드리는 방식도 있는데, 이때 산물을 하고 남은 음식은 집으로
가져오는 경우도 있다.[14]

12 『내고향 해제고을』, 272쪽 축약.
13 충남 홍성 판교리 수룡동에 사는 김영진의 경우 도깨비고사를 지내는 이유가 도깨비가
　그물을 찢는 등 어로행위를 방해하는 것을 막기 위한 목적으로 지냈다고 한다.(김종대,
　『한국의 도깨비연구』, 국학자료원, 1994, 323쪽)
14 『어촌민속지』, 356쪽.

덤장고사의 가장 중요한 제물은 역시 메밀범벅이나 메밀묵이다. 도깨비에게 메밀을 바치는 이유는 도깨비가 메밀을, 특히 메밀 냄새를 좋아한다는 것이다. 이러한 메밀은 단순한 묵으로 만들어 바치기도 하나, 충남 서천 마량리의 윤덕용씨 경우에는 백시루와 물엿을 개어 만들어 바친다.[15]

서해안지역의 연안지역에 이들 덤장을 설치한 것은 어업발달사로 볼 때 조선시대로 추정된다. 특히 고려시대에는 주로 강이나 호수 등에 설치한 덤장이 오히려 발달했을 가능성이 높다.[16] 이런 흔적은 마천목[17]과 관련한 도깨비설화에서도 찾아볼 수 있다. 마천목은 13살에 곡성으로 이주하였는데, 아버님이 고기를 좋아하시기에 고기를 잡아 봉양을 하였다고 한다. 20살이 되던 해 하루는 도깨비돌을 주웠는데, 이를 찾으러 온 도깨비들에게 섬진강에 어전을 설치해주는 댓가로 돌을 돌려 줬다고 하는 이야기가 전해진다. 이것은 당대에 민물에 어전을 설치해서 고기를 잡을 수 있는 어로행위가 발달했을 가능성을 보여주는 대목이다.

마천목의 사례에서 보듯이 도깨비가 어전을 설치해주었다는 점을 고려한다면. 당시에도 갯벌이 발달한 서해안과 남해안의 덤장이나 어전

---

15 위의 책, 369쪽.

16 해안지역의 魚梁漁業이 고려시대에 발달하지 못한 이유는 크게 두 가지를 들 수 있다. 첫째는 불교국가로서 漁獵을 금지하였다는 점이며, 두 번째는 관리들의 가렴주구가 상상 외로 심해 海稅를 감당하기 어려울 정도였다는 점이다. 특히 고려말에 들어와서는 왜구의 침략으로 인해서 해안지방 어민들의 삶이 온전하게 유지되지 못했다는 점도 어업의 발달, 특히 해안어업의 발달을 저해한 요소라고 하겠다.(『韓國水産史』, 水産廳, 1968, 23쪽)

17 마천목은 고려말에서 조선초의 무신이다. 원래는 장흥 사람이었는데, 아버지를 따라서 15세에 곡성으로 이주하였다고 한다. (『全南의 傳統文化』(下), 전라남도, 1983, 366-368쪽)

설치와 관련한 도깨비신앙의 전승이 있었을 가능성이 높다. 여기에서는
어전을 설치하는 내용을 보이지만, 실제적으로는 어전이나 덤장에 고기
를 몰아주는 역할이 도깨비에게 부여되었다는 점에서 이들의 어로행위
와 밀접한 관계가 있음을 알 수 있다.

덤장이나 낭장 등과 같이 갯벌이나 수심이 얕은 지역에 설치하던 어
장들이 김과 미역 양식으로 인해서 사라지게 된 것은 생업의 변화 때문
이라 어쩔 수 없는 것이기는 하나, 더 중요한 것은 연근해에 고기가 사
라졌다는 점이 이런 변화를 이끌어 낸 것이라고 하겠다.

2) 뱃고사의 마무리로 나타나는 도깨비고사

뱃고사는 전국적으로 전승되던 어촌신앙의 하나이다. 마을신앙과 연
결되어 있기는 하나, 전적으로 배를 가진 선주나 어부들에 의해서 전승
되는 것이라는 점에서 개인고사적 속성을 보여준다.[18] 특히 뱃고사는
배의 서낭을 주신으로 모시고 지내는 것이다. 배서낭에 대해서는 여러
유형들이 있으나, 대개 여서낭과 아기서낭으로 대표된다.

그런데 이러한 뱃고사의 마무리에서 충남 해안지방의 경우 도깨비로
상징되는 참봉과 관련된 축원이 나타난다는 점에서 주목할 필요가 있
다. 충남지방은 독살고사나 참봉고사의 전승이 단절되기는 했지만, 뱃
고사의 마무리과정인 散物을 할 때에 잘 드러난다. 예컨대 충남 태안군
소원면 의항리와 황도리에서는 산물과정에서 "물 아래 참봉, 물 위에

---

18 하효길에 의하면 동해안과 남해안의 뱃고사는 마을굿과 연계가 없이 순수하게 개인적
인 고사이지만, 서해안은 마을굿과 연계되면서 동시에 같은 날 같은 시각에 지내는
특징이 있다고 한다.(『바다와 祭祀』, 학연문화사, 2012, 188쪽)

참봉, 쓴물 든물이나 만사형통 배짐(만선)하게 하여 주십시오."라는 축원을 올린다.[19] 이런 방식으로의 전환은 도깨비고사의 전승단절과 함께 뱃고사와 결합된 모습을 보여주는 대목이라는 점에서 흥미롭다.

원래 뱃고사의 존재는 배서낭에게 바치는 풍어를 기원하는 제의라고 할 수 있다. 즉 마을제의 내에서 용왕제가 존재하기 때문에 어촌지방의 개인고사 중에서도 뱃고사는 중요한 위치에 놓인다. 배서낭을 위한 뱃고사에 참봉을 위한 산물이 행해진다는 것은 마을제의에서 보면 강원도 서낭제의 경우와 마찬가지로 본제가 끝나고 마무리에서 간략하게 하위신들인 수비를 풀어먹이는 제의가 행해지는 것[20]과 흡사하다. 수비는 서낭을 따라온 잡신들을 말한다. 이런 관점에서 본다면 뱃고사에서 등장하는 참봉을 통해서 배서낭의 하위신격으로 도깨비가 위치한다는 것을 알 수 있다.

3) 幕을 세워 지내는 도깨비고사

남해안지방에서의 도깨비고사는 주로 전남 여천지방에서 집중적으로 나타난다. 이 지역의 경우 당산제와 결부되어 하위굿으로 나타나는 경우도 있지만, 바다를 접한 정치망 어선의 경우 도깨비막을 세워 개인적으로 고사를 지내는 특징이 있다.

여천 돌산읍과 화양면 용주리 등지에서는 어선을 부리는 선주들이 자신의 개인의 도깨비막을 설치하여 풍어를 기원하여 왔다고 한다. 최근에는 거의 찾아볼 수 없지만, 1990년대까지만 해도 전승되던 개인신앙

---

19 『어촌민속지』, 353-355쪽.
20 김종대, 『한반도 중부지방의 민간신앙』, 민속원, 2004, 19쪽.

이었다. 1998년도에 돌산 임포리에서 조사한 내용은 다음과 같다.[21]

도깨비막은 대개 바다를 접한 남들이 쉽게 찾지 못하는 절벽에 설치한다. 도깨비막은 1m 정도 되는 대나무 3개를 이용해 기둥을 만들고 그 위에 짚을 얹은 조그만 움막 형태이다. 도깨비막은 첫 출어 때 선주가 세우며, 출어한 후 그물을 내리고 와서 돼지머리와 메밀범벅 등의 제물을 올린다. 도깨비막에서는 선주가 없을 때는 부인이 와서 비손을 하며, 제물은 음복 없이 그대로 두고 집으로 온다.

도깨비막을 세우고 고사를 드리게 된 것은 일본인들이 이곳에 어장을 개시한 후, 우리나라 어민들이 따라서 어업을 하면서 시작되었다고 한다. 도깨비고사는 첫 출어에 맞춰 시작하며, 고기잡이 하는 동안 한 달에 두 번씩 물때에 맞춰 지내왔다. 특히 선주가 바다에서 조업 중일 경우에는 부인이 음식을 장만해서 고사를 올렸다고 한다.

4) 占世俗으로 행해져왔던 山望

山望[22]은 말 그대로 산에서 내려 본다는 뜻을 갖고 있는데, 이 말은 경남의 도서지방에서 도깨비불과 관련한 점세에서 사용되는 말이다. 즉 경기도와 충청도, 전라도 등의 서해안지방에서는 산망이라는 말보다는 '도깨비불보기'라는 식으로 표현한다.[23] 현재까지 조사된 내용으로 보면

---

21 김종대, 「한국의 도깨비」, 『국립춘천박물관 토요문화강좌』, 국립춘천박물관, 2004, 14쪽.

22 山望이라는 단어는 장주근선생이 『韓國民俗綜合調査報告書』(慶尙南道 篇, 1972, 791-792쪽)에서 처음으로 사용하신 바 있다. 산망과 관련한 풍속은 이후 기록되지 않다가 최근에 도깨비불보기가 나타났는데, 여기에는 산망이라는 용어를 그대로 사용하기로 한다.

23 김종대, 『도깨비를 둘러싼 민간신앙과 설화』, 151쪽.

경기도 화성시에서부터 경상남도 욕지도까지 산망 풍속이 전승되었다
고 하나, 현재는 전승이 거의 단절된 상태이다. 특히 경남 남해안지방에
서의 산망은 다른 지역에 비해서 더 일찍 전승이 끊겼는데, 그 이유는
정확하지 않다. 아마 전라도 해안지방에서 활발하게 전승되던 산망 풍
속이 이 지역으로 전파되었다가, 이곳의 어로행위에는 적합하지 않은
것으로 보여 단절되었을 가능성이 높다. 그런 이유 중에 하나가 갯벌이
발달되어 있지 않다는 지형적 특성을 들 수 있다.

산망은 대개 섣달그믐이나 정월 보름 등 다양한 시기를 제시하고 있
어 일반화하기는 어렵다. 그러나 이들 산망행위의 중심은 도깨비불보기
라는 점을 고려한다면 달이 없이 어두운 섣달그믐에 행했다고 보는 것
이 합리적이다. 너무 밝으면 도깨비불을 보기가 적합하지 않기 때문이
다. 경남 남해나 통영지방에서는 주로 섣달그믐으로 조사된 바 있으나,
전라도나 충청도 지방에서는 정월초부터 정월 보름까지 다양한 편차를
보이고 있다.

5) 해산물부르기 형의 진서방고사

최근 전남 해안지방에서 해초나 어패류 양식을 하고 있는 마을에서
지내는 고사 유형인데, 이때 부르는 존재가 '진서방'이다. 좋은 사례로
송기태가 조사한 강진군 대구면 하저마을 갯제를 들 수 있다.[24] 하저마
을의 갯제는 조개부르기라고 할 수 있는데, 이때 부르는 대상은 '물 아
래 진서방'이다. 그런데 왜 진서방인지는 정확하게 알 수 없다. 사실
물 아래 진서방은 충남 지역의 뱃고사 과정에서 행해지는 산물에서 구

---

24 송기태, 앞의 논문, 177-178쪽.

연되는 내용인 '물아래 참봉, 물 위의 참봉'과 흡사한 면을 보여준다는 점에서 상호연관성을 엿볼 수 있다.

하저마을은 바지락과 굴양식을 통해서 대부분의 소득을 올린다. 따라서 이 마을의 갯제는 조개부르기를 기원하는 제의라는 점을 명확히 보여준다. 1989년에도 갯제가 행해졌다고 하는데, 제의를 주관하는 사람이나 제비 갹출 등에서 차이가 있다고 한다. 갯제는 정월 14일 만조에 맞춰 진행하며, 갯제의 대상신은 용왕이다. 제물 진설 후에 제의가 진행하는데, 매우 간략하게 어촌계장 정도만 나와서 술을 따르고 절을 한다. 이후 부녀회장과 주민들이 구축이라는 것을 행해는데, 대략 용왕을 부르고 호미 등으로 바닥을 긁는 시늉을 하는 방식으로 진행된다.

> 아주머니 1 : "물아래 진서방~"
> 아주머니들 : "예~"
> 아주머니 1 : "굴이고 석화고 반지락이고 전애고 다 올르니라~ 고기고
>   전어고 낙지고 석화고 반지락이고 다 우리 동네로 올로세요~"[25]

이 마을에서의 주대상신은 용왕임이 분명하다. 그런데 놀이판 2에서 "물아래 진서방"을 부르는데, 이 신격에 대한 정확한 정보가 조사되지 못했다. 조사자는 진서방을 용왕과 다른 신격으로 짐작하지만, 마을사람들은 같은 신격으로 인식하고 있다고 언급하였다.[26] 진서방은 인근 마을에서도 찾아진다고 하는데, 그 명확한 이유는 알지 못하고 있다.[27]

---

25 송기태, 「강진군 대구면 하저마을 갯제」, 『남도민속연구』 15집, 남도민속학회, 2007, 413쪽.
26 위의 논문, 408쪽.

특히 이 마을에서는 산망 풍속도 행해진 적이 없었다고 한다는 점에서
보면 진서방을 끌어들인 이유는 과거 이 지역에서 덤장을 운영하던 사
람들의 고사를 수용했을 가능성도 높다고 하겠다.

　이런 진서방의 등장은 원래 덤장고사나 여천군 소라면 사곡리의 당산
제에 나타나는 진새고사의[28] 변이된 전승으로 추정된다. 원래 진새고사
는 섣달그믐에 지내며, 정월 보름날 당산제의 마지막 부분에 진새고사
를 간단하게 지낸다. 이웃 마을인 사목과 진목 등에서 지낸다는 1992년
당시의 조사 내용을 참조한다면 이 지역의 당산제의 하위제로서 진새고
사가 존재하였음을 알 수 있다. 이 지역에서도 조개 공동양식을 하고
있기는 하나, 당시에는 조개부르기는 행하지 않았기 때문에 고기를 불
러 모으기 위한 제의적 특징을 잘 보여준다고 하겠다.[29] 그런 측면에서
도깨비의 능력이 고기에서 조개로 변화되어 나타났다는 사실은 주목할

---

27 본인이 조사(2012. 7. 24)했을 때 강진에서 갯제를 지내는 곳은 그다지 많지 않다는
　　제보를 들었다. 특히 앞바다에서 생산되던 어패류가 종패장도 오염과 함께 마을 앞
　　바다도 오염되어 출하량이 감소 추세에 있다는 것이다. 이에 따라 과거에 비해 소득이
　　1/3 정도 줄었기 때문에 정부가 지원하지 않으면 살기 어렵다고 한다.(황종렬 : 하저마
　　을 현 이장, 64세) 이러한 사정은 갯제에 진서방을 유입시킨 원인 중에 하나일 가능성
　　을 보여주는 것이라고 하겠다. 즉 진서방을 통해서 더 많은 조개채취가 이루어지기를
　　기원하고자 한 의도인 것이다. 1995년에 발간된『康津郡 마을史(大口)』(康津郡, 1995,
　　257쪽)를 참고하면 당시에도 자연패사로 어패류 생산이 적어지게 되어 소득이 줄어들
　　고 있음을 기록하고 있다.
28 김종대, 『한국의 도깨비 연구』, 199쪽.
29 1973년부터 1989년 사이에 조사된 한상복 · 전경수의『韓國의 落島民俗誌』(집문당,
　　1992, 215-216쪽)를 보면 어패류를 양식하던 마을에서 조개부르기와 같은 제의가 행
　　해졌다는 조사 내용을 찾아보기 어렵다. 특히 1978년 고군산군도의 경우 양식사업이
　　활발했던 것으로 보이나, 수산의례의 경우 배를 부리는 사람에 의해서만 지켜진다고
　　하였다. 뱃고사의 경우도 섣달 그믐날 고사와 정월 보름고사가 행해지며, 개인신앙으
　　로 바닷가에서 간략하게 제를 지낸다는 기록만이 있을 뿐이다.

필요가 있을 것으로 보인다.

3. 도깨비신앙의 속성과 전승 특징

1) 도깨비고사를 드리는 방식과 그 이유

도깨비와 관련한 어촌신앙의 유형은 대개 개인신앙적 속성을 지닌다. 이러한 특징은 도깨비라는 존재가 마을이라는 집단성을 지닌 구성원 모두에게 그 능력을 보여주지 못한다는 점을 잘 보여주는 대목이라고 하겠다. 이러한 관점에서 본다면 도깨비고사의 중심은 덤장 등 고정된 그물로 고기잡이를 하는 어로행위에서만 한정적으로 나타난다는 점을 알 수 있다.

덤장고사 등 도깨비와 관련된 개인고사의 경우 도깨비를 믿는 중요한 이유는 도깨비가 고기를 몰아다주는 능력을 갖춘 신격이라는 사실이다. 따라서 갯벌에 그물을 설치했던 돌살이나 덤장 등의 경우 해안가 근처까지 고기들이 들어오지 않는 이상은 그 쓸모가 없어졌다. 따라서 이들을 설치하지 않거나 어민들의 주생업에서 제외되면서 도깨비고사로 표현되는 개인고사의 전승력을 떨어뜨리는 결과를 갖게 되었다.

그런 관점에서 참봉고사의 흔적이 뱃고사로 전이되어 나타난 것은 도깨비의 능력을 수용한 결과로 판단된다. 쉽게 말하자면 배를 부리던 사람들은 도깨비고사 대신에 물 아래에 위치한 용왕과 배서낭에 대한 믿음이 강하게 나타났다. 그러나 도깨비가 고기를 몰아다준다는 능력을 갖춘 존재라는 점에서 본다면 배를 부리는 사람들에게도 매우 필요한 존재라는 것을 의미한다. 따라서 충청도 지역에서는 뱃고사를 마무리하

는 과정에서 참봉을 부리는 변용이 이루어졌다고 할 수 있다. 원래 뱃고
사의 산물과정에서는 참봉보다 용왕을 청하는 것이 일반적이기 때문이
다. 이런 흔적은 전라도지역에서는 찾기 어렵다는 점에서 지역적 특징
이라고 할 만하다.

산망의 흔적은 북쪽으로는 황해도부터 남쪽으로는 경남 통영의 욕지
도나 사량도까지 퍼져 있다.[30] 충남 홍성 서부면 판교리로 피난을 왔던
민용복씨에 의하면 황해도에서 안강망을 하던 사람들이 정월 대보름날
밤 산에 올라 도깨비불이 부리는 곳을 확인하는데, 그 자리에서 고기가
많이 잡힌다고 한다. 이를 '불킨다'로 말하는데, 도깨비불이 날아와 꺼
진 장소에서도 마찬가지로 고기가 많이 잡힌다.[31] 산망은 그런 측면에서
고기가 많이 날 수 있음을 예측하는 예조적인 속신이다. 그런데 도깨비
불이 많이 모여 있다는 것은 도깨비가 있다는 것을 의미하며, 도깨비가
있다는 것은 물고기를 몰아다주는 공간적 개념으로 이해했기 때문에 만
들어진 것이라고 할 수 있다.

산망의 속신적 행위는 바로 덤장을 설치할 공간을 찾아내는 것이라
는 점에서 도깨비고사와 상호관련을 맺고 있음을 알 수 있다. 즉 도깨
비가 많이 나는 곳에 덤장을 설치한다는 것은 도깨비를 이용해서 고기
를 많이 잡기를 기원할 수밖에 없는 신앙대상임을 보여주는 것이기 때
문이다. 따라서 도깨비불로 형상되어 나타나기는 하지만, 그곳은 동시

---

30 송기태에 의하면 산망 풍속은 주로 전남 해안에 집중되는데, 이를 멸치와 관련한 어로
  형태로 연결시킨 바 있다. 즉 불이 멸치를 몰고 온다는 관점에서 도깨비불이 고기를
  몰고 오는 것으로 해석한다.(「도깨비신앙의 양가성과 의례의 상대성 고찰」, 190쪽) 그
  러나 이런 한정적인 전승지역일 경우에는 설명이 가능하지만, 황해에서 충청도, 그리
  고 신안지방으로 연결할 경우 오히려 조기잡이권과 밀접한 관계가 있을 가능성도 높다.
31 『어촌민속지』, 325쪽.

에 도깨비터로 기능한다고 하겠다. 이런 관점에서 본다면 육지에서 도
깨비터에 집을 짓고 살 경우 부자가 될 수 있다는 속신과도 밀접한 관
계에 있다.[32]

결국 갯벌은 도깨비터의 중심영역으로 존재하고 있음을 잘 보여준다.
특히 섣달 그믐에서 정월 보름 사이에 행해지는 산망 풍속은 도깨비불
이 나타나는 공간, 즉 도깨비터의 흔적을 찾아내는 작업으로 이해된다.
육지에서도 도깨비터가 부를 가져다주는 공간으로 이해하는 것처럼 갯
벌에서도 동일한 개념이 적용된 것이다. 따라서 도깨비는 갯벌을 생활
공간으로 삼고 있음을 알 수 있으며, 이것은 갯벌을 벗어난 먼 바다의
경우 도깨비와 관련을 맺기 어렵다는 것을 의미하는 것이기도 하다.[33]
갯벌이 발달하지 않은 동해안에서는 산망이나 도깨비고사가 발달하지
않았다는 사실로도 이런 점을 확인할 수 있다.

2) 도깨비고사 전승양상의 변화와 그 이유

갯벌 위에서 행해지는 어로행위와 관련하여 갯제라고 하는 풍어기원
제의가 전승된다. 갯제의 경우 대개 공동체 단위의 의례라고 보고 있는
데, 이때의 갯제는 대략 정치어로를 행하는 어민들에 의한 어장고사와

---

32 김종대, 『한국의 도깨비연구』, 320쪽.

33 이러한 개념을 수용한다면 전남 여천지방에서 전승되었던 도깨비막에서의 고사를 근
   거로 삼아 갯벌에서 행해지는 도깨비제는 돌산을 경계로 삼아 나누어지는 것으로 판단
   된다. 갯벌에 고정된 어장을 설치하는 어로행위는 이 지역에서 찾아보기 어렵기 때문
   이다. 다만 남해도로 건너가는 창선대교에 설치된 방렴들의 경우에는 갯벌에 설치된
   어장과 달리 급물살을 이용한 멸치잡이에 집중적으로 활용되는 것이기에 그 차이가
   있다. 특히 이들 지역에서는 도깨비고사가 전승되지 않는 것도 어로행위의 차이와도
   무관하지 않은 것으로 보인다.

미역이나 김, 어패류 등의 풍작을 기원하는 갱번고사 등과 같은 유형으로 크게 대별된다.[34]

어장고사의 경우는 말 그대로 갯벌에 고정된 정치어로를 설치한 것인데, 충남 태안지방의 돌살부터 시작하여 전남 신안의 덤장고사 등까지 여러 지역에서 활발한 전승을 보여 왔다. 이때의 고사 대상은 도깨비이며, 대개 개인고사적 성격을 취한다. 특히 어장고사의 목적은 도깨비에게 제물을 바쳐 자신의 그물로 고기를 몰아다 달라는 기원행위에 있다. 결국 도깨비란 존재는 고기와 밀접한 관계에 있음을 알 수 있다.

그러나 갱번고사와 같은 갯제는 미역이나 바지락 등의 어패류가 잘 자라기를 기원하는 마을신앙의 모습을 보여준다. 특히 이들 제의에는 여성들이 많이 참여하는 특징을 보인다.[35] 이러한 여성들의 참여에 대해 이경엽은 "어로활동의 주체와 의례 주체의 동일성, 여성 생식력과의 관련성, 도깨비신앙과 여성의 관련성"을 그 배경으로 지적한 바 있다.[36] 물론 여성들의 참여는 미역이나 어패류의 채취가 전적으로 여성에 의해서 작업이 이루어지기 때문으로 보인다. 특히 미역이나 어패류의 경우는 마치 농작물을 키우듯이 씨를 뿌리고 열매를 맺는 식의 작업과정을

---

34 이경엽, 앞의 논문, 238-240쪽.
　이와 달리 송기태는 갯제 중에서 도깨비와 관련한 제의 유형으로 해산물 부르기형과 제액 띄우기 형을 제시한 바 있다.(앞의 논문, 176쪽) 하지만 이런 유형 구분은 명확해 보이지 않는다. 특히 제액 띄우기형의 경우 도깨비라는 명칭 대신에 매생이라고 부른다고 주장한 바 있으나, 이것이 제보자의 설명이 아니라 연구자의 견해로 제시되고 있기 때문이다. 이에 대해서는 추가로 조사가 필요할 듯하다.
35 하저마을의 경우 여성들이 제의를 주관하는 것은 조개 채취를 그들이 담당하고 있기 때문이라고 한다. 물론 남성들의 경우 갯제를 지내는 동안 물을 피워주는 등의 도움을 주고 있지만, 제의의 중심은 여성이다.(남영심 : 여, 73세, 2012. 7. 24. 조사) 이것은 바로 생업에 주동적인 인물들이 제의에도 주동적으로 행동하고 있음을 의미하는 것이다.
36 이경엽, 앞 논문, 247쪽.

보여준다. 제주도의 영등굿에서 이런 모습을 잘 보여주는 것이 바로 씨드림이라고 하겠다. 씨드림은 "미역, 전복, 소라 등 해녀들이 채취하는 해초의 씨를 바다에 뿌려 많이 번식하게 하는 파종의례(播種儀禮)"[37]라고 하는 것은 갯벌의 어패류와 해조류가 바로 육지의 농작물과도 같은 개념으로 받아들인 결과이다. 하지만 제주도의 경우 바다를 향해 좁씨를 뿌리는 행위를 직접 보이는데 반해서 육지의 경우, 예컨대 간월도의 경우에는 굴따는 시늉을 하며, 강진군 하저마을에서는 빗자루나 갈퀴 등으로 긁는 행위를 하는 차이를 보인다.[38] 즉 제의과정에서 제주도는 파종행위가, 육지의 경우 수확행위가 벌어지는 차이를 보인다는 점에서 흥미롭다.

어장고사는 개인신앙이며, 갯제는 공동체신앙이라는 차이를 보인다. 특히 어장고사는 대개 그물질을 하는 주인이 주로 제의를 담당하였으나, 갯제는 공동체로 여성 중심으로 전개된다. 정치망으로 조업을 하는 사람들의 입장에서 보면 도깨비는 순수하게 개인에게 도움을 주는 존재이다. 하지만 조개부르기 등의 갯제에서는 공동체에 도움을 줄 수 있는 존재로 변이되어 나타난다.

가장 중요한 것은 갯제의 경우 도깨비의 존재가 용왕과 혼재되어 나타난다는 것이다. 송기태의 조사처럼 그것은 다시 밝혀낼 필요가 있다. 왜냐하면 1990년에 조사한 충청남도 서산 간월도 굴부르기제에서도 용왕이 주 대상신이었을 뿐이며, 진서방에 대응하는 충청도식 도깨비였던 김참봉이나 김첨지는 등장하지도 않았다.[39] 이런 사정을 고려한다면 후

---

37 문무병·이명진, 『제주칠머리당영등굿』(국립문화재연구소, 2007), 108쪽.
38 송기태, 「강진군 대구면 하저마을 갯제」, 409쪽.
　　김종대, 『韓國 민간신앙의 실체와 전승』, 민속원, 1999, 152쪽.

대에 진서방을 부르는 식으로의 변이가 이루어졌을 가능성이 높다고 하겠다.[40]

또 다른 측면에서 고민해야 할 부분은 원래의 덤장고사에서 도깨비가 수행해야 할 능력은 고기를 몰아주는 것인데, 갯제에서는 도깨비가 바지락 등 조개를 몰아주는 능력을 지닌 것으로 변화되었다는 점이다. 즉 고기를 몰아주는 능력이 뛰어난 도깨비를 조개도 몰아줄 수 있는 능력을 지닌 존재로 전환시켰다는 것이다. 이러한 이유는 여러 가지가 있을 것으로 추정되지만, 가장 중요한 요인은 생업의 변화를 들 수 있다. 먼저 갯벌에 설치해서 고기를 잡던 덤장의 어획량이 급감하였기 때문에 이를 주 수입원으로 삼기가 어려워졌다. 특히 어선들마다 어군탐지기를 설치하고 있기 때문에 어획 장소는 연안에서 보다 멀리 떨어진 곳으로 전환되었다. 이런 관점에서 도깨비고사의 기능이 상실될 수밖에 없었다는 점을 고려할 필요가 있다.

이러한 도깨비의 능력이 조개잡이와 관련된 생업 방식의 변화에 맞춰 전환한 것은 매우 유의미한 것이다. 즉 고기만을 몰아주는 능력에서 조개까지 확장되어 나타난 것은 풍요기원의 상징성을 지닌 존재라는 점을

---

39 〈간월도 굴부르기제〉는 현재도 전승되고 있으며, 여성들만이 참여해서 행하는 정월 보름 제의이다. 축문 내용 중에서 "용왕님 전에/여러 주민들 보살펴 주시는 용왕님전 아니오리까."로 표기하고 있다.(김종대, 위의 책, 같은 곳) 황도의 경우에는 마을의 높은 상봉에 제물을 차리고 비손을 한 후에 비손하는 사람이 "굴아!"하고 부르면 상봉 밑에 있던 사람들이 대답한 후 굴이 몰려오는 시늉을 하면서 상봉으로 오르는 유감주술적 제의방식을 행한다.(『한국의 해양문화』서해해역(下), 해양수산부, 2002, 492쪽)

40 최근 본인이 조사(2012. 7. 24) 한 바에 따르면 송기태의 조사내용처럼 하저마을의 갯제에 진서방이 유입된 상황을 마을 사람들이 잘 모르며, 예전부터 그렇게 지내왔다는 대답을 들었다. 그러나 황종렬(현 이장, 64세)에 의하면 약 10년 전까지도 이 마을에는 덤장을 서넛집이 운영하였다고 하며, 이들은 매달 서무샛날에 고사를 올렸다는 것이다. 하지만 고기가 잡히지 않자 덤장을 운영하던 사람들은 모두 포기하였다.

인지한 결과라고 할 수 있다. 특히 도깨비가 갯벌에 생식하고 있기에 조개 등이 서식하고 있는 공간과 일치한다는 점은 이런 제의방식으로의 전환이 이루어지도록 하는데 큰 영향을 끼쳤을 가능성이 높다. 무엇보다도 이 지역에서 덤장고사가 전승되었다는 사정을 고려할 경우 이런 제의의 전환은 쉽게 이루어졌을 것으로 판단해도 무리하지 않다.

사실 갯제를 여성들이 주관하고 있다는 사실을 근거로 생식력과 관련한 활동으로[41] 해석하기에는 수긍하기 어려운 면이 없지 않다. 오히려 이것은 어로활동의 주체와 의례활동 주체의 동일성에 의한 것으로 보는 것이 합당할 수 있다. 왜냐하면 진도의 도깨비굿이나 순창 탑리의 도깨비제는 여성의 생산성을 바탕으로 한 것이기 보다는 도깨비의 대립적 속성을 반영한 것이다.[42] 예컨대 진도 도깨비굿처럼 여성의 월경피가 묻은 속옷을 축귀의 상징물로 활용하는 것이 좋은 예이다. 따라서 속성의 차이를 극명하게 보여주고 있기 때문에 갯제에 여성이 등장한다고 하여 여성의 생산성 강화로 해석하기에는 무리가 있다.[43]

도깨비가 풍요를 가져다주는 존재이기에 갯제의 대상신으로 기능을 전환한 것은 합리적이다. 그러나 여성들이 제의를 주관하는 점을 고려하여 생산성 확대로 보는 것은 차이가 있다. 오히려 조개를 채취하는 작업층이 여성이기 때문에 이들이 제의를 주관하는 것이 당연하다고 보

---

41 이경엽, 앞 논문, 246쪽.

42 김종대, 『한국의 도깨비 연구』, 220쪽.

43 또한 전북 임실군 관촌면 상월리의 〈김새환제〉나 진안 백운면 반송리의 〈도깨비제〉도 여성이 주도하던 도깨비제들인데, 이들 제의의 목적은 도깨비에 의한 화재를 예방하기 위한 것이다. 여기에서의 도깨비와 여성도 상관성보다는 적대적인 속성이 명확하게 드러난다.(김종대, 「전북 산간마을에서 전승되는 도깨비신앙의 유형과 그 특징」, 『전북의 민속』, 전라북도, 2005, 289쪽)

는 것이 적합하다고 하겠다.[44] 무엇보다도 굴부르기의 행위나 해초의 경우에는 농업적 작업방식, 예컨대 씨부르기 등으로의 작업과정을 거치기 때문에 오히려 풍요로운 수확을 얻기 위한 목적으로 행해진다. 따라서 덤장을 설치하고 고기를 몰아주기를 기원하는 도깨비고사와는 큰 차이를 갖고 있다. 따라서 작업방식과 어로행위, 특히 기원방식의 차이 등으로 인해서 갯제의 여성성은 과거의 도깨비제와는 속성이 명확하게 다르다는 것을 알 수 있다. 결국 여성화된 갯제의 한 과정에서 도깨비를 부르는 것은 과거의 제의를 수용해서 만들어졌다고 보는 것이 보다 합리적이라고 하겠다. 즉 고기를 몰아주어 풍어를 이루었던 것처럼 조개도 많이 몰아주어서 많은 수확이 있기를 기원하는 제의목적으로의 수용이라는 것이다.

4. 결어

한반도 서해안과 남해안지방의 갯벌이 발달한 어촌에서는 특이하게 도깨비를 신으로 모시는 신앙형태가 전승된다. 이러한 이유는 갯벌이라는 생업현장과 이 갯벌에 고정망을 설치하는 어로행위와 밀접한 관계가 있다. 특히 신안지방에서는 갯벌에서 물이 빠지는 소리를 도깨비가 걸

---

44 또한 이들의 작업장인 갯벌이 마을의 어촌계가 주관하는 공동어장이라는 점도 이들 제의의 마을신앙적 속성을 갖게 하는 중요한 요인이다. 다만 이들 어장이 점차 자본력과 노동력에 의해서 사적 점유화의 비율이 높아지게 될 경우(김준, 『한국 어촌사회학』, 민속원, 2010, 90쪽) 이런 제의의 지속성이 가능할 것인가 의문이다. 아직까지는 이들 어장이 공동체로 운영된다는 점에서 본다면 존속될 여지가 있기는 하나, 하저마을처럼 수확량의 감소가 지속될 경우 어장의 사유화와 펜션 등의 상품화로 인해 전승이 어려워질 가능성도 높다.

어가는 소리라고 할 정도로 갯벌은 도깨비의 서식처이자 활동무대이다. 따라서 갯벌 주위에서 벌어지는 다양한 활동, 특히 물에 사는 고기들의 움직임은 도깨비에 의해서 좌우된다는 믿음을 형성하였으며, 이것은 도깨비고사와 같은 개인신앙 형태로 발전하게 되었다.

그러한 관점에서 도깨비의 능력이 덤장고사 등에서는 점차 사라졌지만, 갯제 등의 다른 생업 방식의 기원대상으로 변화되어 살아나게 된 것은 주목할 만한 일이다. 물론 충남지방에서는 뱃고사의 산물 과정에서 도깨비를 불러왔다. 이것은 고기를 갯벌에 설치한 고정망이 아니라고 하더라도, 배를 부리면서 유자망이나 정치망을 하는 어민들에게 동일한 신격체로 전이된 것으로 보인다. 즉 고기를 몰아주는 능력을 그대로 활용하려는 의도 때문이다.

그런데 해안가 주위에서 어로행위를 하던 어민들에게 전승되던 도깨비신앙은 점차 어획량의 급감으로 인해서 믿음이 약화되기 시작하였다. 1970년대까지도 활발한 전승을 보이던 도깨비고사는 다른 고사에 습합되거나, 아예 어획행위와는 다른 김이나 굴 양식 등의 고사로 전환하게 되었다. 즉 배서낭이나 용왕에게 풍어를 기원하는 뱃고사의 마무리과정에서 산발적으로 등장하거나, 여천지방에서는 당산제의 하위제로서만 잔존하게 된 것이다.

이와 달리 물고기 대신에 조개가 활발하게 성장하기를 기원하는 조개부르기의 갯제로 습합되기도 하였다. 이러한 변화에도 불구하고 바다에서 행해지는 도깨비제의는 기본적으로 풍어기원이라는 믿음 형태를 남기고 있다. 이것은 우리 민족에게 도깨비가 부의 창출능력을 지닌 존재자라는 인식틀이 그대로 유지되고 있음을 보여주는 중요한 증거이다.

그런데 도깨비는 원래 고기를 그물로 몰아주는 능력으로 인해 덤장을

운영하는 사람들이 고사를 지내왔다는 사실을 고려하면, 조개부르기 등
의 기원하는 갯제에는 적합한 신격으로 보기 어렵다. 따라서 갯제에서
진서방이라고 부르는 도깨비가 자리잡게 된 것은 그렇다면 어떤 이유에
서 인가를 밝히는 것이 매우 중요한 일이다. 근본적인 이유는 어패류의
생산이 떨어지면서 이를 회복하기 위한 방안으로 용왕과 함께 진서방을
부르게 될 가능성을 점칠 만하다. 현재 연안의 덤장고사 등에서 도깨비
의 존재는 점차 사라지고 있다. 이런 과정에서 어패류의 생산 강화를
위해서 도깨비를 부르는 것은 도깨비가 고기를 몰아다주는 능력을 활용
하자는 의미로 해석된다. 고기 대신에 어패류를 많이 몰아다 주기를 기
원하는 하저마을의 갯제는 좋은 사례이다.

  갯제에 도깨비가 등장한다는 것은 어촌의 주된 소득원의 변화에도 큰
영향을 받은 것으로 보인다. 도깨비가 원래는 많은 어획을 위한 목적으
로 제의가 행해졌었는데, 이런 제의가 소멸되면서 다른 목적을 취한 제
의로서 전환되었다는 것이다. 제의를 주관하던 사람들은 대개 남성이었
는데, 조개잡이와 관련한 갯제에서는 여성으로 전담하는 방식으로 변화
되었다. 이러한 변화는 과거의 도깨비제의 특성과는 차이가 있는 것이
기는 하지만, 풍요를 얻기 위한 목적으로 제의의 담당층이 바뀐 것은
당연한 일이라고 하겠다. 이것은 바로 민간신앙의 전승방식이 생업과
밀접한 관련을 맺고 전승되어 왔다는 것을 증명하는 훌륭한 사례로서
주목해야만 할 것이다.

  이 글에서 다루는 내용은 완전하지 않다. 특히 현재 갯제 속에 담겨있
는 도깨비의 존재를 확인하기 위해서는 더 많은 지역의 조사가 필요하
다. 문제는 이런 전승지역이 매우 한정적이라는 사실인데, 이를 위해서
추후 지속적인 조사를 수행하여 보완할 예정이다.

|참고문헌|

姜恩海,「한국 도깨비담의 形成·變化와 構造에 關한 硏究」, 西江大學校 大學院 博士學位論文, 1985.

姜秦玉,「口傳說話 有形群의 存在樣相과 意味層位」, 梨花女子大學校大學院 博士學位論文, 1985.

강진옥,「전설의 역사적 전개」,『한국구비문학사연구』, 박이정, 1998.

건국대학교 동화와 번역연구소 편,『동화와 설화』, 새미, 2003.

高橋亨,『朝鮮の物語集』, 日韓書房, 1910.

高木敏雄,『日本神話傳說の研究』, 岡書院, 1925.

關 敬吾,『民話』, 岩波書店, 1955.

宮田 登,『妖怪の民俗學』, 岩波書店, 1985.

宮田 登 外編,『民俗探訪事典』, 山川出版社, 1983.

권혁래,「조선총독부 편『조선동화집』(1924)의 성격과 의의」,『동화와 번역』, 건국대학교 동화번역연구소, 2003, 52~84쪽.

權孝溟,「〈旁乜說話〉모티브의 교과서 收錄樣相 研究」, 釜山教育大學校 教育大學院, 碩士學位論文, 2003.

今野圓輔,「妖怪」,『日本民俗學大系』8卷, 平凡社, 1959.

_____,「妖怪」,『日本民俗學大系』8卷, 平凡社.

金海相德 編,『半島名作童話集』, 盛文堂書店, 1943.

金光日,『韓國傳統文化의 精神分析』, 시인사, 1984.

김기창,『한국구비문학교육사』, 집문당, 1992.

金東旭 外,『韓國民俗學』, 새문사, 1988.

金東旭·崔仁鶴·崔吉城,『韓國民俗學』, 새문社, 1988.

김승호·임종욱,『고려시대 인물전승』, 이회문화사, 1999.

김열규,『도깨비 날개를 달다』, 춘추사, 1991.

金烈圭·成耆說·李相日·李符永,『民談學概論』, 一潮閣, 1982.

김영남, 「『조선동화집』에 나타난 '美'의 '記述'에 관한 고찰」, 『民俗學研究』16호, 국립
　　민속박물관, 2005.

金榮敦·玄容駿, 「濟州島 무당굿놀이」, 『重要無形文化財指定資料』14號, 文化 財管理
　　局, 1965.

김영만, 「민담에 있어서의 의미의 형성과 그 전달에 관한 연구」, 부산대학교 대학원 박
　　사학위논문, 1987.

김용의, 「한국과 일본의 흑부리영감(瘤取り爺)譚」, 『日本語文學』6輯, 한국일본어문학
　　회, 1999.

김종대, 「〈흑부리영감譚〉의 형성과정에 대한 試考」, 『우리文學研究』20호, 우리문학회,
　　2006.

_____, 「도깨비譚의 構造的 變異樣相에 대한 考察」, 『文化財』25號, 文化財管理局,
　　1992.

_____, 「도깨비방망이얻기의 構造와 結末處理樣相」, 『韓國民俗學』24號, 民俗學會,
　　1991.

_____, 「도깨비신앙의 유형과 전승양상」, 『민속학연구』4호, 국립민속박물관, 1997.

_____, 「도깨비이야기의 類型과 特徵」, 『玄山 金鍾塤博士 華甲紀念論文集』, 集文堂,
　　1991.

_____, 「도깨비이야기의 類型과 特徵」, 『玄山 金種塤博士 華甲記念論文集』, 集文堂,
　　1991.

_____, 「도깨비이야기의 類型分類와 構造에 대한 試論」, 『韓國民俗學』23號, 民俗學
　　會, 1990.

_____, 「漁業과 도깨비譚의 關聯樣相」, 『민속학연구』2호, 국립민속박물관, 1995.

_____, 「蝟島의 도깨비이야기考」, 『韓國民俗學』21號, 民俗學會, 1988.

_____, 「제주도 영감놀이에 대한 일고찰」, 『민속놀이와 민중의식』, 집문당, 1996.

_____, 「濟州道 도깨비本풀이의 形成樣相에 대한 考察」, 『學術研究發表論集』5輯, 文
　　化財管理局 文化財研究所, 1992.

_____, 「濟州島 슈監놀이에 대한 一考察」, 『민속학연구』창간호, 국립민속박물관,
　　1994.

_____, 「處容信仰의 傳承樣相에 대한 一考察」, 『中央語文研究』창간호, 中央語文研究
　　會, 1995.

_____, 「韓國 도깨비譚 研究」, 中央大學校 大學院 博士學位論文, 1993.

김종대, 「韓國도깨비이야기의 類型分類와 構造에 대한 試論」, 『韓國民俗學』 23號, 1990.

_____, 「海岸地方 도깨비信仰의 傳承樣相에 대한 考察」, 『韓國民俗學』 25집, 民俗學會, 1993.

_____, 『도깨비를 둘러싼 민간신앙과 설화』, 인디북, 2004.

_____, 『저기 도깨비가 간다』, 다른세상, 2000.

_____, 『한국의 도깨비연구』, 국학자료원, 1994.

_____, 『한반도 중부지방의 민간신앙』, 민속원, 2004.

金學善, 「韓國說話에 나타난 도깨비」, 『國際語文』 3輯, 국제대학 국어국문학과, 1982.

藤木典子, 「坂部의 冬祭り試論」, 『神語り硏究』 1號, 神語り硏究會, 1986.

_____, 「花祭り・冬祭りにみる鬼の形象」, 『神語り硏究』 2號, 五月社, 1987.

柳田國男, 『柳田國男全集』 4卷, 筑摩書房, 1968.

李活雄, 「「記紀」成立期における「鬼」という表現及ひその變遷について」, 『民族學硏究』 51卷4號, 日本民族學會, 1987.

馬場あき子, 『鬼の硏究』, 三一書房, 1971.

문무병, 「제주도 당신앙연구」, 제주대학교 대학원 박사학위논문, 1993.

文武秉, 「濟州島 堂信仰 硏究」, 濟州大學校 大學院 博士學位論文, 1993.

_____, 「濟州島 도깨비堂硏究」, 『耽羅文化』 10號, 濟州大學校 耽羅文化硏究所, 1990.

문무병・이명진, 『제주칠머리당영등굿』, 국립문화재연구소, 2007.

朴桂弘, 『韓國民俗學槪論』, 螢雪出版社, 1983.

_____, 『韓國民俗學』, 螢雪出版社, 1987.

朴晟義, 「古代人의 鬼神觀과 國文學」, 『人文論集』 8輯, 高麗大學校, 1967.

芳賀日出男, 『世界の祭り』, ポプワ社, 1971.

福田 光 編, 『昔話の形態』, 名著出版, 1985.

森田芳夫, 『韓國における國語・國史敎育』, 原書房, 1987.

서대석 외, 『한국인의 삶과 구비문학』, 집문당, 2002.

石川純一郎, 『河童の世界』, 時事通信社, 1985.

成耆說, 「民譚의 韓國化 變異樣相」, 『구비문학』 3號, 韓國精神文化硏究院, 1980, 39-58쪽.

成耆說・崔仁鶴 共編, 『韓國・日本의 說話硏究』, 仁荷大學校 出版部, 1987.

_____, 『韓國・日本의 說話硏究』, 仁荷大學校 出版部, 1987.

小松和彦 編, 『昔話研究の課題』, 名著出版, 1985.

송기태, 「강진군 대구면 하저마을 갯제」, 『南道民俗研究』 15, 남도민속학회, 2007.

_____, 「도깨비신앙의 양가성과 의례의 상대성 고찰」, 『南道民俗研究』 22, 남도민속학회, 2011.

송영규, 「韓·佛 口傳童話의 比較研究」, 중앙대학교 대학원 박사학위논문, 1989.

松原孝俊, 「妖怪トケビと人間のコシュニケーション」, 『韓國·日本의 說話研究』, 仁荷大學校 出版部, 1987.

藤澤衛彦, 『日本民俗學全集』 3卷, 高橋書店, 1971.

申英順, 「韓國 傳來童話集 發行의 現況과 問題點에 關한 研究」, 韓國敎員大學校 大學院 碩士學位論文, 1996.

櫻井德太郎, 『民間信仰辭典』, 東京堂出版, 1980.

若尾五雄, 『鬼傳說の研究』, 大和書房, 1981.

엄수경, 「〈콩쥐팥쥐〉 전래동화의 설화 수용양상 고찰」, 『남도민속연구』 13집, 남도민속학회, 2006.

永松 敦, 「正月七日の火焚行事と呪符」, 『福岡市博物館紀要』 1號, 福岡市博物館, 1991.

원종찬, 『아동문학과 비평정신』, 창작과비평사, 2001.

俞昌根, 『現代兒童文學論』, 東文社, 1989.

依田千百子, 「妖怪도깨비와 韓國의 民俗宇宙」, 『韓國民俗學』 19호, 한국민속학회, 1986.

_____, 『朝鮮民俗文化の研究』, 琉璃書房, 1985.

이경엽, 「갯벌지역의 어로활동과 어로신앙」, 『島嶼文化』 33, 목포대학교 도서문화연구소, 2009.

李符永, 『韓國民譚의 深層分析』, 集文堂, 1995.

李樹鳳, 『百濟文化圈域의 喪禮風俗과 風水說話研究』, 百濟文化研究院, 1986.

이오덕, 『어린이를 지키는 문학』, 백산서당, 1984.

이태문, 「이성계 전설의 인물인식과 그 특징」, 『구비문학연구』 4, 한국구비문학회, 1997.

李鉉洙, 「珍島 도깨비굿攷」, 『月山任東權博士頌壽紀念論文集』, 集文堂, 1986.

日本童話協會 編, 『童話史』, 日本童話協會出版部, 1937.

任東權, 『韓國民俗學論攷』, 集文堂, 1971.

_____ 外, 『韓國民俗學論考』, 集文堂, 1971.

任東權 外, 『한국의 도깨비』, 열화당, 1981.

任晳宰·秦弘燮·任東權·李符永 집필, 『한국의 도깨비』, 열화당, 1981.

임재해, 「설화에 나타나 겸암과 서애의 엇갈린 삶과 민중의식」, 『퇴계학』 5, 안동대 퇴계학연구소, 1993.

장권표, 『조선구전문학개요』, 사회과학출판사, 1990.

張德順, 『韓國說話文學硏究』, 서울大學校 出版部, 1978.

張德順·趙東一·徐大錫·曺喜雄 共著, 『口碑文學槪說』, 一潮閣, 1971.

張德順 外, 『口碑文學槪說』, 一潮閣, 1971.

將梓驊·范茂震·楊德玲 編, 『鬼神學詞典』, 陝西人民出版社, 1992.

張籌根, 「民間信仰」, 『韓國民俗綜合調査報告書』(全南篇), 文化財管理局, 1969.

_____, 「部落 및 家庭信仰」, 『韓國民俗綜合調査報告書』(慶尙南道篇), 文化財管理局, 1972.

_____, 『韓國民俗論攷』, 啓蒙社, 1986.

_____, 『韓國의 鄕土信仰』, 乙酉文化史, 1975.

정상박, 『전설의 사회사』, 민속원, 2000.

鄭然鶴, 「傳統 漁獵 '돌살'에 대하여」, 『比較民俗學』 11輯, 比較民俗學會, 1994.

제정숙, 「한국 전래동화의 삽화에 관한 연구」, 진주교육대학교 교육대학원 석사학위논문, 2001.

趙珖, 「19世紀 民亂의 社會的 背景」, 『19世紀 韓國 傳統社會의 變貌와 民衆意識』, 高麗大學校 民族文化硏究所, 1982.

趙東一, 『구비문학의 세계』, 새문사, 1980.

_____, 『敍事民謠硏究』, 啓明大學校 出版部, 1983.

_____, 『韓國 說話와 民衆意識』, 정음사, 1985.

조희숙, 「한국 전래동화의 사회심리학적 해석」, 『幼兒敎育論叢』 8호, 釜山幼兒敎育學會, 1998.

曺喜雄, 『韓國說話의 類型的 硏究』, 韓國硏究院, 1983.

中村亮平 編, 『朝鮮童話集』, 冨山房, 1926.

池田末利, 『中國古代宗敎史硏究』, 東海大學出版會, 1981.

秦聖麒, 『南國의 巫歌』, 濟州民俗文化硏究所, 1960.

川村湊, 『「大東亞民俗學」の虛實』, 講談社, 1996.

천혜숙, 「전설의 역사」, 『韓國民俗史論叢』, 지식산업사, 1996.

村山智順, 『朝鮮の鬼神』, 朝鮮總督府, 1929.

최기숙, 『어린이이야기, 그 거세된 꿈』, 책세상, 2001.

崔吉城 編著, 『日帝時代 한 漁村의 文化變容(上)』, 아세아문화사, 1992.

최남선, 『조선의 신화와 설화』, 弘盛社, 1983.

최래옥 外, 『說話와 歷史』, 集文堂, 2000.

崔來沃, 「現地調査를 통한 百濟說話의 研究」, 『韓國學論集』 2輯, 漢陽大學校 出版院, 1982, 123-155쪽.

_____, 『韓國口碑傳說의 研究』, 一潮閣, 1981.

崔雲植, 『韓國說話研究』, 集文堂, 1991.

최운식·김기창, 『전래동화 교육의 이론과 실제』, 집문당, 2003.

崔仁鶴, 「도깨비遡源考」, 『韓國·日本의 說話研究』, 仁荷大學校 出版部, 1987.

_____, 『韓國民譚의 類型 研究』, 仁荷大學校 出版部, 1994.

_____, 『韓國民俗學研究』, 仁荷大學校 出版部, 1989.

_____, 『韓國說話論』, 螢雪出版社, 1982.

페리 노들먼, 『어린이문학의 즐거움 2』(김서정 譯), 시공주니어, 2001.

平田宗史, 『近代日本教育制度史』, 北大路書房, 1991.

하효길, 『바다와 祭祀』, 학연문화사, 2012.

韓奎元, 「韓國에서의 日帝植民地教育政策의 社會的 特性」, 『論文集』 5輯, 全州又石大學校, 1983.

韓相福·全京秀, 『韓國의 落島民俗誌』, 집문당, 1992.

한선아, 「한국 전래동화의 상호텍스트성에 관한 연구」, 『유아교육연구』 26권 4호, 한국유아교육학회, 2006.

海後宗臣 編, 『日本教科書大系』(近代編 第七卷 國語(四), 講談社, 1963.

玄容駿, 「영감본풀이와 영감놀이」, 『白鹿語文』 5輯, 濟州大學校 國語教育研究會, 1988.

_____, 『濟州島 巫俗研究』, 集文堂, 1986.

_____, 『濟州島巫俗研究』, 集文堂, 1986.

『굿놀이』, 文化財管理局 文化財研究所, 1991.

『내고향 해제고을』, 해제면지발간위원회, 1988.

『島嶼誌』中, 忠清南道, 1997.

『民譚民謠誌』, 忠清北道, 1983.

『어촌민속지』, 국립민속박물관, 1996.

『蝟島의 民俗』, 國立民俗博物館, 1985.

『全南의 傳統文化(下)』, 전라남도, 1983.

『濟州島傳說誌』, 濟州道, 1985.

『朝鮮童話集』, 朝鮮總督府, 1924.

『韓國口碑文學大系』 6-3, 6-7, 6-12, 8-2, 韓國精神文化硏究院, 1980-1988.

『韓國民俗大觀』 6卷, 高麗大學校 民族文化硏究所 出版部, 1982.

『韓國民俗綜合調査報告書』(慶尙南道 篇), 文化財管理局, 1972.

『韓國水産史』, 水産廳, 1968.

『한국의 해양문화』(서남해역·하), 해양수산부, 2002.

『華城郡의 歷史와 民俗』, 華城郡·慶熙大學校 中央博物館, 1989.

김종대

중앙대학교 국어국문학과를 졸업하고 같은 대학원에서 문학박사 학위를 받았다. 국립문화재연구소와 국립민속박물관에서 일했고, 지금은 중앙대학교 국어국문학과 교수로 재직 중이다. 저서로『한국의 도깨비연구』,『한국 민간신앙의 실체와 전승』,『우리 문화의 상징체계』,『한국의 학교괴담』등이 있다.

한국 도깨비의 전승과 변이

2017년 3월 10일 개정판 1쇄 펴냄

지은이 김종대
펴낸이 김흥국
펴낸곳 보고사

책임편집 이경민
표지디자인 오동준

등록 1990년 12월 13일 제6-0429호
주소 경기도 파주시 회동길 337-15 보고사 2층
전화 031-955-9797(대표)
　　　 02-922-5120~1(편집), 02-922-2246(영업)
팩스 02-922-6990
메일 kanapub3@naver.com / bogosabooks@naver.com
http://www.bogosabooks.co.kr

ISBN 979-11-5516-640-6　03380
ⓒ 김종대, 2017

정가 16,000원

이 도서의 국립중앙도서관 출판예정도서목록(CIP)은 서지정보유통지원시스템 홈페이지(http://seoji.nl.go.kr)와 국가자료공동목록시스템(http://www.nl.go.kr/kolisnet)에서 이용하실 수 있습니다.(CIP제어번호: CIP2017003329)